康养休闲旅游服务系列教材

专家指导委员会主任 | 韩玉灵
总主编 | 赵晓鸿

康养休闲旅游基础

赵晓鸿 ◎ 主　编
李文路 ◎ 副主编

北京·旅游教育出版社

图书在版编目（CIP）数据

康养休闲旅游基础 / 赵晓鸿主编． -- 北京 ：旅游教育出版社，2021.8（2024.12重印）
康养休闲旅游服务系列教材
ISBN 978-7-5637-4286-8

Ⅰ．①康… Ⅱ．①赵… Ⅲ．①旅游保健－旅游服务－教材 Ⅳ．①F590.6

中国版本图书馆CIP数据核字(2021)第147764号

康养休闲旅游服务系列教材
康养休闲旅游基础
赵晓鸿　主　编
李文路　副主编

总策划	丁海秀
执行策划	蔄　鑫
责任编辑	蔄　鑫
出版单位	旅游教育出版社
地　址	北京市朝阳区定福庄南里1号
邮　编	100024
发行电话	（010）65778403　65728372　65767462（传真）
本社网址	www.tepcb.com
E-mail	tepfx@163.com
排版单位	北京旅教文化传播有限公司
印刷单位	唐山玺诚印务有限公司
经销单位	新华书店
开　本	710毫米×1000毫米　1/16
印　张	15.25
字　数	233千字
版　次	2021年8月第1版
印　次	2024年12月第5次印刷
定　价	48.00元

（图书如有装订差错请与发行部联系）

系列教材专家指导委员会、编委会

专家指导委员会

主　　任：韩玉灵

委　　员：周春林　赵晓鸿　丁海秀　文广轩　董家彪　臧其林　魏　凯

编委会

总 主 编：赵晓鸿

委　　员：祝红文　吴越强　韩海军　夏丽娜　梁悦秋　杨红波　沙　莎
　　　　　石媚山　杨　英　马友惠　谭宏鹰　蒯　鑫　孙　超

《康养休闲旅游基础》编委会

主　　编：赵晓鸿

副 主 编：李文路

委　　员（按姓氏笔画顺序排列）：
　　　　　朱菁菁　杨雨潋　杨　强　邹陆彬　张英英　苗雨婷　郑丽红
　　　　　赵佳义　程　颖　税建明

总 序

当今中国，旅游产业欣欣向荣，新兴旅游方式与新业态如雨后春笋般蓬勃发展。康养休闲旅游作为新兴旅游业态，其市场规模呈快速增长态势。康养旅游中的森林康养旅游、温泉康养旅游、中医药康养旅游、运动康养旅游、康养旅居等更加专业化，休闲旅游中的户外休闲旅游、文化休闲旅游、运动休闲旅游、康乐休闲旅游等层出不穷。

中国康养休闲旅游快速发展，产业规模逐年增长，且发展空间巨大，但人才培养严重滞后。为此，四川省旅游学校于2015年创设巴蜀武术养生学院，探索康养旅游专业方向的学历教育，开启了中国康养旅游职业教育的先河；2016年成功申报休闲体育服务与管理专业（康养旅游方向），并于2017年开始招生；2018年以巴蜀武术养生学院为基础，正式成立康养旅游系。2019年5月，由四川省旅游学校主持论证的康养休闲旅游服务专业正式纳入教育部新增专业目录。受教育部和全国旅游职业教育教学指导委员会委托，我们带领团队完成了康养休闲旅游服务专业教学标准和部分专业核心课程标准的研制工作；2020年又完成了全国旅游职业教育教学指导委员会立项的《康养休闲旅游实训基地的规划与建设》课题研究任务。

新专业需要新的教材体系做支撑，康养休闲旅游服务专业急需一套与之相适应的专业教材。根据前期积累的教育教学与专业建设经验，我们在旅游教育出版社的大力支持下，开始筹划全国首套康养休闲旅游服务系列教材的编写与出版工作。

2020年初，四川省旅游学校牵头组织了一个覆盖全国的多行业、多学科专家团队，开启了艰难的教材研究与编写工作。专家团队涵盖四川大学、四川农业大学等985、211重点高校，成都中医药大学、西南医科大学、成都体育学院等专业院校，云南旅游职业学院、青岛酒店管理职业技术学院、太原旅游职业学院、沈阳市旅游学校、武汉市旅游学校等众多旅游院校，共有40余所院校参与了教材研究与编写工作；此外，我们还邀请了10多家行业企业的专家参与此项工作，专家团队规模达 160 余人。在研究数据缺乏、案例稀少、没有更多可借鉴参考资料的情况下，历时一年多时间，相继完成了系列教材中首批教材的编写，于 2021 年 8 月后陆续出版。

本套教材既可作为中高职职业教育旅游类专业教学用书，也可作为职业本科旅游类专业教育的参考用书，同时可作为工具书供从事旅游服务与管理的企事业单位专业人员借鉴与参考。

作为全国第一套康养休闲旅游服务系列教材，肯定还存在很多缺陷与不足，恳请读者指正，我们将在再版过程中予以完善与修正。

总主编：

2021 年 8 月

目 录

前言 ·· 01

第一章　旅游概述 ·· 1
　　第一节　旅游的概念与内涵 ··· 3
　　第二节　旅游业发展历程 ··· 16

第二章　旅游活动的基本要素 ··· 27
　　第一节　旅游者 ··· 29
　　第二节　旅游资源 ·· 37
　　第三节　旅游产品 ·· 49
　　第四节　旅游业 ··· 52

第三章　康养旅游概述 ·· 65
　　第一节　康养旅游产生的背景 ··· 67
　　第二节　康养及康养旅游 ··· 74
　　第三节　康养旅游的性质和特点 ·· 77

第四章　康养旅游的发展 ··· 87
　　第一节　康养旅游的发展历程 ··· 89
　　第二节　康养旅游市场现状及特征 ······································· 98
　　第三节　发展康养旅游的意义 ·· 102

第五章　康养旅游的类型 ·· 107
　　第一节　森林康养旅游 ··· 109

第二节　温泉康养旅游 …………………………………… 113

第三节　中医药康养旅游 ………………………………… 119

第四节　运动康养旅游 …………………………………… 123

第五节　康养旅居 ………………………………………… 127

第六节　康养旅游的其他类型 …………………………… 132

第六章　休闲旅游概述 ……………………………………… 139

第一节　休闲旅游产生的背景 …………………………… 141

第二节　休闲及休闲旅游 ………………………………… 145

第三节　休闲旅游的性质和特点 ………………………… 153

第七章　休闲旅游的发展 …………………………………… 161

第一节　休闲旅游的发展历程 …………………………… 163

第二节　休闲旅游市场现状及特征 ……………………… 168

第三节　休闲旅游的发展意义 …………………………… 170

第八章　休闲旅游的类型 …………………………………… 175

第一节　文化休闲旅游 …………………………………… 177

第二节　运动休闲旅游 …………………………………… 181

第三节　康乐休闲旅游 …………………………………… 186

第四节　乡村休闲旅游 …………………………………… 190

第五节　城市休闲旅游 …………………………………… 196

第六节　休闲旅游的其他类型 …………………………… 202

第九章　康养休闲旅游的发展趋势 ………………………… 207

第一节　世界旅游业发展趋势 …………………………… 209

第二节　中国旅游业发展趋势 …………………………… 212

第三节　中国康养休闲旅游发展趋势 …………………… 216

第四节　旅游可持续发展与生态旅游 …………………… 219

参考文献 ……………………………………………………… 228

前 言

随着旅游业的快速发展，新兴旅游方式和业态不断涌现，其中康养旅游与休闲旅游备受关注，并逐渐被纳入国家发展战略。为适应现代旅游业的发展，教育部于2019年增补了"康养休闲旅游服务专业"。新专业需要新的教材体系作支撑，2020年，应旅游教育出版社之邀，编者开始着手编写这本《康养休闲旅游基础》教材。该教材属于康养休闲旅游服务系列教材的基础课程之一，也是首本全面系统介绍康养休闲旅游相关基础理论和知识的教材，具有里程碑式的意义。

本书作为康养休闲旅游服务专业的一门专业基础课教材，具有系统性的知识结构。本书共分四个部分、九个章节：第一部分包括第一章旅游概述和第二章旅游活动的基本要素；第二部分包括第三章至第五章，依次为康养旅游概述、康养旅游的发展和康养旅游的类型；第三部分包括第六章至第八章，依次为休闲旅游概述、休闲旅游的发展和休闲旅游的类型；第四部分为第九章康养休闲旅游的发展趋势。

全书由主编赵晓鸿教授确定提纲和统稿定稿，并由副主编李文路和编委赵佳义协助完成。各编委分工如下：第一章邹陆彬；第二章郑丽红和朱菁菁；第三章杨强；第四章苗雨婷；第五章杨雨潋；第六章张英英；第七章程颖；第八章李文路；第九章税建明。本书结构合理、知识系统完善，具有一定的前瞻性和创新性，相信对我国康养休闲旅游的发展具有一定的积极意义。本书既可作为中高职康养休闲旅游类专业教学用书，也可供本科的旅游类相关专业使用，并可为从事旅游管理与服务的企事业单位提供相关参考。

由于作者水平和篇幅的限制，以及多单位协作编写中难免出现的缺点，本书不足和错谬之处在所难免，还希望读者予以批评指正。

编者

2021年6月

第一章

旅游概述

本章重点

本章包含旅游的定义、旅游的本质属性、旅游的特点、旅游的类型、旅游业的发展历程等内容,重点讲解了旅游的概念内涵,并对国内外旅游业的发展历程进行了比较介绍。

学习要求

通过本章内容的学习，学习者能够了解国外旅游业和中国旅游业的发展历程，熟悉旅游的各种定义，理解旅游的本质属性及特点，掌握旅游的基本类型，从而为后续康养休闲旅游理论知识的学习奠定基础。

本章思维导图

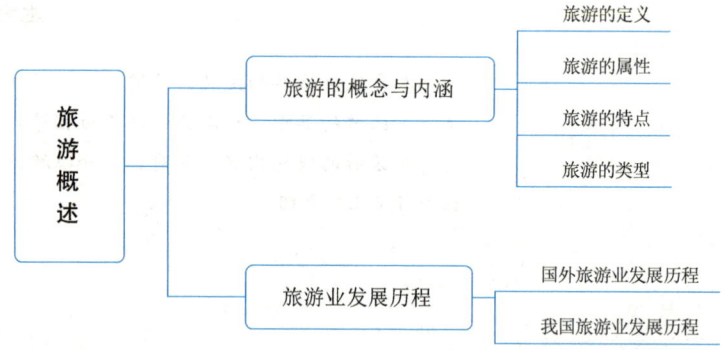

第一节　旅游的概念与内涵

旅游是一项古老的活动，也是一种现代行为方式。最初，旅游就是人类社会实践活动的一部分，而现在已经成为全球性的社会现象。因此，有必要对旅游的定义作以分析。

一、旅游的定义

（一）旅游初探

旅行作为人类的一种活动自古有之。原始人类为了寻找更好的生存环境而不断迁徙，逐水草而居。到了奴隶制社会，剩余劳动产品的增加促使以商品交换为目的的旅行活动有了很大发展，人们负货贩运，周游天下。再后来随着时代的变迁，更是出现了帝王巡游、朝觐旅行、士人漫游等各种形式的古代旅行活动。然而旅游到底起源于什么呢？让我们从"旅游"一词本身去探究一番。

中华文化博大精深，中国汉字源远流长。通过汉字始祖甲骨文的研究，我们可以初步探究旅游一词的基本含义。在中国古代，"旅"和"游"最早是作为两个单字出现的，意思也不同。旅，甲骨文写作▨，是▨（旗帜）和▨（从、追随）两部分的组合，本义是士兵们追随在飘扬的战旗下，行军征战。在《说文解字》中，"旅"字释义为"军之五百人为旅"。游，甲骨文写作▨，是▨（飘扬的旗帜）和▨（孩童）两部分的组合，本义是孩童在飘扬的旌旗下出行。可以看出"旅"和"游"在我国古代虽然各有其义，但有一个共同点，那就是"旅行"。从空间上讲，都是从一个地点到另一个地点的转移过程。而"旅""游"真正结合起来使用，则是到了南北朝时期才开始在一些诗歌中出现的，如南梁诗人沈约《悲哉行》中的"旅游媚年春，年春媚游人"。到了唐代，诗人白居易《宿桐庐馆，同崔存度醉后作》中的"江海漂漂共旅游，一樽相劝散穷愁"，其中的"旅游"已经脱离了单纯"旅"的原意，而或多或少显示了"游"的雅兴。

在国外，"旅游"概念则出现的要相对晚一些。在1811年的英国《牛津词典》上，旅游在英文中被称为"Tourism"，定义是离家远行，又回到家。它来源于古法语的"Tour"，其本义是旋转、兜圈、环形。18世纪时"Tour"

在英国流行开来，指英国上流社会中受过良好教育的贵族青年到欧洲大陆转一大圈，作以示完成学业的旅行。到了19世纪，英国人把这些到欧洲大陆作修学旅行的人统称为"Tourist"，即旅游者。后来随着旅游人数增多，产生了许多为其服务的相关行业如旅馆、邮差、马车服务等，由此诞生了"Tourism"一词，表示旅游或旅游业。

纵观国内外历史，虽然中国"旅游"一词的出现要比西方"Tourism"早1300多年，但是它们都有一个共同的特征：旅游起源于旅行，不管出于何种目的，它都是从一个点到另一个点的空间转移。旅游是旅行和游览的结合，旅行是游览的前提和方式，游览是旅行的目的和意义。

（二）有关旅游的不同定论

目前，旅游的科学定义在旅游业内，不管国内还是国外，都没有一个非常准确、统一的定义。随着旅游规模的扩大、旅游业的发展，出现了对旅游含义的不同理解，以及以不同的内容和方式表示的定义。历史上，很多研究旅游的国内外学者就旅游的定义提出了自己的定论。

1. 交往论

认为旅游是一种交往。1927年德国学者蒙根·罗特认为旅游"狭义的理解是那些暂时离开自己的住地，为了满足生活和文化的需求，或各人各种各样的愿望，而作为经济和文化商品的消费者逗留在异地的人的交往"。

2. 关系论

认为旅游是一种关系。1935年德国学者格吕克斯曼对旅游提出关系定义，第一次将旅游定义为非实质性的实体，提出"旅游是旅居人和当地人之间各种关系的总和"。

3. 综合论

认为旅游是一种综合的活动。1942年瑞士学者汉泽克尔和克拉普夫在其合著的《普通旅游学纲要》中提出了一种综合定义，指出"旅游是非定居者的旅行和暂时居留而引起的现象和关系的总和。这些人不会导致永久居留，而且不从事任何赚钱的活动"。

4. 动机论

认为旅游必须出于特定动机或目的。20世纪50年代，奥地利维也纳经济大学旅游研究所提出"旅游是出于休养、获取教育、扩大知识和交际等动机的活动"。1966年，法国学者让·梅特森也强调"旅游的目的在于消遣、休息或为了丰富他的经历或文化教育"。

5. 流动论

认为旅游是地点的流动。1974年英国萨里大学A·J·伯卡特和S·梅特利克提出"旅游是发生于人们前往和逗留在各种旅游地的流动",强调旅游的流动性。

6. 文化论

认为旅游是一种文化活动。法国学者雅法尔·雅法利从文化角度提出"旅游是旅游者离开世俗世界,走向神圣世界,又回归世俗世界的过程"。复旦大学沈祖祥教授也提出旅游"是旅行的一个动态过程的文化复合体"。

7. 时间论

认为旅游有时间限制。世界旅游组织提出旅游的时间定义,强调旅游"到异国他乡逗留时间必须超过24小时";另外,还提出旅游是到异地"连续停留时间不超过一年的活动"。

8. 方法论

认为旅游是一种方法。杰克逊认为"旅游主要是一种地理方面的感受,是了解世界,了解自己,了解自己生活方式的一种自由而悠闲的方法"。

上述几种定义的共同点,是突出旅游因素中的某一个或几个因素。其中,在国际上影响比较大的是瑞士学者汉泽克尔和克拉普夫(Hunziker and Krapf)提出的综合论,这一定义比较全面地阐述了旅游的科学定义,得到很多旅游研究学者的认可,全球旅游界长期沿用此定义。到了20世纪70年代,国际旅游科学家协会(International Association of Scientific Experts in Tourism)也正式采用了该定义,所以该定义又被称为"艾斯特"(AIEST)定义。

(三)旅游的定义

通过长期研究,业界对旅游的定论达成以下共识:

1. 旅游必须是旅游者离开自己的定居地到异国他乡旅行的活动,不以谋生和营利为目的;

2. 旅游时,旅游者前往旅游目的地作短暂停留,它完全不同于移民性质的长期居留,因为旅游者不会在旅游目的地要求就业;

3. 旅游是满足人们的愿望,通过感受来达到消遣、休息等目的;

4. 旅游是旅游者旅行和暂时居留而引起的各种现象和关系的总和,既包括旅游者主体的活动,也包括由此在客观上产生的所有现象和关系。

随着国际交流与合作的日益频繁,旅游业的蓬勃发展和世界经济全球化趋势的不断加强,在近几十年里涌现出了新的旅游现象,其中有些具有营利性特征,如现代商务旅游、会展旅游、贸易旅游等。因此,原先的关于旅游不具有经济性质的论断就显得不够完善与准确。

结合上述变化,我们对旅游作出以下定义:旅游是人们为寻求精神上的愉悦,离开常住地到异国他乡作短期停留,但不要求定居和就业所引起的一切现象和关系的总和。它既是一种文化生活活动，又是一种综合性的社会经济活动。

二、旅游的属性

属性决定了事物的归属，是区别一种事物与另一种事物的关键，也是该事物能给人类带来什么影响的重要特征。

旅游究竟属于一种什么性质的活动？学者们从20世纪60年代就开始讨论这一问题了。最初，人们大多认为旅游属于一种经济性质的社会现象，尤其得到经济学界的一致认可。第二次世界大战以后，随着全球旅游活动的广泛开展，越来越多的学者认识到旅游的文化性，甚至提出了旅游现象属于非经济性质活动的观点。从旅游发展的历史进程来看，旅游是人类社会经济和文化发展到一定阶段的产物，旅游活动难以脱离经济和文化而独立存在。由此我们认为，旅游具有经济和文化的双重属性，这是旅游的根本属性。

拓展阅读 1-1

（一）旅游是一项经济活动

首先，从旅游的产生与发展历程来讲，旅游是人类社会经济发展的产物。当社会经济发展越好，人民收入水平越高，外出旅游才会逐渐成为一项大众化的活动。

其次，从旅游者的角度来讲，人们在外出旅游过程中接触最多的就是旅游企业，它们为游客提供食、住、行、游、购、娱等方面需求的产品和服务。客观来讲，没有这些产品和服务，旅游活动就难以开展，而这都是以经济为基础进行的商品交易活动。

最后，从旅游目的地的角度来讲，旅游者所进行的旅游活动对旅游东道主地区的经济所产生的客观影响是相当大的。开发旅游、吸引游客、提高收入，目前已经成为我国很多地理位置偏远、经济发展滞后地区谋求经济发展的有效途径。

（二）旅游是一项文化活动

旅游活动在本质上也是一项文化活动。旅游与文化有着不可分割的关系，旅游活动本身就是一场大规模的文化交流，旅游者在旅游目的地感受异域文化的同时，也把自己的文化传播到了当地。

首先，文化是旅游活动的内涵和精髓。在大自然和社会空间中触摸新的文化，获取新的感受，享受美的愉悦，是每个旅游者的基本需求。无论是游山玩水、寻今访古，还是探险猎奇、休闲度假，文化内涵始终都贯穿于旅游活动的全过程。人们在旅游的同时开阔眼界、增长见识、陶冶情操，提高了自身的文化素养。在物质文明高度发展的今天，人们更加注重旅游活动的文化内涵。

图1-1　英国曼彻斯特节日游行　摄影：赵佳义

其次，文化是旅游产品的特性。旅游产品包括人们在旅游活动过程中所享受到的交通、餐饮、住宿、游览等服务，实质上就是旅游者的旅游体验。为了让旅游者获得优质的体验，从而吸引更多的游客购买，经营者必须在旅游产品的文化内涵上下功夫，把当地的历史、地理、民俗、宗教、服饰、建筑等社会文化充分挖掘出来，以旅游产品的形式展现给广大旅游者，给人以美的享受。一个文化内涵丰富的旅游产品，一次文化感受深刻的旅游体验，可以让人终生难忘。旅游产品所展现的文化品位越高，越能吸引旅游者购买，进而能进一步提升旅游产品的市场竞争力，延长旅游产品的生命力。

最后，文化素养是旅游者和旅游从业人员的基本要求。对于旅游者来说，自身文化素养的不断提高，能提升自己对美的感受能力和鉴赏能力，从而在旅游活动中感受美、欣赏美，达到身心愉悦。对于旅游从业人员来说，他们是旅游当地的"窗口形象""民间大使"。旅游从业人员的文化素养决定了他们的服务水准，他们的服务水准则直接决定了游客的体验。因此，旅游管理人员和服务人员必须提高自身的文化素养与审美修养，如在礼仪上要注意举止大方，仪表端庄，穿着得体，谈吐文雅，给游客留下良好的第一印象。

（三）旅游是一项综合性的社会活动

旅游涉及的领域相当广泛，是一项综合性的社会活动。从旅游活动的形式来看，包括政治、经济、文化等领域的方方面面，如和平交往、科技合作、文化交流、商贸往来、学术考察、体育健身、休闲度假、宗教朝圣等；从旅游消费的内容来看，包括餐饮、住宿、交通、景区景点、购物、娱乐、医疗卫生、银行等；从旅游产品的内容来看则更多，包括天文、地理、建筑、文物、民俗、动植物、神话传说、文学、艺术等，几乎无所不包。

（四）旅游是一项精神活动

旅游是人类的一种精神活动，是在满足了日常物质需求后所产生的一种高层次的精神需求。尽管游客在旅游活动中购买了大量的满足吃、住、行的旅游产品，但是这些都不是旅游者的最终目的。人们外出旅游真正需要的是精神上的愉悦，心理上的满足，甚至人生的成就感。按照"马斯洛需求层次理论"分析，旅游属于人类的一种精神上的高级需求，可以使人们满足"受尊重"和"自我实现"的愿望。

拓展阅读 1-2

三、旅游的特点

旅游作为人们日益喜爱的社会活动，具有区别于其他社会活动的鲜明特点。

（一）异地性

异地性是旅游的空间特征。旅游是指人们离开常住地到异地所进行的旅行游览活动。人们在旅游时所获得的体验和感受都不是在自己家里或者常住地所能获得的，所以旅游的前提条件是旅行，是从一个地方到另一个地方的空间转移。

"常住地"一般是指一个人的常年居住地区和经常去的地方。"异地"是一个相对概念，一般来说，我们把"异地"理解为常住城镇以外的地方。它可以是外国，也可以是外省，或是外市、外区县等。

从心理学角度讲，去异地旅游主要出于人类"好新尚奇"的心理驱使。同一事物的长期反复刺激，会降低人对它的感受程度，而新鲜事物则会大大加强人的感受。就像长期生活在青藏高原的藏族人，对眼前每天都要出现的雪山、白云、蓝天、草地习以为常一样，他们有时甚至会因为交通不便、信息闭塞等原因产生厌倦、逃离的想法。相反，生活在都市的人们却一直把西藏作为向往的圣地，想去感受山川的壮美、高原的静谧和藏传佛教的神圣。同样的景物却产生截然不同的感受，这正是旅游的异地性所带来的。

（二）暂时性

暂时性是旅游的时间特征。暂时性表明旅游是在异地短暂停留的活动，结束后旅游者依然会回到自己的常住地工作和生活。这一特征排除了两类异地活动，这两类活动虽然具备异地性，却不能称之为旅游：一是人口流动，这种社会现象从古至今都是存在的，人们因为生活所迫或者战争威胁而不断迁徙，如草原游牧生活、养蜂人随花期辗转各地、战争难民逃难等；二是移民定居，随着全球化经济的发展以及现代化交通工具的普及，到其他地区或国家定居的现象也日益增多，这些人在异地长期居住下来，不再返回曾经的居住地，因此也不是旅游。为了便于统计，世界旅游组织规定旅游"暂时性"的时间长短以一年为限。

（三）愉悦性

愉悦性是旅游的目的特征。旅游是人类精神上的高级需求，人们通过旅游获得精神上的愉悦和满足。旅游者购买各种旅游产品，花费大量时间、精力和财力，就是想在异国他乡欣赏新风光，体验新生活，领略新文化，获得在常住地难以感受到的刺激、兴奋和快乐。因此，有些人到异国他乡打工、就业是不能称之为旅游的，虽然在此期间可能发生旅游的活动，但从整体来看不是旅游。

（四）大众性

大众旅游（Mass Tourism）是现代旅游的标志。从20世纪60年代起，旅游已经不再是少数权贵人士的特权，越来越多的普通老百姓加入旅游者的队伍，大众旅游便开始出现了。1980年世界旅游组织发表了《马尼拉宣言》，明确提出旅游是人类社会基本需要之一。各个国家为了适应本国发展，也开始把旅游纳入国家发展战略，使旅游度假真正成为人人享有的权利。我国旅游虽然起步晚，但近年来随着国民经济的发展，大众旅游正如火如荼发展起来。

（五）综合性

旅游具有综合性的特征，是由旅游是一项综合性的社会活动这一属性决定的。我们把旅游活动的内容划分为食、住、行、游、购、娱六大部分，每个部分后面有相对应的行业给予支撑和保障。如饮食包括中餐、西餐、地方特色餐，涉及部门有餐饮、农业、卫生、工商等；住宿包括星级酒店、主题酒店、旅馆、民宿、度假村、农家乐等，涉及部门有旅游、建筑、消防、公安等；出行包括飞机、火车、汽车、轮船、特色交通等，涉及部门有民航、铁路、公路、海事、交管等。除此之外，旅游活动和很多其他行业、管理部门也都有或多或少的联系。另外，旅游的发展和一个国家或地区的政治、军事、经济、文化等方面都有关系,政治稳定、军事和平是旅游发展的前提和保障,经济发达、文化繁荣则能强有力地推动旅游向前发展。

(六)季节性

旅游的季节性主要是指旅游活动的开展在时间上出现的不平衡,一年内游客数量在不同时段会出现较大的波动。通常我们把游客数量明显增多的时段称之为旺季,游客数量明显减少的时段称之为淡季,其余时段则称之为平季。

出现旅游淡旺季的原因主要分为两方面。一是出于旅游目的地的气候因素,不同地区的旅游资源其适宜旅游的气候时间段各不相同。如春天我们前往云南罗平,步入万亩油菜花绘成的金黄画卷;夏日我们来到北戴河,感受避暑胜地的丝丝清凉;金秋我们深入革命老区巴中光雾山,醉入五彩斑斓的自然天地;寒冬我们最爱哈尔滨,追寻冰雪大世界的浪漫童话。总的来说,我国作为国际旅游目的地,旺季为五月至九月,淡季为十一月至来年四月。

第二个主要原因则来自旅游客源地的节假日和带薪假期因素,集中式放假最容易形成旅游客源高峰时段。以我国为例,每年的七、八月是学校的暑假,形成了以学生、教师和家长为主体的暑期旅游旺季;另外按照现行的假日制度,春节、国庆节黄金周和清明节、五一劳动节、端午节、中秋节小长假都是各大旅游目的地的旅游旺季。据中国旅游研究院公布的数据显示:2019年国庆长假旅游消费再创新高,全国共接待国内游客7.82亿人次,同比增长7.81%;实现国内旅游收入6497.1亿元,同比增长8.47%。全国大多数景区都处于旅游旺季,部分景区甚至人满为患。

图1-2 假期的西安回民街游人如织 摄影:丁海秀

四、旅游的类型

任何事物的分类都会因为标准的不同而产生多种类型。旅游是一项综合性极强的社会活动，出于实际工作的需要，旅游分类标准众多，导致旅游类型呈现出多元化的显著特点。目前，对旅游的类型主要是按照旅游地域范围、旅游目的和旅游组织形式来进行划分。

（一）按照旅游地域范围进行划分

旅游是离开常住地到异地进行的活动，按照所到目的地的地域范围，可以将旅游分为国际旅游和国内旅游两大类。

1. 国际旅游

国际旅游是指跨越国界去他国的旅游活动，包括出境旅游和入境旅游。出境旅游是指本国居民到他国进行的旅游活动，入境旅游是指他国居民到本国的旅游活动。

2. 国内旅游

国内旅游是指一国居民在本国境内开展的旅游活动。国内旅游可以分长途和短途两种。在我国，短途旅游一般都是地方性的，即在本区、本县、本市范围内的旅游活动。长途旅游则又有区域性和全国性两种：区域性旅游是指去常住地邻近地区的旅游。全国性旅游指到全国著名的若干旅游城市及风景区的旅游。

一般来讲，经济发达国家和地区的国际旅游出游率高，而国内旅游正在广大发展中国家普及开来。国际旅游和国内旅游的区别主要表现在：①在消费程度上，国内旅游的消费层次一般较低，国际旅游的消费层次相对较高；②在逗留时间上，国内旅游者在旅游地区逗留时间一般较短，国际旅游者在他国逗留时间相对较长；③在便利程度上，国内旅游的开展无论是在交通出行、语言障碍还是手续办理上，都要比国际旅游简便得多；④在经济作用上，国内旅游消费只是促使国内财富在地区间重新分配，并不直接带来国家财富总量的增加，国际旅游则会直接增加本国财政收入。

（二）按照旅游目的进行划分

根据旅游者的旅游主要目的，一般可将旅游分为观光旅游、商务旅游、宗教旅游、休闲旅游、康养旅游和特种旅游等。

1. 观光旅游

观光旅游是指以到异国他乡游览名山大川、欣赏名胜古迹、领略风土人情等为目的的旅游，这是从古至今在国内外最普遍的一种旅游形式，是旅游活动的基本内容。在旅游业发展初期，我国开展的国内旅游和入境旅游基本以观光旅游为主,如北京故宫游、四川九寨沟游、陕西秦始皇陵兵马俑游、重庆长江三峡游、安徽黄山游、云南西双版纳游等,都是以游览观光为主要内容的旅游形式。

观光旅游是旅游活动的基本形式,它依托当地独有的地质地貌、文物古迹和民族文化,针对异地游客开发形成,满足人们的审美、猎奇心理。观光旅游的内容、形式和所需设施都较简单,是其他旅游活动的基础。观光旅游的参与人员具有广泛性。由于观光旅游参与简单、适应性广,因而男女老幼、各种职业和各种身份的人皆宜,属于大众性的旅游类型。观光旅游基本上属于短暂的一次性旅游,大多到一地进行观光旅游的游客在景区停留时间短,且一般不会再回去进行重复旅游。因此,只有少数具备高价值旅游资源、被旅游者广泛认同的景区,才把观光旅游作为自己长期市场定位的旅游形式。观光旅游经济效益相对较低,因为观光旅游以审美为主要特性,和经济消费关联性差,观光旅游者绝大部分消费用于交通、住宿、饮食以及景点门票,所以对于地方来说,开发观光旅游的经济效益一般不高。

2. 商务旅游

商务旅游是以商业事务为目的,把商务活动与旅行游览结合起来的旅游形式,也是最早出现的旅游形式之一。商务旅游市场由一般商务旅游、会议展示旅游和奖励旅游组成。随着全球经济的快速发展,商务旅游也随之快速发展起来,已经成为世界旅游市场的重要组成部分。目前全球商务旅游人数约占旅游者总数的 1/3,国际上许多著名的连锁酒店通过调查发现,商务客人已占全球住房游客的 53%,占连锁酒店的 60%。近年来,许多新兴的旅游项目也推动了商务旅游的发展,例如增长最快的奖励旅游,目前全球每年有 11 亿~18 亿人次进行奖励旅游。同样发展很快的还有国际会议市场。国际会议自 20 世纪 70 年代中期以来,就以其广泛的影响、高额的利润和巨大的市场潜力,引起了越来越多的国家和地区的注意。

商务旅游由于其特定的消费人群和出行目的,使其具有以下基本特点:①消费水平高,商务旅游者在当地的花费是各种旅游者当中最高的;②停留时间长,商务旅游既有商务目的,也有旅游动机,其在当地停留时间长于观光旅游;③配套设施要求高,商务游客追求快捷、便利、高效的现代化办公设施,电脑、互联网、传真、翻译、会议设施等都是他们的基本要求;④受季节影响小且重游率高,商务游客不受旅游目的地气候影响,能有效避开传统旅游旺季。商务游客重复前往一地的概率也是很高的。

3. 宗教旅游

宗教旅游是宗教信徒以朝圣、求法、布道、取经、拜佛和考察为目的前往宗教圣地的旅游形式。它是一种古老的旅游形式，也称为"朝觐旅游"。当前世界三大宗教是佛教、基督教和伊斯兰教，每种教派都建有本派的宗教圣地供信徒朝拜，也就形成了大批量的宗教旅游。印度的那烂陀寺、泰国的玉佛寺、柬埔寨的吴哥窟和我国的四大佛教名山，以及法国的巴黎圣母院、英国的威斯敏斯特大教堂、德国的科隆大教堂和巴西的圣保罗大教堂，还有中东地区的耶路撒冷、麦加和麦地那等，是世界各地佛教、基督教、伊斯兰教宗教徒向往的圣地。宗教旅游的参与者主要是宗教信徒，旅游目的地集中在全世界各宗教圣地、寺庙、遗址等，强大的精神信仰力量是宗教旅游的特质。

4. 休闲旅游

休闲旅游是以休息、娱乐和度假等为主要目的的旅游形式。旅游者以旅游资源为依托，以旅游设施为条件，以特定的文化景观和服务项目为内容，离开定居地到异地进行休闲、游览、娱乐、观光和度假，使自己的身体得到休息调养，精神得以放松愉悦。休闲旅游是近年来日益受到旅游者青睐的旅游形式，随着经济的快速发展，人们生活水平提高，收入增加以及假期延长，休闲旅游正开始逐步替代传统的观光旅游。从观光旅游向休闲度假旅游转变，这是旅游发展的基本规律。

休闲旅游可以是远程的离开自己常住地的旅行，也可以是在自己所居住城市的周边地区的休闲活动。若要满足远程休闲旅游者的需要，则对资源质量要求较高；若要满足近程休闲旅游者的需要，则对休闲有关的项目要求较高。休闲旅游是我国当前发展较快的旅游类型，如三亚海滨休闲度假游、贵阳城市休闲避暑游等。

休闲旅游的主要特征包括：活动内容以轻松愉快的文化娱乐活动为主，需求多样化；对旅游环境、设施和服务要求较高，注重旅游过程的体验性；旅游活动时间安排灵活、随意。

5. 康养旅游

康养旅游是以健康养生为主要目的的旅游形式，是现代旅游业发展过程中产生的新型旅游方式。由于现代人工作、生活压力加大，体育健身活动减少，亚健康人群增多，环境污染导致人居环境恶化，社会人口老龄化加剧等多种因素，人们需要脱离日常繁重的工作事务，通过在旅游活动中进行养颜健体、营养膳食、修身养性、关爱环境等，使自己在身体、心智和精神上都达到自然和谐的优良状态。2016年1月，国家旅游局（现文化和旅游部）正式颁布了《国家康养旅游示范基地》（LB/T051-2016）标准，并确定了首批5个"国家康养旅游示范基地"。康养旅游已被社会和市场广泛认同，正式确立为新的旅游方式，并纳入我国旅游发展战略，从而进入了规范化发展的道路。

按照产品类型，康养旅游可以分为森林康养旅游、温泉康养旅游、中医药康养旅游、运动康养旅游和康养旅居等。按照消费需求层次，康养旅游可以分为养身康养旅游、养心康养旅游和养神康养旅游，从"身、心、灵"三个维度全面满足旅游者身体、心理和灵魂需求。另外，康养旅游还可以按照消费人群分为青少年康养旅游、中老年康养旅游和妇孕婴幼康养旅游等。

作为近年来新兴的旅游形式，康养旅游具有鲜明的特征。康养旅游对生态环境要求非常高，如空气负氧离子、芬多精浓度等都是评价目的地是否适合康养旅游的重要指标；市场需求群体日趋多元化，涵盖了婴幼儿市场到老年市场；康养旅游尤其重视产品和服务质量，产品价格也相对较高；康养旅游还高度重视旅游者身体健康和心理感受，乃至引导游客灵魂的升华。

6. 特种旅游

特种旅游是一种新兴的旅游形式，是指为满足旅游者某方面的特殊兴趣与需要，定向开发、组织的一种特色专题旅游活动，通常也被称为"专题旅游""专项旅游""特色旅游"等。特种旅游是在观光旅游和休闲度假旅游等常规旅游基础上的提高，是对传统常规旅游形式的发展和深化，因此是一种更高形式的特色旅游活动产品。伴随人们物质生活的富足，精神文化日益成为影响旅游活动的重要因素，为了满足人类挑战自然、突破自我的最高境界需求，特种旅游由此而生。目前，常见的特种旅游形式有探险、狩猎、潜水、登山、徒步、野营、漂流、汽车拉力赛，以及洲际、跨国汽车旅行等。

特种旅游具有鲜明的特点：首先，特种旅游者注重旅游的自主性、个性化、目的性，在全新的环境中能够得到精神上的满足，因此往往根据个人旅游目的和爱好，自主制定旅行线路和计划，计划落实过程中能动性较强；其次特种旅游的路线和区域具有较大的特殊性和新奇性，旅游生态环境和文化环境具有较强的原始自然性，由此形成的旅游线路和项目对旅游者具有新鲜感、刺激感和探险性；再次，特种旅游在形式上具有很强的参与性。旅游者可以通过切身体验得到放松和美好的享受；最后探险型的特种旅游活动也往往具有较大的不确定性和一定的危险性。

拓展阅读 1-3

（三）按照旅游组织形式进行划分

按照旅游者外出旅游的出行组织形式，可以把旅游分为团体旅游和散客旅游。

1. 团体旅游

团体旅游是旅游者事先一次性向旅行社支付费用，由旅行社按照事先计划好的旅游线路，向旅游者提供整个旅游行程所需交通、饮食、住宿、游览、购物及娱乐等服务的集体旅游形式，也称为"团体包价旅游"。团体旅游从20世纪60年代以后开始在欧美地区盛行开来，这种规范化、规模化的旅游形式促使更多的普通大众也参与到旅游活动中来，使旅游不再是少数人的特权，而成为人人都可以享有的权利。因此，可以说团体旅游是现代大众旅游的代表。

团体旅游对于现代旅游的发展具有突出贡献，其优势主要有以下几个方面：一是方便游客，旅行社提前为游客设计好了最佳旅游线路，并为游客安排好整个旅游所需的交通、住宿、餐饮、游览等旅游项目，极大地方便了游客；二是服务有保障，旅行社出发前为旅游者制定了详细的服务和接待计划，并派出导游随团全程为游客提供讲解、联络等相关服务，从而保证了旅游行程的顺利进行；三是价格优惠，旅行社为团队旅游提供的食、住、行、游等服务，都是从旅游产品供给商那里以批发价格购买的，远低于面向散客的零售价，所以团体旅游的价格相比散客出游更优惠；四是规模大，团体旅游是由旅行社批量组织旅游者前往景区游览，一次参与团体旅游的游客通常都在15人以上。

2. 散客旅游

散客旅游是由旅游者按照主观愿望自行安排旅游行程，并且在旅游行程中零星现付各项旅游费用的旅游形式。散客旅游在旅游过程中可以不借助旅行社的帮助完成整个旅游行程，也可以部分借助旅行社的帮助，比如代订机票、酒店等基本需求项目，其余游览计划完全自己安排，所以散客旅游也被称为"自主旅游"或"半自助旅游"。

自20世纪80年代以来，世界旅游市场出现了"散客化"的旅游潮。越来越多的旅游者不愿跟随导游进行千篇一律式的旅游，他们希望打破传统团体旅游的束缚，在旅游行程中寻求个性化差异，体现自我价值。散客旅游的优势在于旅游者可以根据自己的爱好和需求自由安排旅游行程，线路设计灵活多变，服务项目因人而异，但游客为此付出的费用也相对团体旅游较高。

除了上述主要三种分类以外，旅游还可以按照消费水平高低划分为豪华旅游和大众旅游；按照旅游者年龄划分为学生旅游、青年旅游和中老年旅游；按照费用来源划分为自费旅游和公费旅游；按照旅游路程长短划分为短程旅游和远程旅游；按照出行交通工具划分为飞机旅游、火车旅游、游轮旅游、汽车旅游、自行车旅游和徒步旅游等，其中自驾车旅游近年来在我国国内正开展得如火如荼。

拓展阅读1-4

第二节 旅游业发展历程

按照旅游活动的发展历史阶段，我们把旅游划分为古代旅行、近代旅游和现代旅游三个主要时期。古代旅行是从原始社会末期到19世纪中期，近代旅游是从19世纪中期到第二次世界大战，而现代旅游则是从"二战"后至今。旅游业作为社会一项专门的经济产业，以旅游资源为凭借、以旅游设施为条件，向旅游者提供旅行游览服务，从而产生经济价值，带来经济收益，是伴随近代旅游的开始才出现的。

一、国外旅游业发展历程

19世纪中期，产业革命在世界各国开展起来，传统的手工生产逐步被机器化大生产所取代。生产技术的变革推动生产关系深刻改革，资本主义制度战胜封建主义制度，走上了历史舞台。这一切先进的变革都有力推动了旅游的发展，直接促使了近代旅游和旅游业的诞生。

（一）近代旅游的诞生背景

1. 城市化进程加快

随着机器化大工业的逐步普及，大量工厂如雨后春笋般建立起来。从事农业生产的农民开始大量进入城镇工作和生活，国家经济中心从农村转向城市。在工业革命最早开展的英国，15世纪末开始的圈地运动一直持续到17世纪。圈地把大批的农民从土地上赶走，只好来到城镇成为出卖劳动力的雇用工人，他们为英国工业化进程奠定了原始劳动力基础。然而长期待在城市喧闹、拥挤的空间，过着紧张、快节奏的人们渴望安静、自由的大自然环境，他们需要远离城市享受异地旅行带来的身心放松。

2. 工作性质变化

在封建社会阶段，广大农民按照农时的变化从事着忙闲有致的田间劳作。进入资本主义社会后，在城市工厂工作的体力劳动者整日待在嘈杂、喧闹的机器旁，从事简单、枯燥的重复性劳动，身心俱疲。这种工作性质和环境的变化促使他们要求有休息日和假日，换个环境旅行，获得缓解和休息的机会。

3. 社会财富增加

进入资本主义社会后，社会财富不再是少数封建贵族和地主所有，而是由资产阶级掌握。为了促使工人创造更多的剩余价值，同时也是在工人阶级的不断斗争下，资本家增加了工人的工资和带薪假期，使他们有机会加入旅游队伍。另外，先进生产技术的变革大大提高了生产效率，促使整个社会的经济财富不断提高，无论是资本家还是工人的财富相比封建社会都有很大提高，为旅游活动的普及打下了经济基础。

4. 科学技术发展

科技发展直接促进了交通大飞跃，为旅游活动的开展创造了便利交件。随着西方两次工业革命的开展，蒸汽机和内燃机相继出现，新兴科学技术很快被应用在新交通工具的创造发明上。新交通工具的发明给人类带来了新的旅行方式，人们的旅行费用大大降低，旅行速度有效提高，外出范围也不断扩大，外出旅行的规模由于运载能力的提高也日益增大。科技创新带来了交通工具的大革命，新型交通工具尤其是火车和蒸汽轮船的发明及应用，促使更多人参与旅游活动，为近代旅游的诞生提供了必要条件。

拓展阅读 1-5

（二）近代旅游业的诞生

近代旅游与古代旅行最大的不同，在于围绕旅游者出现了专门为其提供服务并获得报酬的相关行业，这就是旅游业。旅行社作为专门为游客提供具体服务的行业，是旅游业的典型代表，它的出现标志着旅游业的诞生。

产业革命给欧美各国经济打了一剂强心剂，社会财富迅速增加，全民生活水平开始逐步提高，更多的人渴望利用节假日外出观光旅游。但是当时绝大多数人包括新兴资产阶级，都少有外出旅游的经验，语言障碍、交通障碍和对异国他乡的不了解，是大家外出旅行最大的忧虑。社会的需要和市场的需求酝酿着一个新兴行业的诞生，1845 年，世界上第一个旅行社——托马斯·库克旅行社就这样在英国的莱斯特成立了。它标志着近代旅游业的诞生，其创立者英国人托马斯·库克也被公认为近代旅游业之父。

1845 年 8 月，托马斯·库克首次组织了一次有 350 人参加的团体消遣旅游。这次旅游是从莱斯特出发，最后到达利物浦，旅游时间一周。这次利物浦之旅是人类世界上首次组织的具有商业性质的团体旅游活动，充分表现出当代旅行社业务的特点，开创了世界旅行社业务的先河。第一，托马斯·库克组织这次旅游活动是出于纯商业的目的，不再是以往的"业余活动"。在此之前他的主要职业是印刷和出版商，组织的活动都属于非营利性质的业余活动。随后，托马斯·库克逐步把自己的主要业务放在了旅游上。第二，他事先对旅游线路进行了设计。组织这次活动前，托马斯·库克沿途做了大量的先期考察，确定参观游览地点，了解沿途旅馆住宿情况。第三，在时间安排上，此次旅游设计的是在外过夜数天的长途旅游，而非此前组织的一日往返游。第四，托马斯·库克旅行社为此编写并出版了世界上第一本专业的旅游指南《利物浦之行手册》。第五，配备了导游为游客服务。托马斯·库克本人亲自担任利物浦之旅的全陪，另外还在沿途一些地方聘请了地方导游为游客带路和讲解。

拓展阅读 1-6

（三）现代旅游业的发展

第二次世界大战结束后，全球经济开始迅速恢复和发展，和平与发展成为时代主流，交通工具更加现代化，带薪假期制度逐步普及，教育水平不断提高，人类进入现代旅游时期。特别是 20 世纪 60 年代以来，世界经济向多极化演变，现代旅游业在全世界范围内得到快速、蓬勃发展，直至今天。

1. 旅游成为基本需求

第二次世界大战以后，旅游开始成为广大劳动者文化生活的重要组成部分。特别是 20 世纪 60 年代后，普通的劳动者阶层真正成为世界旅游大军的主力。世界旅游组织（UNWTO）于 1980 年发表了《马尼拉宣言》，其中明确提出"旅游是人类社会的基本需求之一，大众旅游（Mass Tourism）在全世界普及，成为现代旅游业快速发展的主要推动力"。

大众旅游主要体现在以下两方面：一是开始形成以有组织的团体包价旅游为代表的规范化旅游模式，这种形式在广大民众选择的出游形式中占主导地位。这种旅游形式的优势主要表现为规范化、廉价化和规模化。旅行社通过大量购买旅游企业相关产品和服务，重新设计包装旅游线路，有组织地大规模带领游客完成旅游活动。这种大众旅游模式既实现了旅行社收益，又方便了游客，降低了旅游者的出行成本，所以自 20 世纪 60 年代以来得到了迅速发展。二是奖励旅游得以普及。所谓奖励旅游，就是很多国家的公司企业和组织机构把旅游作为激励员工的手段。一些管理学研究者发现，把旅游作为奖品来激励员工时，所产生的正面激励作用比金钱和物质奖品的刺激作用效果要好得多。这是因为奖励旅游的激励时效长，一次有意义的奖励旅游可以让人终生难忘，这是金钱和物质奖品难以超越的。再者，奖励旅游的激励范围广。作为一种高级的旅游形式，奖励旅游往往能得到企业或组织高层的重视，甚至亲自陪同参与。这不仅对受奖励者来说是殊荣，同时还能刺激未受奖励者，促使他们努力工作，发奋图强，为企业做出贡献，争取早日得到奖励旅游。

2. 全球旅游多极化发展

从全世界范围来看，欧美地区是发达国家最集中的地区，也是传统的旅游业发达地区。20世纪70年代后，亚太地区旅游经济开始高速发展，出现了如中国、泰国、新加坡、印度尼西亚等旅游新兴国家，国际旅游人数年均增长率一直保持在7%，世界旅游重心逐步从欧美地区向亚太地区转移。联合国世界旅游组织将全球分为五大区域，分别为亚太地区、欧洲地区、美洲地区、中东地区和非洲地区。未来全球的旅游重心将呈现亚太地区、欧洲地区和美洲地区三足鼎立，中东和非洲地区奋起直追的多极化发展趋势。

3. 旅游经营向集团化发展

集团化经营是集团成员企业之间在研发、采购、制造、销售、管理等环节紧密联系、协同运作的经营方式，具有资源共享、节省成本、优势互补、提高效率等多种优势。"二战"后，为了适应旅游业的快速发展，增强旅游市场竞争能力，很多旅游企业与行业内外相关企业联合，实行旅游企业集团化、规模化经营。在旅行社业，美国运通公司是国际上最大的集旅游服务、综合性财务、金融投资及信息处理的跨国集团公司，其一年的营业额远远高于我国所有旅行社营业额总额；在酒店行业，集团化经营获得巨大成功，像雅高、希尔顿、假日、喜达屋、香格里拉都是全世界著名的饭店管理集团；在旅游景区行业，全球著名的迪斯尼主题乐园经营者——迪斯尼公司和麦当劳公司、可口可乐公司结盟，共同打造旅游餐饮帝国。在我国，实力雄厚、规模较大的旅游集团有北京首旅集团、上海锦江集团和陕西旅游集团等。

二、我国旅游业发展历程

（一）我国近代旅游业诞生

19世纪中期，帝国主义用枪炮打开了清政府闭关锁国的大门，从此中国社会由封建社会演变为半封建半殖民地社会。这一时期的中国遭受西方列强的瓜分，受尽屈辱，旅游业的发展同样曲折。20世纪20年代，我国近代旅游业诞生于上海，之后由于抗日战争的爆发，又基本处于停滞阶段，直到新中国的成立，才开始逐步恢复。

20世纪初期，中国的旅游业完全被西方国家控制，没有国人自己经营的旅游企业，旅游也只是外国人和国内极少数人士才能参与的活动。英国的"通济隆旅行社"、美国的"运通公司"和日本的"观光局"先后在沿海通商口岸设立分支机构，包揽了中国的旅游业务。这些外资旅行社的主要服务对象是外国来华的旅游者，很少服务中国人，甚至采取冷落、歧视的态度。

为了打破外国旅行社对我国旅游业务的垄断，发展本国的旅游事业，1923年8月15日，由我国著名民族资本家陈光甫创建的上海商业储蓄银行

"旅行部"在上海正式宣告成立。1927年"旅行部"从银行独立出来，更名为"中国旅行社"。这是我国自己创立的第一家旅行社，标志着中国近代旅游业的诞生。

中国近代除了旅行社行业，饭店、交通行业也有了较大进步，为国内外游客的旅行提供了很大便利。只是这些行业主要集中在以上海为中心的东部沿海地区，广大中西部地区的旅游业仍处于落后状态。20世纪20年代后，上海、北平、天津、宁波、青岛、南京、张家口等城市都掀起了现代饭店的建造热潮，在上海就有各种旅馆、饭店300余家。在航运方面，上海在20世纪30年代就已经成为中国乃至东亚地区的航运中心，拥有中国邮船公司、轮船招商局等远洋航运企业，开通了赴欧洲、美洲及东南亚地区航运线路。在航空运输方面，1930—1933年，在中国大地上相继成立了中美合资经营的中国航空公司、中德合资经营的欧亚航空公司和广西政府经营的西南航空公司，开通航线10余条。

拓展阅读1-7

（二）我国现代旅游业的发展

我国的现代旅游业是随着中华人民共和国的成长壮大而向前发展的。新中国成立初期，随着抗美援朝的胜利，国民经济的迅速恢复和发展，各方面工作都取得了巨大成就。新中国的国际影响在世界舞台上与日俱增，许多外国友人以及广大海外侨胞、外籍华人都想到社会主义中国来交流访问、探亲访友和参观旅行。所以，创办旅行社，开展旅行业务，做好旅游接待，就被提到国家对外事务的议事日程上，揭开了中国旅游业的新篇章。

我国现代旅游业的发展主要可以分为两个阶段：

第一阶段是从新中国成立后到1978年，这一时期我国的旅游业是以政治接待为主，把开展旅游工作作为国家对外交往的重要渠道。通过接待海外旅游者，对外宣传中国社会主义革命和建设的成就，加强与各国人民的友好合作关系，团结了海外侨胞、港澳台同胞和国际友人，增强相互了解与信任，有利于祖国统一和世界和平伟大事业。不过，这一时期的旅游事业完全服从于国家政治外交，是"赔本赚吆喝"，基本没有经济上的盈利。1966年至1977年间，由于受到"文化大革命"所谓外出旅游是资本主义观念的影响，我国的旅游业几乎处于停滞状态。

第二阶段是从1978年十一届三中全会后至今，我国现代旅游业真正开始迎来了发展的春天。在改革开放的总方针指引下，邓小平同志提出，我们要把旅游事业由"事业接待型"变为"经济创汇型"，通过发展旅游事业，让世界了解中国，让中国走向世界。1981年，国务院发布了《关于加强旅游工作的决定》，要求进一步加快全国旅游事业的发展，我国旅游事业从此进入快速发展时期。1992年，中共中央、国务院发布了《中共中央国务院关于加快发展第三产业的决定》，进一步明确旅游业是第三产业的重点，各省、市、自治区开始把旅游业列为支柱产业、重点产业或先导产业。随着香港和澳门的回归和我国正式加入世界贸易组织，我国的旅游业出现了可喜的局面。尽管在2003年遭遇了SARS（"非典"）的严峻考验，但我国旅游业在第二年就得到了全面的振兴，并呈现高速增长的态势。据统计，2003年至2019年的十多年间，我国仅国内旅游人数就从8.7亿人次增长到60.1亿人次，增长近6倍，发展势头迅猛。世界旅游城市联合会联合中国社会科学院旅游研究中心发布的《世界旅游经济趋势报告（2018）》指出，2017年中国在全球旅游总人次（包括国内旅游人次和国际旅游人次）榜单中排名世界首位。经过几代旅游人的不懈努力，我国现代旅游业发展了60多年，取得了许多瞩目的成就。

1. 健全管理机构，完善管理体制

中国旅游业的管理机构和体制，是伴随着中国旅游业的发展演变逐步建立、完善起来的。1964年，中国旅行游览事业管理局成立，标志着新中国旅游业的主管行政机构诞生。不过这个时期实行的是政企合一的体制，中国旅行游览事业管理局和中国国际旅行社总社是"两块牌子，一套人马"。1982年，国家旅游局和中国国际旅行社总社分开，国家旅游局作为统管国际国内旅游业务的国务院直属机构，实施对全国旅游业的行业管理和领导。各省、自治区、直辖市以及下属市、县根据当地国内、国际旅游发展的需要设置旅游局，统管本地区的旅游工作。同时，把各级旅游经营单位从所属的行政管理部门独立出来，实行政企分开。这样，中国旅游业的管理体制进入了一个新的时期，从中央到地方逐步建立健全了一套完整的管理体制，有力地促进了我国旅游业的快速发展。2018年，我国将文化部、国家旅游局的职责整合，组建中华人民共和国文化和旅游部，作为国务院组成部门。文化和旅游部的成立增强和彰显了文化自信，有效统筹了文化事业、文化产业发展和旅游资源开发，提高了国家文化软实力和中华文化影响力，推动了文化和旅游的深度融合发展。

2. 制定旅游法规，加强法制建设

在新中国成立后很长一段时间里，我国旅游行业一直没有制定相关的法律法规，处于无法可依的窘况。旅游业的发展急需法律的保驾护航，1981年，国家旅游局开始着手起草《中华人民共和国旅游法》，学习借鉴美国、日本、苏联等旅游发达国家的成功经验和失败教训，从中国的实际出发，努力

寻求建设具有中国特色的社会主义旅游道路，掀开了我国旅游法制建设的大幕。1985年，国务院批准并发布了由国家旅游局制定的《旅行社管理暂行条例》，这是新中国旅游业的第一部行政管理法规。三年之后，国家旅游局发布了《旅行社管理暂行条例施行办法》，对各类旅行社的审批、经营范围等都作了明确的规定。以后又陆续制定和发布了《中国国际旅游价格管理暂行规定》《关于严格禁止在旅游业务中私自收授回扣和收取小费的规定》《关于颁发中华人民共和国导游证书的暂行办法》《中华人民共和国评定旅游（涉外）饭店星级的规定》《关于外国企业在中国设立常驻旅游办事机构的意见》《旅游安全管理办法》《导游人员管理条例》《旅行社条例》《在线旅游经营服务管理暂行规定》等。这些旅游管理规章的制定和实施，使旅游业的各个业务部门有法可依，有章可循，从而使旅游法制建设向纵深发展。

2013年4月25日，《中华人民共和国旅游法》经第十二届全国人大常委会第二次会议通过，中华人民共和国主席令第三号公布，并自2013年10月1日起开始施行。《旅游法》分总则、旅游者、旅游规划和促进、旅游经营、旅游服务合同、旅游安全、旅游监督管理、旅游纠纷处理、法律责任、附则共10章112条。它以保障旅游者和旅游经营者的合法权益为宗旨，明确了各方权利、责任，使旅游者和经营者的维权以及政府部门的监管执法都有了明确的法律依据。《旅游法》的颁布，使消费者的旅行体验和旅游质量得到保障，有利于我国旅游行业整体规范和有序健康发展，标志着中国旅游业进入依法治理、依法维权的新时代。

3. 扩大行业规模，形成完整产业链

旅游活动主要由食、住、行、游、购、娱六大板块构成，围绕旅游者的这些需求，我国的旅游行业不断扩大规模，在全国范围内形成了完整的旅游产业供给链。

旅行社方面，20世纪80年代，我国的旅游业务主要是由中国国际旅行社、中国旅行社和中国青年旅行社三大旅行社承担。后来随着国内外旅游市场需求的增长，一些旅游城市新办的旅行社迅速增加，在全国旅游业的发展中发挥着越来越明显的作用。截至2019年底，全国旅行社总数为38943家，比2018年增长8.17%，资产总额2722.13亿元，当年实现营业收入7103.38亿元。

在旅游饭店方面，新中国成立之初，全国范围内比较著名的饭店只有76家。截至2019年底，全国星级饭店管理系统中共有星级饭店10003家，其中一星级62家，二星级1658家，三星级4888家，四星级2550家，五星级845家。另外还有大量的非星级饭店存在于各大城市，仅全国经济型饭店连锁品牌都有100多个。

在旅游景区的开发建设方面，我国是拥有五千多年历史的文明古国，国土辽阔，旅游资源非常丰富。从1982年国务院审定第一批44处国家重点风景名胜区，到现在全国有上万个旅游景区景点，涵盖了自然景观、历史古迹、社会生活等各个方面。据初步统计，截止到2019年底，全国共有A级旅游景区12402个。

21世纪以来，随着互联网的普及，我国在线旅游行业发展迅猛。旅游者通过在线旅游平台购买车票、预订酒店成为时尚。在线旅游作为一种新型的旅游方式，方便了游客出行，促进了旅游消费，带动了行业发展。据统计，2018年全国在线旅游交易规模达到9754亿元，约占当年全国旅游业总收入的16%。

截至目前，我国的旅游交通、旅游购物、旅游餐饮、旅游娱乐等各个行业都有了长足发展，能够充分满足日益增长的国内外旅游者的需求。另外，银行、医疗、电信、保险、网络等配套行业也在各旅游目的地不断完善健全，全国旅游产业市场服务网络已经基本形成。

4. 三大市场发展，位居全球前列

从1978年改革开放以来，我国的国内旅游市场、入境旅游市场和出境旅游市场陆续开始发展起来，市场前景日益广阔，旅游收入不断增加，取得了骄人成绩。2014年，第十二届世界旅游旅行大会在中国三亚召开，世界旅游业理事会（WTTC）总裁兼首席执行官大卫·斯克斯尔认为：中国现在是旅游业全球增长的主要推动力。

国内旅游市场方面，改革开放后，随着城乡居民收入的稳步增加，我国居民的国内旅游从沿海经济发达地区迅速普及到全国。1985年1月，国家旅游局在山东烟台召开了富有历史意义的第一次全国国内旅游工作会议，明确提出加强国内旅游管理，推动国内旅游发展。当年全国国内旅游总人数同1984年相比，增长速度为20%，达到2.4亿人次，旅游收入80亿元人民币；到了2019年，全国国内旅游人数达60.06亿人次，同比增长8.4%，全国国内旅游收入达到57251亿元人民币。近30年里，除了2003年和2020年，不管是国内旅游人数还是国内旅游收入都呈现持续快速增长态势，我国已成为全世界游客规模最大的国内旅游市场。

入境旅游市场方面，入境旅游一直是我国旅游市场的重要组成部分。1978年，我国入境旅游人数为180.92万人次。2013年，国家旅游局在全国实施"十、百、千"计划，推出一批在海外有影响力、符合境外游客需求的国家级旅游精品，即：推出10条跨区域旅游线路，推出100个知名旅游目的地，推出1000个精品旅游景区。通过推广国家级精品旅游项目，打造"美丽中国之旅"品牌，促进入境旅游市场平稳增长，保持旅游业国际地位稳中有升。到2019年，我国入境旅游总人数已达14531万人次，较1978年增长了80倍，当年入境旅游总收入达到1313亿美元。

出境旅游市场方面，出境旅游虽然是我国最晚发展的旅游市场，但伴随着中国经济的发展，出境游在新世纪也开始高速发展。1997年，国务院批复了由国家旅游局和公安部共同制定的《中国公民自费出国旅游管理暂行办法》，使出境旅游走上了规范化道路。到2013年，我国已正式开展组团业务的出境旅游目的地国家和地区已经有116个。2019年，我国公民出境人数达到1.55亿人次，比上年增长3.3%，其中经旅行社组织出境旅游的总人数为6288万人次。截至目前，中国出境游人数已经多年位列全球第一，且出境旅游总消费也是全球第一。

2020年初，突如其来的新冠肺炎疫情重创全球经济，给旅游业也带来巨大影响。但是，人民群众对美好生活的追求不会改变，旅游发展的支撑条件不断向好，随着全球疫情得到有效控制，旅游业发展的前景依然美好。

本章小结

本章主要介绍了旅游的起源、定义、属性、特点、类型等基本知识，分析了旅游和旅行、游览之间的关系；以中外旅游业发展历程为主线，详细介绍了旅游业的诞生背景和诞生标志，列举了现代旅游业发展所取得的成就。通过本章的学习，让学习者了解旅游的起源，掌握旅游基本概念和属性特征，熟悉旅游业发展历程，从而激发学习者的专业学习兴趣，热爱旅游行业，为后面的专业知识学习打下坚实的基础。

思考与练习

一、单项选择题

1. 旅游是旅行和（　　）的结合，前者是旅游的前提和方式，后者是旅游的目的和意义。

  A. 经商　　　　　　　　　　B. 游览
  C. 朝觐　　　　　　　　　　D. 求学

参考答案

2. 在国际上影响比较大的"艾斯特"（AIEST）定义是由（　　）学者汉泽克尔和克拉普夫（Hunziker an D Krapf）提出的。

　　A. 美国　　　　B. 法国　　　　C. 德国　　　　D. 瑞士

3. 旅游具有（　　）双重属性，这是旅游的根本属性。

　　A. 经济和文化　B. 社会和精神　C. 经济和社会　D. 文化和精神

4. 旅游具有异地性，一般来说，我们把"异地"理解为常住（　　）以外的地方。

　　A. 国家　　　　B. 省份　　　　C. 区县　　　　D. 城镇

5. （　　）是从古至今在国内外最普遍的一种旅游形式，也是旅游活动的基本内容。

　　A. 商务旅游　　B. 观光旅游　　C. 宗教旅游　　D. 康养旅游

6. 按照旅游者外出旅游的出行组织形式，可以把旅游分为团体旅游和（　　）。

　　A. 自驾旅游　　B. 豪华旅游　　C. 散客旅游　　D. 公费旅游

7. 按照世界旅游活动发展的历史阶段，（　　）是从19世纪中期到第二次世界大战。

　　A. 古代旅行　　B. 近代旅游　　C. 现代旅游　　D. 大众旅游

8. 从全世界范围来看，欧美地区是传统的旅游业发达地区，20世纪70年代后，世界旅游重心逐步从欧美地区向（　　）地区转移。

　　A. 亚太　　　　B. 非洲　　　　C. 南美　　　　D. 中东

9. 著名民族资本家陈光甫创立的我国第一家旅行社"中国旅行社"位于（　　），标志着中国近代旅游业的诞生。

　　A. 北京　　　　B. 广州　　　　C. 天津　　　　D. 上海

10. 《中华人民共和国旅游法》于（　　）正式颁布施行，标志着中国旅游业进入依法治理、依法维权的新时代。

　　A. 1981年　　　B. 2008年　　　C. 2013年　　　D. 2020年

二、判断题

1. 旅游起源于旅行。　　　　　　　　　　　　　　　　　　　　（　　）
2. 经济性和文化性是旅游的根本属性。　　　　　　　　　　　　（　　）
3. 为便于统计，世界旅游组织将旅游暂时性的时间规定为半年。　（　　）
4. 按照目的来划分，旅游分为国际旅游和国内旅游两种类型。　　（　　）
5. 1845年托马斯·库克旅行社的成立，标志着我国旅游业的诞生。

（　　）

三、简答题

1. 旅游的定义是什么，有哪些特点？
2. 旅游的本质属性有哪些？
3. 旅游出现淡旺季的原因主要是什么？
4. 新中国现代旅游业发展取得了哪些举世瞩目的成就？
5. 为什么说多极化发展是全球旅游发展的趋势？

四、论述题

1. 试通过举例来说明旅游、旅行、游览三者的关系。
2. 目前旅游业已成为全世界最大的经济产业，未来我国将成为全世界最大的旅游国家。为此，你将做好哪些方面的准备？

第二章

旅游活动的基本要素

本章重点

本章内容包含旅游活动的基本要素、旅游者、旅游资源、旅游产品和旅游业，重点讲解旅游者的概念和分类，旅游资源的概念、特点和分类，旅游产品的概念和分类，旅游业的概念、构成、特点和影响作用。

学习要求

通过本章内容的学习，学习者能够了解旅游者的概念及形成条件；掌握旅游资源的概念、类型和特点；理解旅游业的定义、性质、特点及影响与作用；理解旅游业的构成；掌握旅行社、旅游交通、旅游饭店的概念及相应的类型划分，从而具备旅游行业基础理论的认知。

本章思维导图

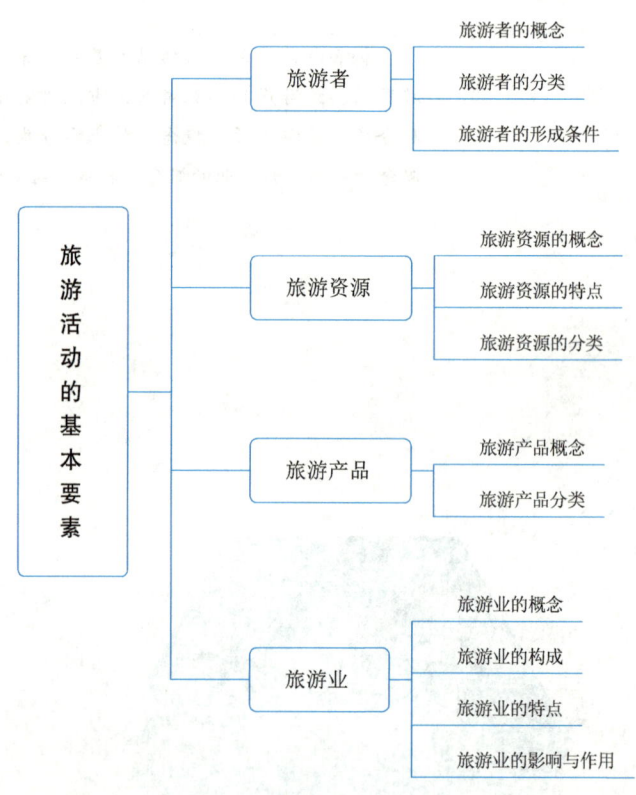

第一节　旅游者

旅游者是旅游学的基本概念。对"旅游者"概念进行科学的界定，不仅有重要的理论意义，同时具有重要的现实价值。旅游者的定义要涉及旅游活动广度的划分，进而涉及旅游业范围的划分。在现实工作中，主要表现为两个问题：一是对旅游业发展形势的估计，因为旅游者定义范围不同，所统计出的旅游者人数和旅游收入就不同，对旅游业在经济社会发展中的作用评估也就不同；二是旅游业管理体制的确定，因为旅游者定义不同，旅游业的范围划分也就不同，同时还涉及旅游业与有关行业的关系问题。

一、旅游者的概念

对旅游者下定义应该把握旅游者的以下特征。

异地性：即旅游者必须是离开常住地，去异地参观访问的人。

短暂性：旅游者前往异地进行参观访问具有暂时性的特点，不可导致永久性居留（连续不超过一年的活动）。

娱乐性：旅游者外出旅游，主要动机是为了获得精神上的满足。

基于以上认识，我们认为旅游者是指：任何为观光、休闲、娱乐、康养、度假、探亲访友、就医疗养、购物、参加会议或从事经济、文化、体育、宗教活动，离开常住国（或常住地）到其他国家（或地区），其连续停留时间不超过12个月，并且在其他国家（或地区）的主要目的不是通过所从事的活动获取报酬的人。

二、旅游者的分类

旅游者根据其活动范围，划分为国际旅游者和国内旅游者，其中国际旅游者又可根据其流向的不同而分为国际入境旅游者和国际出境旅游者。另外，根据旅游者外出游览时间的长短，又可分为过夜旅游者和一日游游客。

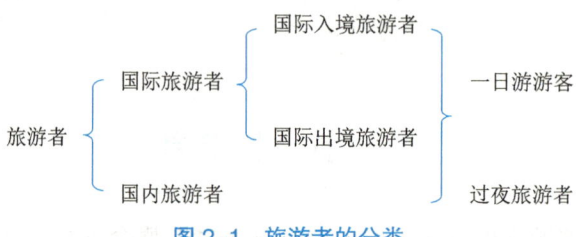

图 2-1 旅游者的分类

（一）国际旅游者的定义

1. 国际联盟

国际联盟（League of Nations）专家统计委员会于 1937 年对"外国旅游者"作出如下定义，即"外国旅游者就是离开自己的常住国到另一个国家访问 24 小时的人"，并且确认下列几种人属于旅游者。

（1）出于娱乐、健康和家庭原因而外出旅行的人。

（2）为出席会议或作为任何种类（包括科学、管理、外交、宗教、体育等）活动代表而旅行的人。

（3）为商业原因而旅行的人。

（4）在航海沿途停靠，即使不超过 24 小时的人。

（5）其他。

同时，该委员会还确认以下几类人不属于旅游者范围。

（1）去某国或某地区接受某一职业，并从事任何商业活动的人。

（2）到另一个国家或地区定居的人。

（3）到国外学习，住宿在校的学生。

（4）边境地区居民，户籍属于一个国家但去另一个国家工作的人。

（5）临时过境而不停留的旅行者，即使超过 24 小时的也不算旅游者。

2. 罗马会议定义

由于现代旅游业发展迅速，对社会生活各个方面都产生了越来越深入的影响，统一世界各国旅游统计口径的问题开始真正得到有关国际组织和世界各国的重视。1963 年，在国际官方旅游组织联盟的积极推动下，联合国在罗马召开了一次国际旅游会议（以下简称"罗马会议"）。会议就各国对国际旅游者的统计口径作了新的规范，凡是外出旅行的人，均统称为旅行者，旅行者中符合要求的称为游客，其余的称为其他旅行者。游客又可分为两类：一类是过夜游客，称为旅游者（Tourist）；另一类是不过夜的一日游游客，称为游览者（Excursionist）。

罗马会议对游客所作的具体解释为：游客是指除为获得有报酬的职业以

外，基于任何原因到一个不是自己常住的国家或地区访问的人。游客包括：

（1）旅游者：到一个国家暂时逗留至少 24 小时的游客。其旅行目的是为了消闲（如从事休闲、娱乐、度假、宗教和体育运动等）、健康、研究、工商业务、探亲、出差和开会等。

（2）短途游览者：指到一个国家暂时逗留不足 24 小时者，包括乘游船在海上旅行的人。

1967 年，联合国统计委员会召集的专家统计小组采纳了 1963 年罗马会议的定义，1968 年该委员会正式通过了这一定义。同年，国际官方旅游组织联合会也通过了罗马会议定义。

（二）我国对旅游者的定义

我国旅游业的发展于 1978 年步入正轨之后，根据我国旅游统计工作的需要，国家统计局和国家旅游局对应纳入我国旅游者统计的范围作了一系列的规定。我国对于旅游者的定义在原则上和罗马会议的定义保持了一致。

1. 游客

游客是指任何为休闲、娱乐、观光、度假、探亲访友、就医疗养、购物、参加会议或从事经济、文化、体育、宗教活动，离开常住国（或常住地）到其他国家（或地方），其连续停留时间不超过 12 个月，并且前往其他国家（或其他地方）的主要目的不是通过所从事的活动获取报酬的人。其中，常住国是指一个人在一年中的大部分时间内所居住的国家，或者在这个国家只居住了较短的时间，但在 12 个月内仍要返回的这个国家；常住地是指一个常住国的居民，在近一年的大部分时间所居住的城镇或在这个城镇只居住了较短的时间，但在 12 个月内仍要返回的这个城镇。这个定义中的游客，不包括因工作或学习在两地有规律往返的人。游客按出游地分为国际游客（即入境游客）和国内游客，按出游时间分为旅游者（过夜游客）和一日游游客（不过夜游客）。

2. 入境游客

入境游客分为入境（过夜）旅游者和入境一日游游客。

入境（过夜）旅游者是指在入境游客中，在我国旅游住宿设施内至少停留一夜的外国人、华侨、港澳台同胞。其中，外国人是指有外国国籍的人，包括加入外国国籍的有中国血统的华人；华侨是指持有中国护照但侨居国外的中国同胞；港澳台同胞是指居住在我国香港特别行政区、澳门特别行政区和台湾地区的中国同胞。

入境（过夜）旅游者不包括下列人员：应邀来华访问的政府部长级以上官员及其随行人员；外国驻华使馆官员及领馆官员、外交人员以及随行的家庭服务人员和受赡养者；在我国居住时间已达一年以上的外国专家、留学生、记者、商务机构人员等；乘坐国际航班过境，不需要通过护照检查进入我国口岸的中转旅客；边境地区（因日常工作和生活而出入境）往来的边民；回大陆定居的华侨、港澳台同胞；已在我国定居的外国人和原已出境又返回我国定居的外国侨民；归国的我国出国人员。

入境一日游游客是指在入境游客中，未在我国旅游住宿设施内过夜的外国人、华侨、港澳台同胞。

入境一日游游客应包括乘坐游船、游艇、火车、汽车来华旅游，在车（船）上过夜的游客和飞机、车、船上的乘务人员，但不包括在境外（内）居住而在境内（外）工作、当天往返的港澳同胞和周边国家的边民。

3. 国内游客

国内游客分为国内（过夜）旅游者和国内一日游游客。

国内（过夜）旅游者，是指国内居民离开惯常居住地，在境内其他地方的旅游住宿设施内至少停留一夜，最长不超过12个月的国内游客。国内旅游者应包括在我国境内常住一年以上的外国人及港澳台同胞。

国内（过夜）旅游者不包括下列人员：到各地巡视工作的部级以上领导；驻外地办事机构的临时工作人员；调遣的武装人员；到外地学习的学生；到基层锻炼的干部；到其他地区定居的人员；无固定居住地的无业游民。从上述国际旅游组织对应纳入旅游统计人员的界定以及我国对旅游者的统计口径可以发现，我国未将在亲友家中过夜的入境旅游者和国内旅游者纳入统计范围，除此之外，两者基本一致。也正因为如此，我国对旅游者的有关统计数字低于实际数字。

4. 出境游客

出境游客分为出境（过夜）旅游者和出境一日游游客。

出境（过夜）旅游者是指我国居民出境旅游，并在境外其他国家或地区的旅游住宿设施内至少停留一夜的游客。出境一日游游客是指我国居民出境旅游，在境外停留时间不超过24小时，并未在境外其他国家或地区的旅游住宿设施内过夜的游客。在我国的旅游者统计中，港澳台同胞来大陆旅游时，在大陆发生的消费开支亦构成大陆旅游外汇收入的组成部分，港澳台同胞来大陆的旅游访问也被视为入境旅游。同样，我国大陆居民前往港澳台地区的旅游活动，也一直被视为出境旅游。需要注意的是，自2001年起，来华旅游者的统计对象为外国人及港澳台同胞，不再对华侨进行单独统计。

拓展阅读 2-1

三、旅游者的形成条件

旅游者的形成是需要一些条件的，主要包括主观和客观两个基本条件。主观条件是指旅游者主观上的旅游动机；客观条件是指旅游者开展旅游活动需要有足够的可自由支配的收入、闲暇时间及其他一些客观条件。

（一）客观条件

1. 可自由支配的收入

旅游活动是一种经济支出活动，要建立在某些经济关系的基础上。从经济角度来讲，旅游活动的过程就是旅游者在食、住、行、游、购、娱各环节上发生各种经济关系的过程。在现代市场经济条件下，旅游者的需求及其实现过程要受一定经济条件的限制，旅游者的个人可自由支配收入水平是旅游者产生旅游需求和需求得以实现的重要条件。

所谓可自由支配的收入，是指扣除全部税收和社会消费（健康人寿保险、老年退休金和失业补贴的预支等）以及生活中必需消费部分（衣、食、住、行等）之后余下的收入，用于支付旅游产生的费用来源于此。基本生活费用的数量标准依国家不同而各异，所以对可自由支配收入水平也就存在着不同的认识。旅游者的可自由支配收入水平可以通过恩格尔系数进行相对衡量。

恩格尔系数是一个家庭或个人收入中用于食物支出的比例，系数越低，则表明可自由支配收入水平越高，形成的旅游者越多，旅游者在旅游中所跨越的距离越远，花费总量越大，反之则呈相反方向变化。根据联合国粮农组织提出的标准，恩格尔系数在59%以上为贫困，50%~59%为温饱，40%~49%为小康，30%~39%为富裕，低于30%为最富裕。据有关资料显示，1986年我国居民的恩格尔系数在50%左右，而同期的美国和日本仅为25%上下。如此低的系数表明，美国和日本旅游者具有很高的旅游支付水平。对于他们来讲，国内旅游已非常普遍，国际旅游也不断发展，而且个人消费水平很高。"十三五"期间，中国恩格尔系数持续下降，从2016年的30.1%降至2019年的28.2%。事实证明，我国的国内旅游和出境旅游已开始蓬勃发展。

衡量人们收入水平的另一个指标是人均国内生产总值（即人均GDP）。根据各国旅游的发展规律，通常一个国家人均GDP超过1000美元时，便开始产生出境旅游消费的动机；人均GDP超过3000美元时，出境旅游会有较大井喷。2019年全国居民人均可支配收入突破3万元，人民生活质量进一步提高，居民收入水平上升，中等收入群体规模进一步扩大。2020年尽管有疫情影响，但前三季度全国居民人均可支配收入达23781元，仍比上年同期名义增长3.9%，真正进入了国际公认的"中等收入"发展阶段。

2. 闲暇时间

人们的时间可分为四类：工作时间、生理上需要调剂的时间、家务和社会交往时间、闲暇时间。闲暇时间是指"个人完成工作和满足生活要求之后，完全由他本身支配的时间"。

正因为有闲暇时间，才可能把它用于旅游，成为旅游活动时间。闲暇时间按时间的长短可分为：

（1）每日工作之后的闲暇时间；

（2）周末闲暇时间；

（3）公共假期；

（4）带薪假期。

以上主要针对在职人员的旅游活动，公务旅游和无职务人员的旅游不受时间因素的限制。

表2-1　社会经济因素和个人因素对旅游倾向的影响

社会经济因素和个人因素	对旅游倾向的影响
收入	积极影响
家庭户主学历	积极影响
家庭户主职业	积极影响（就职业的社会地位而言）
带薪假期	积极影响
户主年龄	消极影响
生命周期	消极影响（就婴幼儿拖累而言）
性别	男性往往更积极

3. 其他因素

拥有足够的可自由支配收入和足够的闲暇时间，是一个人实现旅游活动的两个重要的基本条件。但这并不等于说，一个人只要具备了这两项条件就能成为旅游者。实际上个人能否成为现实的旅游者，还要受到许多因素的影响和制约，这些因素可分为个人因素和社会因素两类。

（1）个人因素。从个人角度来说，年龄、性别、种族、受教育程度等可能影响到一个人旅游活动的实现。其中有两个因素最为重要：一是个人身体状况。一个人要出去旅游，就必须具有一定的体力，否则可能难以成行。旅游者中以身强力壮的中青年人占多数，而许多老年人虽然有退休收入，有充分的闲暇时间，但其外出旅游的比例仍较低，究其原因在于他们自身年龄较大，体力不支。由此看来，旅游业需针对老年人市场推出一些适合他们身体状况的旅游产品。二是家庭状况，调查表明，有4岁以下婴幼儿的家庭，外出旅游的可能性很小。

（2）社会因素。社会因素包括很多，但主要是指社会政治经济制度、社会治安环境、科技水平等方面。社会安定、治安较好的国家和地区能吸引旅游者，而政治、经济、社会治安等各方面都处在不稳定状态的国家和地区，旅游者就会望而却步。如中东、海湾地区本是颇具旅游吸引力的，然而近些年由于战乱不断，导致旅游者不敢前往。科技水平，尤其是交通运输技术的发展，可极大地推动旅游业的发展。此外，公共突发事件也是影响旅游活动的重要社会因素，如新冠疫情对旅游业的影响等。

（二）主观条件

1. 旅游动机及其产生机制

一个人具有了成为旅游者的客观条件，并不一定能成为旅游者，如果他没有主观上的旅游意愿，就不可能成为旅游者。也就是说，旅游者的形成除了客观条件外，还需要主观条件，而这一主观条件就是旅游动机。所谓旅游动机，就是指促使一个人有意于旅游以及确定到何处、做何种旅游的内在驱动力。那么，我们不禁要问，是什么促使一个人有意于旅游？换句话说，旅游动机是哪里来的？要搞清这些问题，首先要明白什么是动机及动机产生的原因。心理学家告诉我们——"动机是激励人们产生行为的意向、推动人们进行某项活动的内部意愿和动力；动机产生于需要，需要是指当人处在一种生理或心理疲乏状态时所产生的维持和恢复生理或心理平衡的倾向，也就是指人对一定客观事物或某种目标的渴求或欲望"。当人们在生理或心理上处于疲乏的状态时，就会紧张不安，就会产生恢复平衡、消除不安的需要，为了满足或实现这种需要，人们就会产生进行活动以消除不安和恢复平衡的意向，这个意向就是动机。

那么，旅游动机又是怎样形成的呢？为了满足或实现人们的需要而形成的一个人外出旅游的主观愿望，即旅游动机，它来源于人的某种需要，主要是精神上的需要。需要是人们在个体或社会生活中欠缺某种东西，并力求获得满足的一种心理倾向。旅游就是人们的一种需求或需要。

（1）受尊重需要和自我实现需要。这是按照马斯洛的需要层次理论提出的观点。需要层次理论认为，人的需要分为五个层次：①生理需要。为了生存而对必不可少的基本生活条件产生需要。如由于饥渴冷暖而对吃、穿、住产生需要。②安全需要。指维护人身安全与健康的需要。前两者属于生理的、物质的需要。③爱的需要或社交需要。参与社会交往，取得社会承认和归属感的需要。④受尊重需要。指在社交活动中受人尊敬，取得一定社会地位、荣誉和权力的需要。一个人在家时，一切均需要自理，而作为旅游者则可以在旅游过程中享受到各类服务，从而感到被尊重。⑤自我实现需要。发挥个人最大能力，实现理想与抱负的需要。有的人为了实现自我抱负或谋求自我发展而外出旅游考察，从中获取信息或启示，以寻求发展机会。如考察旅游、会议旅游，如驾车或徒步游全国、全球，跨越某大洲等，以此展示其成就，实现一种自我价值，引起人们的注目。后三者属于心理的、精神的需要。一般而言，人类的需要由低层次向高层次发展，低层次需要满足后才追求高层次的满足。例如，一个食不果腹、衣不蔽体的人可能会铤而走险而不考虑安全需要，可能会向人乞讨而不考虑社会需要和受尊重需要。马斯洛认为，一个人同时存在多种需要，但在某一特定时期每种需要的重要性并不相同。人们首先追求满足最重要的需要，即需要结构中的主导需要，它作为一种动力推动着人们的行为。当主导需要被满足后就会失去对人的激励作用，人们就会转而注意另一个相对重要的需要。需要的层次越高，达到的人数就越少。因此，单靠马斯洛需要层次理论还难以解释现代大众化旅游者的动机。

（2）其他需要。如探新求异的需要。好奇之心，人皆有之；逃避紧张现实，调节身心节律的需要。现代社会竞争激烈，生活节奏不断加快，使人们的精神常年处于高度紧张之中，工业化和城市化造成的人群拥挤、交通喧闹和空气污染等问题日趋严重。因此，人们普遍希望在可能的情况下，暂时避开这样的环境，到环境幽雅、空气清新的地方度过一段时间，以调节自己的身心节律，缓解疲劳，松弛神经。旅游动机的产生可能源于上述需要的某一种，也可能出于其中两种或多种需要。

2. 旅游动机的种类

当然，上述精神需要的提出旨在解释人们为什么外出旅游。事实上，这些精神需要可以以各种不同的、具体需要的方式反映出来。例如，这类具体需要可能是为了扩大视野，认识和了解这个世界，探求平常没有接触过的事物，就会以动机的形式表现出来。但是，不同的需要产生不同的动机，即使相同的需要也可能因为人的民族、性别、年龄、职业和文化程度等因素的影响，而以不同的动机表现出来，因此，促使人们外出旅游的直接旅游动机也是多种多样的。历史上曾经有帝王巡游、商人旅行、为健康目的而进行的旅行以及修学旅行等多种旅游形式。在现代，由于旅游的参加者范围更加广泛，动机的类型也更加多样化。

美国著名的旅游学教授罗伯特·W.麦金托什提出，因具体需要而产生的旅游动机可划分为下列四种基本类型：

（1）身体方面的动机。包括为了调节生活规律、促进健康而进行的度假休息、体育活动、海滩消遣、娱乐活动，以及其他直接与保健有关的活动。此外，还包括遵医嘱或建议做异地疗法、洗温泉浴、矿泉浴、做医疗检查以及类似的疗养活动。属于这方面的动机都有一个共同特点，即通过与身体有关的活动来消除精神紧张。

（2）文化方面的动机。人们为了认识、了解自己生活环境和知识范围以外的事物而产生的动机，其最大的特点是希望了解异国他乡的情况，包括了解其音乐、艺术、民俗、舞蹈、绘画及宗教等。

（3）人际（社会交往）方面的动机。人们通过各种形式的社会交往，保持与社会的接触，包括希望接触他乡人民、探亲访友、逃避日常的琐事及惯常的社会环境、结交新友等。

（4）地位和声望方面的动机。这方面的动机主要与个人成就和个人发展的需要有关。属于这类动机的旅游包括商务洽谈、会议、考察研究、追求业余爱好以及求学等类型的旅游。旅游者通过旅游来实现自己受人尊重、引人注意、被人赏识、获得好名声的愿望。

事实上，由于人的旅游是一种综合性的活动，能够满足人们多方面的需要，而人们外出旅游时，也很少是出于一个方面的动机。因此，人们的旅游往往是多种动机共同作用的结果，只是有时某一动机为主导动机，其他为辅助动机，有时则是有的动机被意识到了，有的动机未被意识到而已。但是，不管如何，旅游动机是人们对认识到的旅游需要的表现形式。人的需要的形成是多种因素共同作用的结果，由于外因总是通过内因起作用的，因此，人们不同动机的形成从根本上说是个人方面的因素影响的结果。

第二节 旅游资源

一、旅游资源的概念

学界对旅游资源的定义尚存争议，不同学者对旅游资源的内涵理解存在差异性。国家标准《旅游资源分类、调查与评价》（GB/T 18972-2017）给出旅游资源（Tourism resources）的定义："自然界和人类社会凡能对旅游者产生吸引力，可以为旅游业开发利用，并可产生经济效益、社会效益和环境效益的各种事物和因素。"这一定义比较明确和规范，具有较强的先进性和科学性，也是本教材采用的概念。其内涵主要包括下述几方面。

(一)旅游资源一定是对旅游者具有吸引力的

旅游资源对于旅游者的吸引力是其基本属性,是旅游资源实用价值的主要体现,不仅是判断旅游资源的重要标准,也是旅游资源的核心内容。其中有两点需要说明:第一,旅游资源对旅游者的吸引力是针对社会旅游者群体而言的,而不是以个别人的爱好为准的。由于旅游者旅游需求存在差异,因此旅游资源吸引的相关群体具有一定的倾向。就某种具体的旅游资源而言,它可能对某个旅游者群体吸引力很强,而对别的旅游者吸引力较弱。第二,旅游资源的核心吸引力特性需要符合社会和生态原则,要剔除那些不符合生态、社会伦理规范的部分,例如色情、赌博、偷猎等是不健康的、病态社会的产物,并非文明和进步的表现,虽能获得一定的经济效益,但违反了法律法规和社会公德,因而不应列入旅游资源的范畴。

(二)旅游资源能被开发利用

旅游资源的功能之一是可以通过开发,被旅游者所使用。旅游资源根据开发状态的不同,可分为未开发利用的旅游资源和已开发利用的旅游资源两类。未开发利用,但能对旅游者产生吸引力的客观实体或要素,经过开发可为旅游业所利用,由潜在的旅游资源转变为现实的旅游资源;已开发利用的旅游资源以及新创造的人造物,既可被视为加工后的旅游产品,又可作为继续开发的对象,通过不断地加工,可重复利用。总之,从长远来看,作为资源形态,无论其是否经过开发,只要能激发人们的旅游动机,都应属于旅游资源的范畴。是否被开发利用并不会改变旅游资源的性质和功能,这只是资源利用的深度不同而已。

(三)旅游资源能产生效益

旅游资源的效益功能是旅游资源开发的终极目标,包括经济、社会和环境三个方面。旅游的经济效益是旅游资源开发的动力。尤其是我国作为发展中国家,旅游业是一种新兴产业,其发展基础就建立在对旅游资源开发的经济效益之上。旅游的社会效益是随着旅游发展而产生且无法避开的一种效益。这种效益有正负两个方面,我们关注的焦点是如何在保证旅游经济效益的同时,尽量避免负社会效益。旅游环境效益亦是如此,也有正负两个方面,关注点是如何在保证旅游经济效益的同时,尽量避免或减少对环境的破坏和污染的负效益。旅游资源效益功能的发挥,最为重要的是经济、社会、环境三方面效益的协调发展。只有这样,旅游资源才能得以永续利用,旅游业才能实现可持续发展。

二、旅游资源的特点

(一) 观赏性

旅游资源与其他资源相比，最主要的区别是具有美学特征和观赏价值。尽管旅游动机因人而异，旅游内容与形式多种多样，但观赏活动几乎是所有旅游过程都不可缺少的。从一定意义上说，缺乏观赏性也就不构成旅游资源。形形色色的旅游资源，既有雄、秀、险、奇、幽、旷等类型的形象美，又有动与静的形态美；既有蓝天、白云、青山、绿水、碧海、雪原的色彩美，又有惊涛骇浪、叮咚山泉、淙淙溪涧、苍莽松涛的声色美；既有建筑景观的造型美、气势美、时代美，又有地方特色菜肴的味觉美、嗅觉美和视觉美。它们都给游客以符合生理、心理需求的美的享受，使人们的精神、性格、品质等在最有美感的各类旅游资源中找到对象化的表现。孔子"登泰山而小天下"的哲理悟性，至今也常常给人以启示。

图2-2　"五岳之首"：山东泰山

图2-3 中国古建筑之美（北京故宫角楼） 摄影：丁海秀

（二）区域性

不同的区域会形成不同特色的旅游资源。无论是自然旅游资源，还是人文旅游资源，均是如此。比如东北的雪乡、三亚的沙滩、云南的泼水节等等。地理环境的区域分异规律主要制约着自然地理环境，而人总是生活在不同地理环境中，因此人们的劳动方式、生活条件也就会不同，使得人们的生活习惯也会不同。他们在适应自然、顺应自然、求得自身的生存发展过程中，创造出了自己的文化，这些文化不可避免地带有一定的地域色彩。如民居建筑、服饰、饮食文化等，都会具有区域差异。

图2-4 东北雪乡的夜景

图 2-5 海南三亚的海滨沙滩

（三）多样性

旅游资源是一个内涵非常广泛的集合概念。一般来说，只要能够对旅游者产生吸引力的因素都可以作为旅游资源。在表现形式上也可反映出旅游资源具有多样性的特点。它可以是自然事物，可以是人文事物，还可以是社会事物；既可以是历史留存下来的事物，也可以是当代人造的事物；既可以是有形的事物，也可以是无形的事物。

图 2-6 江南水乡之美（江苏苏州木渎古镇）

图 2-7 城市景观（上海陆家嘴）

（四）不可再生性

旅游资源，除人工可以栽培或繁殖的动植物外，可以说是一种不能再生的资源，一旦破坏将不复拥有。例如地面上的古建筑总是有减无增，会一天比一天少下去。具有600多年历史的噶丹寺，是西藏拉萨著名三大寺之一，1969年被夷为平地。泉城济南，过去那种"家家泉水、户户垂柳"的美好景象，由于对水源地缺乏保护，现已不复存在，甚至连著名的趵突泉、珍珠泉，也出现了断水的危机。旅游资源的这种不可再生性决定了对其保护的重要性。巨大的需求对旅游产品的开发、销售，可能是一种难以抗拒的诱惑，但同时对旅游资源也可能是一股无法估量的潜在破坏力。有人把旅游资源强调为能加以永续利用的资源，突出旅游资源供旅游者就地享用，不可能占为己有，更无法随身带走，游客买到的是经历，带走的是感觉，旅游资源却安然不动。但需要指出的是，旅游资源的这种可永续利用是有种种条件限制的。例如石灰岩溶洞，即使游客高度文明，自觉维护洞穴环境，但若不控制洞穴容量，让过多游客拥入，会改变洞穴小气候，加速洞穴化学沉积物的风化和地下产物的破坏，因而旅游资源的开发需要根据环境承载力进行调控。

图 2-8　西藏拉萨布达拉宫

图 2-9　湖南张家界黄龙洞　摄影：丁海秀

三、旅游资源的分类

旅游资源的分类，是指根据旅游资源的相似性和差异性，进行归并或划分出具有一定从属关系的不同等级类别的工作过程。分类可以使众多繁杂的旅游资源条理化、系统化，为旅游资源的开发利用、科学研究提供方便；分类的过程也是人们加深对旅游资源属性认识的过程。

(一)旅游资源分类的依据

对旅游资源有着多种不同的分类。这主要是因为,同很多其他事物的分类一样,采用不同的分类依据或标准,所做分类的结果势必会有差异。人们可以根据不同的目的要求选取不同的标准进行分类。常见的旅游资源分类标准主要有:

拓展阅读 2-2

1. 根据成因分类

成因是指旅游资源形成的基本原因、过程。例如,人文旅游资源是人为作用形成的;自然旅游资源是自然界赋存的、天然形成的。

2. 根据属性分类

属性是指旅游资源的性质、特点、存在形式、状态等。例如自然旅游资源中的地质地貌旅游资源、水体旅游资源、气候旅游资源、生物旅游资源等,它们的性状不同,因而可以区分为不同的类别。

3. 根据功能分类

功能是指能够满足开展旅游活动需求的作用。有的旅游资源可以满足开展多种旅游活动的需求,因而具有多种旅游功能。根据旅游资源功能的不同,可以把旅游资源区分为不同的类别,如观光游览型、休闲度假型、参与体验型、购物型等旅游资源。

(二)旅游资源分类方法

1. 国家标准

国家标准《旅游资源分类、调查与评价》(GB/T 18972-2017)将旅游资源划分为 8 主类、23 亚类和 110 基本类型(表 2-2)。这种分类方法主要用于旅游资源全面调查和科学分析,是我国各地开展旅游资源调查、评价和开发的重要依据。

表 2-2 国家标准《旅游资源分类、调查与评价》

主类	亚类	基本类型
A 地文景观	AA 自然景观综合体	AAA 山丘型景观
		AAB 台地型景观
		AAC 沟谷型景观
		AAD 滩地型景观

续表

主类	亚类	基本类型
A 地文景观	AB 地质与构造形迹	ABA 断层景观
		ABB 褶曲景观
		ABC 地层剖面
		ABD 生物化石点
	AC 地表形态	ACA 台丘状地景
		ACB 峰柱状地景
		ACC 垄岗状地景
		ACD 沟壑与洞穴
		ACE 奇特与象形山石
		ACF 岩土圈灾变遗迹
	AD 自然标记与自然现象	ADA 奇异自然现象
		ADB 自然标志地
		ADC 垂直自然地带
B 水域景观	BA 河系	BAA 游憩河段
		BAB 瀑布
		BAC 古河道段落
	BB 湖沼	BBA 游憩湖区
		BBB 潭池
		BBC 湿地
	BC 地下水	BCA 泉
		BCB 埋藏水体
	BD 冰雪地	BDA 积雪地
		BDB 现代冰川
	BE 海面	BEA 游憩海域
		BEB 涌潮与击浪现象
		BEC 小型岛礁

续表

主类	亚类	基本类型
C 生物景观	CA 植被景观	CAA 林地
		CAB 独树与丛树
		CAC 草地
		CAD 花卉地
	CB 野生动物栖息地	CBA 水生动物栖息地
		CBB 陆地动物栖息地
		CBC 鸟类栖息地
		CBD 蝶类栖息地
D 天象与气候景观	DA 天象景观	DAA 太空景象观赏地
		DAB 地表光现象
	DB 天气与气候现象	DBA 云雾多发区
		DBB 极端与特殊气候显示地
		DBC 物候景象
E 建筑与设施	EA 人文景观综合体	EAA 社会与商贸活动场所
		EAB 军事遗址与古战场
		EAC 教学科研实验场所
		EAD 建设工程与生产地
		EAE 文化活动场所
		EAF 康体游乐休闲度假地
		EAG 宗教与祭祀活动场所
		EAH 交通运输场站
		EAI 纪念地与纪念活动场所
	EB 实用建筑与核心设施	EBA 特色街区
		EBB 特色屋舍
		EBC 独立厅、室、馆
		EBD 独立场、所
		EBE 桥梁
		EBF 渠道、运河段落
		EBG 堤坝段落
		EBH 港口、渡口与码头

续表

主类	亚类	基本类型
E 建筑与设施	EB 实用建筑与核心设施	EBI 洞窟
		EBJ 陵墓
		EBK 景观农田
		EBL 景观牧场
		EBM 景观林场
		EBN 景观养殖场
		EBO 特色店铺
		EBP 特色市场
	EC 景观与小品建筑	ECA 形象标志物
		ECB 观景点
		ECC 亭、台、楼、阁
		ECD 书画作
		ECE 雕塑
		ECF 碑碣、碑林、经幢
		ECG 牌坊牌楼、影壁
		ECH 门廊、廊道
		ECI 塔形建筑
		ECJ 景观步道、甬路
		ECK 花草坪
		ECL 水井
		ECM 喷泉
		ECN 堆石
F 历史遗迹	FA 物质类文化遗存	FAA 建筑遗迹
		FAB 可移动文物
	FB 非物质类文化遗存	FBA 民间文学艺术
		FBB 地方习俗
		FBC 传统服饰装饰
		FBD 传统演艺
		FBE 传统医药
		FBF 传统体育赛事

续表

主类	亚类	基本类型
G 旅游购物	GA 农业产品	GAA 种植业产品与制品
		GAB 林业产品与制品
		GAC 畜牧业产品与制品
		GAD 水产品与制品
		GAE 养殖业产品与制品
	GB 工业产品	GBA 日用工业品
		GBB 旅游装备产品
	GC 手工艺品	GCA 文房用品
		GCB 织品、染织
		GCC 家具
		GCD 陶瓷
		GCE 金石雕刻、雕塑制品
		GCF 金石器
		GCG 纸艺与灯艺
		GCH 画作
H 人文活动	HA 人事活动记录	HAA 地方人物
		HAB 地方事件
	HB 岁时节令	HBA 宗教活动与庙会
		HBB 农时节日
		HBC 现代节庆
数量统计		
8 主类	23 亚类	110 基本类型

2. 其他标准

旅游资源的分类工作，许多学者从不同的角度进行了研究，提出了不同的分类体系。

（1）按资源的性质和成因划分，可分为：

表 2-3　按旅游资源性质和成因划分

类别	具体类型
自然旅游资源	山水、气象气候、动植物等
人文旅游资源	文物古迹、文化艺术等

（2）按利用方式和效果分类，可分为：

表 2-4　按利用方式和效果分类划分

类别	具体类型
游览鉴赏型	优美自然风光、著名古建筑及园林等
知识型	文物古迹、博物展览、自然奇观等
体验型	民风民俗、节庆活动、宗教仪式等
康乐型	度假疗养、康复保健、人造乐园等

（3）按开发利用的变化特征，并结合资源的性质、成因分类，可分为：

表 2-5　按开发利用的变化特征划分

类别	具体类型
原生性旅游资源	是指那些在成因、分布上具有相对稳定和不变特点的自然、人文景观和因素（山川风光、生物景观、气候资源、文物古迹、传统民族习俗和风情、传统风味特产）
萌生性旅游资源	是指成因、分布上具有变化特征的自然、人文景象和因素（现代建筑风貌、现代体育文化科技吸引及趣处、社会新貌与民族新风尚、博物馆与展览馆、名优特新产品及美食购物场所、自然力新作用遗迹、人工改造大自然景观）

上述各种分类系统，都有其各自的特点和功能。例如旅游资源的动态分类，把旅游资源从固定不变的形象转变为生动活泼、可以变化可以改造的事物形象，增加了旅游资源给人的活力感。把旅游资源与旅游者心理活动，与开发者和经营者有机地联系起来。

第三节　旅游产品

旅游业的发展离不开旅游产品，旅游业正是依靠不断推出各种旅游产品而成为联系旅游者和旅游资源的桥梁。旅游产品是一个复杂的概念，与一般的产品概念既有相同点，也有不同点，因此，人们对旅游产品的概念有不同的认识。

一、旅游产品概念

迄今为止，学术界对旅游产品的概念依然没有统一，目前我国比较有代表性的旅游产品概念有以下几种：林南枝和陶汉军认为，针对旅游客源地旅游者的需求，"旅游产品是指旅游者花费一定时间、费用和精力所换取的一次旅游经历"；英国学者霍洛伟（Holloway）和密德尔顿（Middleton）也认为"旅游产品是旅游者在旅行游览过程中的旅游经历"；谢彦军认为，"旅游产品是指为满足旅游者审美和愉悦的需要而被生产或开发出来以供销售的物象与劳动的综合"。因此，综上所述，我们认为：狭义的旅游产品是指旅游者在旅游活动期间所购买的实物产品，包括旅游生活用品、纪念品等商品，即旅游购物品或旅游商品；广义的旅游产品一般是指"旅游者向旅游经营者购买的，在旅游活动中为满足其审美和愉悦需要而消费的各种物资产品和服务产品的总和"。

二、旅游产品分类

（一）按旅游产品的特点划分

1. 观光旅游产品

观光旅游产品是以满足旅游者观赏游览自然风光和人文风情等为目的的旅游产品。观光旅游产品是一种古老而又常见的旅游产品，也是我国旅游市场上的主导产品。它一般主要分为山水风光、城市景观、名胜古迹、国家公园、主题公园等。观光旅游产品的特点是层次最低，与旅游者的关系是分离的，缺少深层次互动。观光旅游持续时间比较短，属于走马观花式旅游。

2. 文化旅游产品

文化旅游产品是指以文化旅游资源为支撑，旅游者以获取文化印象、增加知识为目的的旅游产品。旅游者在旅游期间进行历史、文化或自然科学的考察与交流、学习等活动。文化旅游产品的特点主要是体验性、综合性、持续性。文化旅游是一种较高层次的旅游活动。

3. 度假旅游产品

度假旅游产品是指旅游者利用公休假期或奖励假期而进行休闲和消遣所购买的旅游产品。现代度假旅游产品主要有海滨旅游、山地旅游、乡村旅游、森林旅游、野营旅游等产品。度假旅游产品的特点是强调休闲和消遣，其要求自然景色优美、气候良好适宜、住宿条件令人满意,并且有较为完善的文体娱乐设施及便捷的交通和通信条件等。

4. 事务旅游产品

事务旅游产品是指旅游企业为满足国家与地区之间越来越多的事务性交流而设计的旅游产品。事务度假产品主要有商务旅游产品、会议旅游产品、探亲旅游产品和奖励旅游产品。事务旅游产品的特点是停留时间不长、服务要求高、消费水平高,受天气和季节的影响小。

5. 生态旅游产品

生态旅游产品是指以生态环境保护为基础而进行的旅游活动。生态旅游产品的特点主要是知识性要求高、参与体验性强、客源市场面广。它最初作为一种新的旅游形式出现,是一种旨在保护环境、回归自然、变革以往的旅游发展模式。如今的生态旅游无论从概念、方式、要求等方面都有很大的创新,成为旅游业可持续发展的核心理论。

6. 康养旅游产品

康养旅游是建立在自然生态与人文环境基础上,结合风景观赏、文化与游乐、养颜健体、营养膳食、修身养性、关爱环境等各种手段,使人在身体、心智和精神上都达到自然和谐的优良状态的各种旅游活动的总和。作为新兴的旅游产品,各个地方都推出了康养旅游产品。如"多彩贵州·度假康养胜地""康养山西·夏养山西"等为主题的康养旅游产品。

拓展阅读 2-3

7. 休闲旅游产品

休闲旅游产品是指旅游者以休闲活动为目的,借助一定的自然或人文环境,通过比较轻松的旅游活动方式,使身心愉快、精神放松的旅游。休闲旅游产品更加强调旅游产品的休闲特征,侧重旅游产品的文化内涵,注重旅游产品中的"以人为本"的核心思想。目前我国主要开发的休闲旅游产品有度假休闲旅游(登山、潜水、垂钓等)、农业休闲旅游(农家乐、采摘等)、体育休闲旅游(漂流、沙漠等)、主题公园(欢乐谷、民族文化村等)和其他休闲旅游(购物、美食等)。

8. 特种旅游产品

特种旅游是一种新兴的旅游形式,它是对观光旅游和度假旅游等常规旅游形式的一种发展和深化,因此是一种更高形式的旅游活动。如研学旅游、工业旅游、探险旅游、考察旅游等,这些旅游产品都是为了满足旅游者某些方面的特殊兴趣与需要,因而被称为特种旅游产品。

拓展阅读 2-4

（二）按旅游产品的组织形式划分

1. 团体旅游产品

团体旅游产品一般是由 10 人以上的游客组成的旅游团队，采取一次性预付旅游费用的方式，由旅行社组织代办一切旅游服务，并由旅行社提供相应的旅游产品。

2. 散客旅游产品

散客旅游产品是指不参加团体旅游，通常只委托旅行社购买单项旅游产品或旅游线路产品的部分项目。同团体旅游产品相比，散客旅游产品的内容上选择余地较大，但散客旅游产品一般不能更多地享受团体包价旅游的优惠，因而其价格通常高于团体旅游产品。

（三）按旅游产品的付费方式划分

1. 全包价旅游产品

全包价旅游产品是指旅游者将涉及旅游活动中一切相关服务项目的全部费用预付给旅行社，由旅行社根据与旅游者签订的合同，相应地为旅游者安排旅游途中的食、住、行、游、购、娱等环节活动及导游服务。

2. 半包价旅游产品

半包价旅游产品是指在全包价旅游的基础上，较少部分项目和收费的一种包价旅游产品形式，如扣除中、晚餐项目及其费用等。其目的是降低产品的直观价格，提高产品的竞争力，同时也满足了旅游者不同方面的需求。

3. 非包价旅游产品

非包价旅游产品主要指单项服务，也称委托代办业务，是旅游企业根据旅游者具体要求而提供的各种非综合性的有偿服务，如餐饮服务、住宿服务、导游业务、代办签证服务等。

第四节　旅游业

旅游业是旅游的媒介，也是旅游者完成旅游活动的保障。

一、旅游业的概念

从现代旅游角度来考察，旅游业是由旅游设施和各种专业人才构成的能为旅游活动提供各种服务的整个体系。旅游服务设施是指专门为旅游活动服务的基本设施和设备，如饭店、餐厅、娱乐场所、旅游购物商场、旅游汽车、旅游航班和旅游游轮等。旅游业还为旅游者提供了各种专业服务，如导游服务、饭店服务、购物服务等。旅游人才是旅游业"软件"的核心，尤其是现代化的旅游活动，如果没有一个具有专门知识和技能的人员组成的，掌握交通、食宿、通信设施等的专业服务体系，当代群体性、大规模的旅游活动就不可能顺利开展。

目前我们对旅游业这一概念并没有一个完全统一的标准，本书综合而得概念为：旅游业就是以旅游资源为凭借，以旅游设施为条件，以旅游者为对象，为旅游者的旅游活动、旅游消费创造便利条件，并提供其所需商品和服务的综合性产业。

二、旅游业的构成

旅游业不是一个单一产业，而是一个产业群，由多种产业构成，具有多样性和分散性。同时，由于旅游业涉及面广、影响大，因此对旅游业的构成存在不同的看法。如根据联合国的《国际标准产业分类》可以将旅游业分为三个主要部门：旅行社、交通客运部和旅游酒店。从国家或者地区的旅游发展来看，可以分为：住宿供应部门、交通客运部门、游览场所经营部门、目的地旅游组织和旅行社。从为旅游者提供的设施和服务可以分为：旅行社、旅游交通、旅游饭店、旅游景区、旅游购物和旅游娱乐。其中旅行社、旅游交通、旅游饭店三大部门，经常被比喻为拉动旅游经济的"三大支柱"。

（一）旅行社

1. 旅行社的概念

《旅行社条例（2020年修订版）》第二条规定："旅行社是指从事招徕、组织、接待旅游者等活动，为旅游者提供相关旅游服务，开展国内旅游业务、入境旅游业务或者出境旅游业务的企业法人。"

2. 旅行社的作用

（1）旅行社是旅游活动的组织者。旅行社在旅游产品和旅游者之间起到了中介的作用，将餐饮、住宿、交通、游览、购物娱乐等旅游项目进行组合，形成旅游产品并送到旅游者手中。

（2）旅行社是旅游产品的销售者。在现代大众旅游活动中，旅游产品各组成部分的企业都不直接接触旅游者，而是通过旅行社来将旅游产品销售给旅游者。

（3）旅行社在旅游业各组成部分之间起着组织和协调的作用。作为旅游活动的组织者，旅行社需要将涉及旅游活动的各个方面进行联系衔接，在旅游活动的过程中起着非常重要的作用。

（二）旅游饭店

1. 旅游饭店的概念

《旅游饭店星级的划分与评定》（GB/T14308-2010）国家标准对旅游饭店做了定义：旅游饭店是指以间（套）夜为单位出租客房，以住宿服务为主，并提供商务、会议、休闲、度假等相应服务的住宿设施，按不同习惯可能也被称为宾馆、酒店、旅馆、旅社、宾舍、度假村、俱乐部、大厦、中心等。

2. 旅游饭店的类型

（1）根据饭店的等级划分。常见的旅游饭店等级划分标准是星级制，即一星、二星、三星、四星和五星（含白金五星级），以白金五星级为最高等级。星级越高，表示旅游饭店的档次越高。

（2）根据饭店的豪华程度划分。根据饭店的豪华程度，可以分为豪华型饭店、高档型饭店、中档型饭店和经济型饭店。

（3）根据饭店的规模划分。①小型旅游饭店：客房数量在300间以下；②中型旅游饭店：客房数量在300~600间；③大型旅游饭店：客房数量在600间以上。

（4）根据饭店的客源市场划分。①观光型旅游饭店：主要接待观光旅游客人，是目前世界上的主导客源市场；②度假型旅游饭店：主要接待以度假、休闲、疗养为主要目的的旅游者；③商务型旅游饭店：主要接待从事商务或者公务活动的旅游者；④会议型旅游饭店：主要接待参加会议的客人；⑤长住型旅游饭店：主要接待度假客人与家庭和驻当地商务机构办事人员；⑥汽车型旅游饭店：主要接待自驾车的旅游者；⑦青年旅馆：主要接待青年或者外出学习和旅游的学生。

（5）根据饭店的经营方式划分。①独立经营饭店；②合资经营饭店；③连锁经营饭店。

3. 旅游饭店的作用

（1）旅游饭店是旅游收入的重要组成部分。饭店的规模、档次和结构是一个国家和地区旅游业发展的重要物质基础，也是旅游业发展水平的重要标志。饭店业的收入在旅游业整体收入中有着重要的地位。

（2）旅游饭店能为社会提供更多的就业机会。饭店业属于劳动密集型产业，需要大量的管理人员和服务人员，根据我国饭店业的人员配备，饭店每增加一间房间，就可为社会提供1~3人的直接就业机会，3~5个间接就业机会。

（3）旅游饭店是旅游者进行旅游活动的重要基地。饭店被旅游者称为

"家外之家"，是旅游者进行旅游活动的重要基地，也是旅游业发展的三大支柱之一。旅游者除了旅游目的地的参观游览，更多的时间是在饭店进行，现在的饭店是一个综合性的产业，不仅可以为旅游者提供餐饮和住宿，还能提供其他服务项目，如娱乐、购物等。

（三）旅游交通

1. 旅游交通的概念

旅游交通是指旅游者为了进行旅游活动，借助某种交通工具，实现从一个地点到另一个地点之间的空间转移过程。它既包括旅游者的常住地和旅游目的地之间的往返过程，也包括旅游目的地之间、同一旅游目的地内各旅游景点之间的移动过程。

2. 旅游交通的类型

（1）航空交通。航空运输业的发展为旅游者提供了出行的便利，成为现代旅游常用的交通工具。越来越多的旅游者选择航空的方式旅游，特别是国内远距旅游和洲际旅游。航空交通相比其他交通方式，最主要的优点是快速、安全、舒适、灵活、省时，更加适合远程和国际旅游，因此受到旅游者的青睐。但在旅游活动中也存在一定的缺点，如票价高而增加旅游出行成本，受到天气状况影响较大。

（2）铁路交通。铁路交通是旅游交通运输方式之一，虽然随着社会的发展和人民经济水平的提高，乘坐火车的人数有所减少，但铁路交通具有其他交通方式不具有的优点。它的优点是：费用低、安全、容载量大、受天气影响小和可欣赏沿途的风光。缺点是：速度慢、长时间会让旅游者产生疲劳。目前各大城市都在不断地更新改进交通运输方式，铁路部门也在不断提高列车运行速度，如目前的"高铁时代"等。

（3）公路交通。近年来，国家不断加大公路建设的投资力度，这也使得公路交通旅游方式不断发展，尤其是现在的自驾游更为凸显。公路交通优点是灵活、独立、方便、自由、成本低等；缺点是安全系数低、运载量小、速度慢、汽车尾气和噪声带来环境的污染等。

（4）水运交通。水运交通一般包括内河航运、沿海航运和远洋航运。目前受到大家欢迎的是游船，因为其可供旅游者欣赏沿途风光。水运交通的优点是运载量大、票价低、舒适；缺点是速度慢、灵活性差、易受到天气的影响。

3. 旅游交通的作用

（1）旅游交通是旅游者完成旅游活动的必要条件。旅游者外出旅游时，首先要解决从居住地到目的地的空间移动问题，因此，就需要依靠各种旅游交通方式来抵达，特别是远距离的旅游目的更是需要交通来完成，这就成了旅游者完成旅游活动的必要条件。

（2）旅游交通是旅游业发展的命脉。旅游业是依赖旅游者的来访而生产的产业，只有旅游目的地的可进入性良好，才能有大量的、经常的来访者，旅游业才可以不断地发展。

（3）旅游交通是旅游业重要的收入来源。旅游者从居住地到目的地，在旅游目的地不同的景点之间来往，都需要借助一定的交通工具来完成，因此需要支付一定的交通费用，这就成了旅游业收入的重要的一部分。

（4）旅游交通增加了旅游活动的乐趣。目前的旅游交通有便捷、舒适、安全的特点，促使了更多的人通过乘坐各种交通方式来获取旅途中的乐趣。如人们在乘坐飞机时，会看到不一样的蓝天白云以及祖国的大好河山。特别是一些旅游交通方式更是成了吸引游客的娱乐活动，如乘快艇、游轮、直升飞机、热气球、观光缆车、索道等，可以增加旅游者在旅游途中的乐趣。

（四）旅游景区

1. 旅游景区的概念

对于旅游景区的概念，不同的人有不同的观点，一般而言，旅游景区是指具有参观游览、休闲度假、康乐健身等功能，具备相应的旅游服务设施并提供相应的旅游服务的独立管理区。旅游景区是旅游业的核心要素，是旅游产品的主体成分，是旅游消费的吸引中心。

2. 旅游景区的等级

目前，我国将旅游景区划分五个等级，分别是5A级、4A级、3A级、2A级和1A级。截至2020年，5A级旅游景区数量超过十个的地区有12个，其中江苏省以25个位列省市地区排行第一。第二至五位分别是浙江省、广东省、四川省、河南省和新疆维吾尔自治区，依次为19个、15个、15个、14个和14个。

表2-6 国家AAAAA级旅游景区区域分布（截止于2020年底）

省市名称	数量（个）	省市名称	数量（个）
江苏省	25	山西省	9
浙江省	19	北京市	8
广东省	15	广西壮族自治区	8
四川省	15	贵州省	8
河南省	14	吉林省	7
新疆维吾尔自治区	14	内蒙古自治区	6

续表

省市名称	数量（个）	省市名称	数量（个）
江西省	13	辽宁省	6
山东省	13	黑龙江省	6
湖北省	13	海南省	6
安徽省	12	甘肃省	6
河北省	11	西藏自治区	5
陕西省	11	宁夏回族自治区	4
福建省	10	青海省	4
湖南省	10	上海市	3
重庆市	10	天津市	2
云南省	9		

注：数据来源于中华人民共和国文化与旅游部。

3. 旅游景区的类型

根据《旅游景区质量等级的划分与评定（GB/T17775-2003）》，旅游景区包括风景区、文博院馆、寺庙观堂、旅游度假区、自然保护区、主题公园、森林公园、地质公园、游乐园、动物园、植物园及工业、农业、经贸、科教、军事、体育、文化艺术等各类旅游景区。

三、旅游业的特点

旅游业是国民经济中的一个服务行业，因而具有服务性的特点，但又与一般的服务行业有着很多区别。根据其运行过程中显示出自身的特点，归纳起来有以下五个方面。

（一）综合性

旅游业必须为旅游者提供食、住、行、游、购、娱等一体化服务。为了满足旅游者的多样性需要和提供多种多样的旅游产品，就需要与若干行业的企业联系在一起，如交通业、建筑业、商业、旅游教育事业等，形成一个综合性行业。

（二）依赖性

旅游业的依赖性表现在三个方面：一是有赖于旅游资源作依托；二是有赖于国民经济的发展；三是有赖于相关部门和行业的通力合作、协调发展。

与任何一个行业脱节，旅游业经营活动都难以正常运转。

（三）带动性

旅游业本身是一个关联带动性很强的产业群体，发展旅游必然会带动其他行业的发展，如交通业、农业、建筑业和商业等，同时也会提供大量的就业机会，促进经济的发展。

（四）敏感性

旅游业容易受到各种政治、经济、自然等因素的影响，如政治动荡、战争、经济危机、地震、传染疾病等。受新冠肺炎疫情的影响，2020年全年国内旅游人次同比下降52.1%；旅游收入同比下降61.1%。全球旅游业收入损失1.3万亿美元。由此可以看出，旅游业具有很高的敏感性，也可以说是它的脆弱性。

（五）涉外性

旅游活动具有异地性、流动性的特点，旅游是跨地区、跨国界的广泛人际交往活动。为旅游活动服务的旅游业所生产的产品，就是提供给来自各国、各地旅游者的。旅游业开展各项业务的过程需要参与国内、国际旅游市场的竞争。旅游业在经营中不仅要完成创收、创汇的任务，还要促进各国、各地区人民的相互交往，增进人民间的友谊和了解。

旅游业的涉外性要求其必须根据市场的需要进行旅游产品的生产、组织和营销活动，开展跨区域、跨国界的合作，尊重各国、各民族人民的宗教信仰和生活习俗。特别是在国际旅游工作中要维护国家的声誉，促进国际间的友好往来。

四、旅游业的影响与作用

（一）旅游业对经济发展的作用

1. 旅游业对经济的积极影响

（1）增加外汇收入，平衡国际收入。旅游业的发展能吸引大量的外国游客，因此可以增加旅游地的外汇收入。对一个国家来说，获取外汇的途径主要有两种：一是对外贸易来获取外汇收入；二是非贸易来获得外汇收入。旅游业是无形的贸易，旅游者需要到旅游产品生产地进行消费，因此增加了外汇收入。旅游收入还起到平衡国际收支的作用。国际收支是指一个国家在一定时期内（通常为一年）同其他国家发生经济往来的全部收入和支出。

（2）增加内需和回笼货币。积极发展国内旅游，不仅可以满足广大人民日益增长的文化生活需求，促进国内旅游市场的繁荣和稳定，而且可以回笼货币。

（3）增加就业机会，带动相关行业的发展。据世界旅游组织目前公布的资料，旅游产业每增加1元，可带动相关产业增加4.3元收入。旅游业是典型的劳动密集型产业，旅游行业每增加1个直接就业机会，社会就能增加5~7个间接就业机会。同时旅游业是一个综合性的产业，涉及各个行业和组织，如交通、住宿、餐饮、建筑、商业、文化教育等，旅游业的发展必然会带动其他相关行业的发展。

（4）促进旅游目的地的经济发展。无论是国际旅游还是国内旅游，都可以使一个国家或者地区的经济财富得以增加。从国际旅游来看，入境旅游者的消费是一种外来的经济收入，将客源国的经济财富转移到接待国，从而促进了旅游目的地的经济发展；而国内旅游则是将一个地区的经济财富转移到另一个地区，可以起到平衡地区经济发展，缩小地区差距，通过旅游来带动当地经济的作用。

（5）旅游开辟脱贫新路径。旅游扶贫是"十三五"期间精准扶贫的十项工程之一。作为脱贫的一种新路径，旅游扶贫带动了越来越多的贫困村、贫困户实现稳定的收入。据文化和旅游部的最新统计（2019），目前乡村旅游总人次约占国内旅游总人次一半以上，乡村旅游年总收入超1.8万亿元，约占国内旅游年总收入的三分之一。2019年，全国乡村旅游扶贫监测点监测显示，通过乡村旅游实现脱贫人数占脱贫总人数的33.3%，监测点乡村旅游对贫困人口的就业贡献度达30.6%，监测点旅游总收入和接待人次增长幅度，持续高于全国乡村旅游整体数据。

2. 旅游业对经济的消极的影响

（1）旅游业的发展可能会导致物价的上涨。一般来说，大量外来旅游者的进入，会引起旅游目的地的物价上涨（特别是一些热门的旅游城市或景区）。在食、住、行等方面的生活必需品价格会上涨，会使当地居民的生活成本增加，从而影响当地居民的正常生活。

（2）旅游业的发展有可能会使产业结构发生不合理的变化。旅游业对经济的发展是有目共睹的，因此也会影响到其他行业的发展。比如：原来许多旅游目的地从事农业和畜牧业的家庭和个人，随着旅游业的发展，开始从事与旅游相关的行业而放弃了传统的行业，会导致其他产业的不平衡。

（3）过分依赖旅游业会影响国家经济安全与稳定。目前，大多数的国家和地区都在大力发展旅游业，这也是带动经济发展的一种方式。但是旅游业有很强的季节性、敏感性和脆

拓展阅读 2-5

弱性，容易受到突发事件和各种自然因素的影响，如地震、战争、金融风暴和疫情等，这些因素都是无法预知和控制的。所以如果一个国家或者地区过度依赖旅游业，在旅游业受到重创的时候，必定会影响这个国家和地区的经济稳定。

（二）旅游业对社会文化的影响与作用

1. 旅游业对社会文化的积极影响

（1）有助于增加国际间的相互了解，增进国际间友好往来。现代旅游活动的开展，以不同的国家、不同的民族、不同的信仰及不同的生活方式之间的人们相互往来为基础，人们在交往的时候势必会产生交流与沟通，因而起到促进相互了解的作用。旅游作为官方外交的补充和先导，素来有"民间大使"的称号，往往能起到官方外交起不到的作用。特别是在国家之间尚未建立正式外交关系的情况下，旅游便成了民间交往的重要途径。

（2）有助于提高国民素质。旅游者通过参观、游览，与不同的文化和群体交流，可以开阔眼界，增长知识。中国素有"读万卷书，不如行万里路"的说法，外出旅游可以帮助人们在旅游活动中学习新的知识，接收新的事物，看不同的风景。在旅游途中可以获得地理、历史、文化、美学等方面的知识，亲身体会各种不同的文化，领略异地风光，从而使旅游者开阔眼界，增长知识，这些都会潜移默化地提高人民的素质。

（3）有助于促进传统文化的保护和发展。从产业性质看，旅游业具有经济性。但从消费角度看，旅游消费主要是一种文化性消费，文化是旅游活动的核心与灵魂。旅游加深了人们对民族传统文化的了解，包括历史文化、建筑文化、民族文化、宗教文化、饮食文化等。旅游业的发展，也会促使人们对我们的传统文化进行保护、开发、利用。原先一些可能被人们遗忘的传统文化，可以借助旅游业重新恢复，如传统的戏剧、音乐、乐器、舞蹈、风俗等。

（4）有助于推动科学技术的发展。伴随着以人工智能、大数据、5G 等现代信息技术为核心的新技术革命的到来，全球范围内都进入了全新的数字时代。科学技术是第一生产力表明了现代科技对经济社会发展的重要作用，同时也说明了科学技术对发展现代旅游有推动作用。现在的社会正处于信息化时代，可以利用科学技术来发展旅游业。比如 2020 年开始，谷歌旅游上线了一系列新功能，可以依据用户在谷歌搜索、地图、邮箱等 App 的使用足迹，主动为用户建议潜在行程，甚至建议最适合游客喜好的景区（点）。

（5）有助于推动文化与旅游的融合。文化和旅游业与人民的幸福感息息相关。旅游是高质量生活的重要标志，文化是一个国家和民族的根脉，国家的强盛要以文化的兴盛为支撑。通过文化引领旅游，促进旅游提质升级，提升旅游吸引力；通过旅游促进文化传承，增强文化自信。推动文化和旅游的更好发展，加强高品质文化和旅游的供给，会增强人民群众的文化幸福感。

2. 旅游业对社会文化的消极影响

（1）传统的道德观念受到冲击。由于旅游者本身就是一个文化的传播者，来自世界各地各国的旅游者将不同的政治信仰、道德观念和生活方式带到旅游目的地，其中有文明健康、有利于接待地人民学习和效仿的地方，也有些消极颓废的意识、低级庸俗的趣味和生活方式被带入旅游目的地，这也会对旅游目的地造成不良影响。

（2）当地文化被不正当地商品化。在旅游过程中，旅游者给旅游目的地带来的社会文化影响，远远大于他们所接受的当地文化的影响。特别是一些富有地方特色的传统文化，为了发展旅游业而被过度地商业化，这对传统文化而言是一种伤害。例如，为了吸引游客、满足旅游者购买纪念品的需要，对传统的手工艺品进行机械化，或者出现大量赝品。例如丽江古城开发旅游后，古城不少原住民选择搬出自家的院子然后出租，外地投资商来这里开客栈、酒吧、店铺等，让丽江古城充斥着现代的"购物街"和"酒吧街"。

（3）干扰当地居民的正常生活。旅游者到旅游目的地会涉及食、住、行、游、购、娱等方面设施，因此需要对此进行开发和利用，而旅游目的地的面积和资源是有限的，一旦大量的游客进入，就会压缩旅游目的地的生活空间，带来一系列的问题，如卫生差、噪声大、交通拥堵、住宿紧张等，都会影响到当地居民的正常生活。

（三）旅游业环境的影响与作用

1. 旅游业对环境的积极影响

（1）提高人们的环境保护意识。"绿水青山就是金山银山"是习近平总书记统筹经济发展与生态环境保护提出的重要论断。对旅游者来说，观赏优美环境和领略灿烂文化的同时，也会对美好的环境产生一种认同，从而产生自觉保护环境的意识。随着旅游环境保护宣传力度的加大以及旅游者素质的日益提高，旅游者的环境保护意识还会更快地得到提升。对旅游地居民来说，旅游地的环境就是他们的生存空间，好的环境能吸引更多的游客，促进当地旅游业的发展，当地居民可由此受益，这会使当地居民更加自觉地爱护环境，提高环境质量。

（2）有利于改善公共基础设施。基础设施是旅游活动得以实现的前提条件，为了更好地发展旅游业，就需要对基础设施进行修建和改善。例如：交通、水电、停车场、厕所、垃圾桶等。这既可以为旅游者带来一个方便而舒适的旅游目的地，也改善了当地居民的生活质量，优化了他们的生活环境。

（3）有助于保护自然景物和名胜古迹。旅游资源是发展旅游业的重要基础条件，因此发展旅游业必须要以保护好旅游资源为前提，这必然会促进对各类自然景物和名胜古迹的保护。例如：九寨沟提倡"沟内游，沟外住"；著名的乐山大佛在 2018 年进行了为期六个月的修缮工作。

2. 旅游业对环境的消极影响

（1）对环境的污染。旅游的开发和旅游者的大量拥入，会给旅游地带来水体污染、大气污染、噪声污染、垃圾污染等，引起旅游地环境的恶化。如有着"天空之镜"之称的茶卡盐湖，在游客离开之后留下了满地的垃圾。

（2）引起旅游环境的失衡。人们在进行旅游开发的时候，需要开山采石，大兴土木，兴建大量的建筑和基础设施。但是，如果建设和管理不当，可能会引起旅游地的环境失衡，轻则影响环境美观，重则对环境造成严重破坏，影响到旅游地的可持续发展。

（3）对自然风景和名胜古迹的破坏。旅游管理部门如果对景区的规划不合理，违反了旅游环境的特殊要求，就会对旅游景区造成破坏。另外，由于旅游者的素质各不相同，以及旅游者人数超出了景区的最大承载量的时候，也会对自然风景和名胜古迹造成破坏。例如：景区里乱涂乱画，留下"某某到处一游"的行为。

拓展阅读 2-6

本章小结

本章主要介绍了旅游活动的基本要素、旅游者、旅游资源、旅游产品和旅游业，阐述了旅游者的概念和分类，旅游资源的概念、特点和分类，旅游产品的概念和分类，旅游业的概念、构成、特点和影响作用。通过对知识点的对比和思考，了解旅游者的概念及形成条件；掌握旅游资源的概念、类型和特点；理解旅游业的定义、性质、特点及影响与作用；理解旅游业的构成；掌握旅行社、旅游交通、旅游饭店的概念及相应的类型划分，从而具备旅游行业基础理论的认知。

思考与练习

一、单项选择题

1. 以下不属于旅游者特征的是（　　）。
   A. 综合性　　　　　　　　　B. 异地性
   C. 娱乐性　　　　　　　　　D. 短暂性

2. 游客离开常住国（或常住地）到其他国家（或地方），其连续停留时间一般不超过（　　）个月。
   A.6　　　　B.3　　　　C.12　　　　D.10

3. 旅游者形成的主观条件是（　　）。
   A. 可自由支配的收入　　　　B. 闲暇时间
   C. 社会因素　　　　　　　　D. 旅游动机

4. 不属于旅游资源分类依据的是（　　）。
   A. 根据成因分类　　　　　　B. 根据属性分类
   C. 根据功能分类　　　　　　D. 根据天气分

5. 国家标准《旅游资源分类、调查与评价》（GB/T 18972-2017）将旅游资源划分为（　　）主类。
   A. 13　　　　B. 23　　　　C. 8　　　　D. 110

6. （　　）产品是一种古老而又常见的旅游产品，也是我国旅游市场上的主导产品。
   A. 特种旅游　　B. 康养旅游　　C. 文化旅游　　D. 观光旅游

7. （　　）是旅游的媒介，也是旅游的三个基本构成要素之一，以及旅游者完成旅游活动的保障。
   A. 旅游业　　　B. 旅游交通　　C. 旅游饭店　　D. 旅行社

8. 截至 2020 年底，5A 级旅游景区数量超过十个的地区有 12 个，其中（　　）以 25 个位列省市地区排行第一。
   A. 四川省　　　B. 广东省　　　C. 浙江省　　　D. 江苏省

9. （　　）有安全系数低、运载量小、速度慢等缺点。
   A. 航空交通　　B. 铁路交通　　C. 公路交通　　D. 水运交通

10. 以下不属于旅游业的依赖性特点表现的是（　　）。
    A. 旅游者　　　　　　　　　B. 旅游资源
    C. 相关部门和行业　　　　　D. 国民经济

二、判断题

1. 只要有钱就可以旅游。（　　）
2. 旅游资源，可以划分为：原始地区、近原始地区、乡村地区、人类利用集中的地区、城市化地区5大类。（　　）
3. 研学旅游是指学生集体参加的有组织、有计划、有目的的校外参观体验实践活动。（　　）
4. 我国旅游饭店的等级可以分为一星级、二星级、三星级、四星级、五星级（含白金五星级）。（　　）
5. 旅行社、旅游交通和旅游景区合称为旅游业的三大支柱。（　　）

三、简答题

1. 简述罗马会议的主要内容及特点。
2. 试述旅游资源的分类方法。
3. 旅游产品的类型有哪些？
4. 旅游业对经济发展的影响与作用有哪些？
5. 分析2020年疫情后的旅游业发展趋势。

四、论述题

1. 结合自己熟悉的一个旅游景区，谈谈如何合理安排旅游交通方式才能赢得客人的赞赏和好评？
2. 在学校所在城市选择一处旅游资源，对旅游资源本身及其开发利用情况进行评价，写出评价报告，提出开发设想。

第三章

康养旅游概述

本章重点

本章包含康养旅游产生的经济社会发展背景、旅游业发展背景，康养及康养旅游的概念、康养旅游的性质和特点等内容，重点介绍了康养旅游的定义和内涵，同时结合案例对康养旅游的性质和特点进行全面的分析。

学习要求

通过对本章的学习，学习者能够了解康养旅游产生的背景，熟悉康养旅游的性质及其特点，掌握康养和康养旅游的基本概念以及两者之间的区别与联系，培养分析问题和解决问题的能力。

本章思维导图

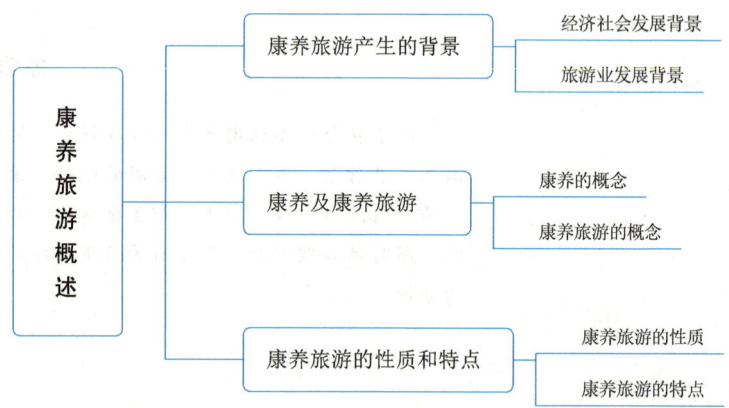

作为20世纪的新兴产业，旅游业在全球范围内迅速发展，其绿色、环保、高效和令人愉悦的特征受到人们的普遍青睐。旅游出行的主要目的，本来是观赏优美的自然风光、体验独特的风土人情。然而，随着经济社会的发展，人们对于旅游的追求和渴望也发生了显著变化。社会与环境的压力迫使人们改变出游的方式和目的，健康、养生、休闲的旅游方式逐渐进入大众的眼帘，康养旅游应运而生，康养产业如雨后春笋般蓬勃兴起。

第一节 康养旅游产生的背景

随着城乡居民生活节奏的加快，以及环境污染等因素的影响，我国亚健康人群数量日益增多，健康领域的话题越来越受重视。经统计，城乡居民在医疗保健方面的支出占人均消费支出的比重呈明显增长趋势。在我国逐步进入老龄化社会和亚健康人群数量所占比重日益上升的社会背景下，康养旅游产业应社会需求而生，并蕴藏着巨大的市场空间。

一、经济社会发展背景

（一）经济发展背景

追求健康、幸福、快乐、休闲的生活方式已成为现代社会主体的共同目标，而康养旅游作为高层次的消费需求不谋而合地满足了现代人的这些需求。2016年10月25日，中共中央、国务院发布的《"健康中国2030"规划纲要》指出，积极促进健康与养老、旅游、互联网、健身休闲、食品融合，催生健康新产业、新业态、新模式，培育健康文化产业和体育医疗康复产业，制定健康医疗旅游行业标准、规范，打造具有国际竞争力的健康医疗旅游目的地。自此，"健康中国"上升为国家战略，"大健康"产业成为经济发展的又一新引擎。

随着我国社会主义经济建设的持续发展，人民生活水平不断提高，截至2019年，我国人均GDP已突破一万美元大关。人们满足了衣食住行的基本需求之后，对于身心健康以及高质量的生活越来越重视。家庭经济收入的增长，特别是老年人购买能力的不断增强，为他们追求健康、休闲、养生的生活方式提供了经济基础。与此同时，在我国脱贫攻坚、乡村振兴的浪潮下，社会主义新农村建设如火如荼，如今的乡村环境优美、生态宜居、乡风文明、设施齐全，乡村旅游建设快速发展。绿水青山就是金山银山。随着我国环境治理不断取得成效，"绿色+"产业蓬勃兴起。乡村旅游、森林公园、现代农业园、中药博览园等绿色产业天然地成为孕育康养旅游的基床。

自 2014 年以来，我国陆续出台了一系列发展康养旅游的相关政策，为康养旅游的发展提供了政策保障。2016 年 1 月，国家旅游局发布了《国家康养旅游示范基地》（LB/T 051-2016）行业标准，将康养旅游基地建设标准化和规范化。康养示范基地、康养小镇、康养城市、森林康养公园等康养服务与产品如雨后春笋般蓬勃发展。自此，我国康养旅游建设步入快车道。

表 3-1　我国康养旅游相关政策一览表

序号	发布时间	文件/政策名称	主要观点
1	2014 年	《国务院关于促进旅游业改革发展的若干意见》	（1）要积极发展休闲度假旅游，推动形成专业化的老年旅游服务品牌，并发展特色医疗、疗养康复、美容保健等医疗旅游，养生旅游是医疗旅游里的细分行业； （2）依托当地区位条件、资源特色、市场需求，挖掘文化内涵，发挥生态优势，突出乡村特点，开发一批形式多样、特色鲜明的乡村旅游产品； （3）推动乡村旅游与新型城镇化有机结合，合理利用民族村寨、古村古镇，发展有历史记忆、地域特色、民族特点的旅游小镇，建设一批特色景观旅游名镇名村； （4）加强乡村旅游从业人员培训，鼓励旅游专业毕业生、专业志愿者、艺术和科技工作者驻村帮扶等。
2	2015 年	《关于进一步促进旅游投资和消费的若干意见》	（1）大力开发休闲度假旅游产品，鼓励社会资本大力开发温泉、滑雪、滨海、海岛、山地、养生等休闲度假旅游产品； （2）积极发展老年旅游具体措施，加快制定实施全国老年旅游发展纲要，各地要加大对乡村养老旅游项目的支持，鼓励进一步开发完善适合老年旅游需求的商业保险产品； （3）支持研学旅行发展的操作方案。支持建设一批研学旅行基地，鼓励各地依托自然和文化遗产资源、红色旅游景点景区、大型公共设施、知名院校、科研机构、工矿企业、大型农场开展研学旅行示范产品。
3	2016 年 1 月	《国家康养旅游示范基地标准》	（1）将康养旅游 health and wellness tourism 定义为：通过养颜健体、营养膳食、修身养性、关爱环境等各种手段，使人在身体、心智和精神上都能达到自然和谐的优良状态的各种旅游活动的总和； （2）康养旅游示范基地应包括康养旅游核心区和康养旅游依托区两个区域，康养旅游核心区具备独特的康养旅游资源优势，而康养旅游依托区能为核心区提供产业联动平台，并在公共休闲、信息咨询、旅游安全、休闲教育等公共服务体系上给予有力保障； （3）通过丰富康养旅游内容，打造一批产业要素齐全、产业链条完备、公共服务完善的综合性康养旅游目的地，推动康养旅游示范基地建设。

续表

序号	发布时间	文件/政策名称	主要观点
4	2016年4月	《中国生态文化发展纲要（2016-2020年）》	（1）我国4300多个森林公园、湿地公园、沙漠公园和2189处林业自然保护区，森林旅游和林业休闲服务业年产值5965亿元；森林文化、生态旅游、休闲养生等生态文化产业，正在成为最具发展潜力的就业空间和普惠民生的新兴产业； （2）以国家级森林公园为重点，建设200处生态文明教育示范基地、森林体验基地、森林养生基地和自然课堂； （3）推进多种类型、各具特色的森林公园、湿地公园、沙漠公园、美丽乡村和民族生态文化原生地等生态旅游业，健康疗养、假日休闲等生态服务业； （4）推动与休闲游憩、健康养生、科研教育、品德养成、地域历史、民族民俗等生态文化相融合的生态文化产业开发，加强基础设施建设，提升可达性和安全性； （5）发展具有历史记忆、文化底蕴、地域风貌、民族特色的生态文化村，打造崇尚"天人合一"之理、倡导中华美德之风、遵循传承创新之道、践行生态文明之路的美丽乡村和各具特色的发展模式。
5	2016年5月	《林业发展"十三五规划"》	（1）主要目标：森林年生态服务价值达到15万亿元，林业年旅游休闲康养人数力争突破25亿人次； （2）做大做强森林等自然资源旅游，大力推进森林体验和康养，发展集旅游、医疗、康养、教育、文化、扶贫于一体的林业综合服务业； （3）加大自然保护地、生态体验地的建设力度，开发和提供优质的生态教育、游憩休闲、健康养生养老等生态服务产品； （4）重点强调发展森林旅游休闲康养产业，构建以森林公园为主体，湿地公园、自然保护区、沙漠公园、森林人家等相结合的森林旅游休闲体系，大力发展森林康养和养老产业。到2020年，各类林业旅游景区数量达到9000处，森林康养和养老基地500处，森林康养国际合作示范基地5~10个。
6	2016年10月	《"健康中国2030"规划纲要》	（1）发展健康服务新业态。积极促进健康与养老、旅游、互联网、健身休闲、食品融合，催生健康新产业、新业态、新模式。培育健康文化产业和体育医疗康复产业。制定健康医疗旅游行业标准、规范，打造具有国际竞争力的健康医疗旅游目的地。大力发展中医药健康旅游。打造一批知名品牌和良性循环的健康服务产业集群，扶持一大批中小微企业配套发展； （2）鼓励发展多种形式的体育健身俱乐部，丰富业余体育赛事，积极培育冰雪、山地、水上、汽摩、航空、极限、马术等具有消费引领特征的时尚休闲运动项目，打造具有区域特色的健身休闲示范区、健身休闲产业带。
7	2017年	《中央一号文件》	大力发展乡村休闲旅游产业。充分发挥乡村各类物质与非物质资源富集的独特优势，利用"旅游+""生态+"等模式，推进农业、林业与旅游、教育、文化、康养等产业深度融合。

续表

序号	发布时间	文件/政策名称	主要观点
8	2018年	《中央一号文件》	（1）实施休闲农业和乡村旅游精品工程，建设一批设施完备、功能多样的休闲观光园区、森林人家、康养基地、乡村民宿、特色小镇； （2）加快发展森林草原旅游、河湖湿地观光、冰雪海上运动、野生动物驯养观赏等产业，积极开发观光农业、游憩休闲、健康养生、生态教育等服务。创建一批特色生态旅游示范村镇和精品线路，打造绿色生态环保的乡村生态旅游产业链。
9	2019年3月	《关于促进森林康养产业发展的意见》	（1）到2022年建设国家森林康养基地300处，到2035年建设1200处； （2）规范了森林康养的定义，森林康养是以森林生态环境为基础，以促进大众健康为目的，利用森林生态资源、景观资源、食药资源和文化资源，并与医学、养生学有机融合，开展保健养生、康复疗养、健康养老的服务活动； （3）健全森林康养基地建设标准，建设森林康复中心、森林疗养场所、森林浴、森林氧吧等服务设施。积极发展森林浴、森林食疗、药疗等服务项目，大力开发中医药与森林康养服务相结合的产品。创建一批国家级和省级森林康养基地，打造生态优良、功效明显的森林康养环境。

工业革命以后，欧洲国家的社会经济快速发展，科技水平日益进步，从而生活水平及收入水平也不断提高。人们在疯狂追求利润的同时，逐渐对缓解压力及自身健康的关注日益增强，驱使人们在旅游活动过程中不仅仅是领略自然景观，享受人文风情，更希望在身体和精神上得到健康和放松，也使得欧美国家的康养旅游发展更早、跨度时间更长、发展水平更高。因此，康养旅游概念的提出最早出现在欧美各国，并且呈现出以"医疗资源"为核心，"疗养"为辅助的"康"和"养"双轨道康养旅游发展模式。对于目前阶段来说，欧美国家仍然是最大的客源输出地区。在亚洲，得益于独特的自然风光、神秘的东方文化、蓬勃发展的医疗保健技术，以及更低廉的资源成本，日本、韩国、东南亚等国也逐渐成为举世闻名的康养旅游度假圣地。由此可见，康养旅游已成为多国的支柱性产业之一，康养旅游逐渐享誉全球。

拓展阅读 3-1

图 3-1　希腊圣托里尼悬崖酒店　摄影：赵佳义

（二）社会发展背景

中国是一个拥有 14 亿多人口的大国，人口老龄化现象越演越烈。据人社部预计，截至 2035 年中国 60 岁以上老年人口将会超过 4 亿人，给我国的社会带来前所未有的压力。人口老龄化程度的加速，导致养老服务和产品供给都存在供给不足、市场发育不完善、扶持政策不健全、体制机制不完善、城乡区域发展不平衡等问题，因此，健康与养老服务业将面临新的市场机遇和巨大挑战。随着康养服务体系的不断完善，中药养生、健康医疗、休闲养老将成为老年人最关心的话题。

根据世界卫生组织（World Health Organization，WHO）的最新定义，健康不仅指没有疾病和不虚弱，也指身体、心理、社会生活三方面达到平衡的状态。而如今，城市的喧嚣、工作的压力、生活的快节奏促使占人口多数的城市年轻人更渴望健康的身体、饱满的精神、均衡的膳食以及充足的睡眠。社会科学文献出版社、全国老龄工作委员会办公室信息中心、中山大学旅游学院联合发布的《中国康养产业发展报告（2017）》蓝皮书中提出：康养的核心功能在于尽量提高生命的长度、丰度和自由度。从这三个维度来看，从健康到亚健康再到病患甚至是需要临终关怀的群体，都有必要纳入康养的范围。由此可见，追求健康和养生的生活已不再是老年人

拓展阅读 3-2

的专利。不同年龄层次的群体对康养服务的需求不同，使康养元的素更加丰富，需求日益多样化。因此，以健康为基准，融合休闲养老、健康医疗、中医养生、健康体育以及"互联网+"等元素的新康养服务与产品逐渐增多。

图 3-2　四川南江光雾和谷国际森林康养小镇

二、旅游业发展背景

旅游业之所以被称为"朝阳产业"和"绿色产业"，是因为它有广阔的市场前景和可观的经济和社会效益，并且旅游产业已经成为世界各国的支柱产业之一。我国的旅游资源极其丰富，旅游市场规模逐年稳步扩大，随着市场经济的发展和人们收入水平的进一步提高，人们对旅游消费的需求也越来越大，国内旅游业在国民经济中的地位和作用日益凸显。据国家文化与旅游部公布的 2019 年文化与旅游发展统计公报数据显示，2019 年国内旅游人数达 60.06 亿人次，比上年同期增长 8.4%；入境旅游人数为 14531 万人次，比上年同期增长 2.9%；出境旅游人数 15463 万人次，比上年同期增长 3.3%；全年实现旅游总收入 6.63 万亿元，同比增长 11.1%。其中，乡村休闲旅游业接待游客 33 亿人次，营业收入超过 8500 亿元，占全年旅游总收入的 12.82%。

乡村休闲旅游是康养旅游产生的天然基床。近年来，人们从对乡村景观、风土人情、休闲娱乐的追捧逐渐衍生为在精神层面的深度体验，乃至享受。与休闲观光相比，不仅仅是为了生活质量的提高，更是生命质量的提升。乡村资源具有独特的养生方式。"天人合一"的乡村自然景观给人一种安静、祥和的精神享受，使人的心灵接受美的熏陶，人和自然融为一体，进而摒弃烦躁与喧嚣，释放压力与忧虑，调节免疫系统，达到养生、保健和治疗的作用；富含负氧离子的乡村空气能预防和治疗疾病，达到养颜益寿的功效；孙思邈在《千金方》中记述："养生之道，常欲小劳，但莫大疲及强所不能堪耳。且流水不腐，户枢不蠹，以其运动故也。"乡村农耕可让人体验原始农耕文化，使人修身养性，在锻炼活动中感悟养生之道；春生、夏长、秋收、冬藏，可在不同时节感受乡村"时令养生"与"有机养生"的食疗之法。

图3-3 位于水滨的一处康养小镇

健康疗养是康养旅游活动的重要内容。纵观国内外开发较为成功、深受康复疗养人群青睐的旅游地，大都设在空气清新、风光优美、自然环境优异的区域。湖泊区域宜人的景色和生态环境资源，周边地区的气候条件和自然景观资源，本身就对康复疗养人员在调节心理平衡、消除疲劳、矫治疾病、增强体质等方面起着重要作用，为提高疗效、增进健康添加了有利条件。我国发展疗养旅游的资源及条件比较优越，开发最多的资源是分布于东北以及各地火山地震带上的药泉与温泉，许多地方以此为主体开发出了多种疗养活动。比如北京、四川、江苏、广东、云南、海南等省区市推出的温泉、药泉、矿泉等浴疗旅游。此外，各地区还开展了海滨、高山、林地、湖区疗养旅游。从文化氛围的角度来讲，各种文化活动是疗养生活中的重要组成部分，它不仅可以充实疗养生活，而且在疾病的治疗，心理、精神的保健方面起着重要作用。湖区所在地大多分布有城镇或乡村居民，在历史发展过程中，形成了浓郁的地方文化特色，当地居民以及来自各地的人群相互接触，促进了人们的思想交流和感情交往，丰富多彩的文化娱乐活动充实了当地的风土人情，增添了景观美的感受，还在一定程度上使游客的体能得到恢复、锻炼和提高。

第二节　康养及康养旅游

随着科技进步和城镇化建设的迅速发展，现代人的生活节奏越来越快，工作压力大，缺乏运动，城市环境逐渐恶化，越来越多的城市旅游者对旅游的追求逐渐发生了改变。与此同时，我国老龄人口以每年近800万的速度持续增长。预计到2050年，我国老龄人口总数将达到全国总人口的1/3。远离城市的喧嚣，选择健康、休闲、养生、养老的出游方式，已成为绝大多数城市旅游者和老年旅游者的首要选择。

一、康养的概念

（一）"康养"概念的提出

康养由健康和养生组合而来。早在1959年，美国医生Halber Dunn创造性地将"wellbeing"和"fitness"进行了组合，"wellness"（康养）这个词汇便应运而生。他认为，一个健康的人应该具备身体健康、思想积极、精神饱满与状态良好的特征，"康养"是一个人的最高健康状态，达到这种健康状态的人在身体、心灵和精神方面必须高度和谐，同时应具有高度的责任感、合理的饮食、放松的精神、持续的教育等，并时时关心社会和环境的发展。国际水疗和康养协会对康养的定义是，主动追求生活和个人积极态度的融合，积极预防疾病、改善健康、增强生活质量，最终提高生活幸福感。也有学者认为，康养是健康身体、精神和灵魂的和谐，包括个人的自我责任感、健身和美容护理、营养与饮食、放松、心理活动、社会关系和环境敏感度等多种元素的融合。

国内学者对"康养"的英语释义不尽相同，部分学者直接将"wellness"释义为"康养"，但也有部分学者则把"Health and wellness"翻译为"康养"。2004年，刘丽勤最早使用了"康养"一词，但未对"康养"的概念做出明确的解释。中山大学旅游学院副教授何莽主编的《中国康养产业发展报告（2018）》中，从健康、养生、养老三个维度对"康养"一词进行了系统的界定。他认为：康养应看成是"以养为手段、以康为目的"的活动，是对生命的长度、丰度和自由度三维一体的拓展过程，是结合外部环境改善人的身、心、神,并使其不断趋于最佳状态的行为"。

(二)康养与健康、养生、养老的区别和联系

康养就是健康、养生和养老。健康即生理、心理和精神都处于良好状态;养生是以提升生命质量为目的,对身体和心理进行养护;养老则是针对暮年人群的设施保障和系列服务。因此,基于暮年人的视域,康养产业应以暮年人的需求为主,主要内容是对生命的养护。与一般意义的康健相比,康养是一个更具包容性的概念,涵盖规模辽阔,与之对应的康养行为也十分宽泛:康养既可以是一种连续性、系统性的行为运动,又可以是诸如休闲、疗养、康复等具有短暂性、针对性、单一性的康健和医疗行为。

延伸到更大规模,从生命的角度出发,康养要兼顾生命的三个维度:一是生命长度,二是生命品貌,三是生命自由度。一方面可以将康养看成是康健、养生和养老的统称,其中康健维度包罗了"健康、亚康健、病患临床"等状态,康养致力于让人回到良好的康健状态,以增强运动自由度;养生维度包罗了"身体、心理、精神"三个层面,康养应包罗对"身、心、神"的全面养护,以增强生命富厚度;养老维度包罗了"孕、婴、幼、少、青、中、老"等人生不同阶段,康养应该是对全生命周期的养护,不仅致力于生命长度,更关注生命质量;另一方面,将"康养"看成"以养为手段、以康为目的"的运动,是对生命的长度、品貌和自由度三维一体的拓展历程,是联合外部情况改善人的身、心、神并使其不停趋于最佳状态的行为。

二、康养旅游的概念

(一)"康养旅游"概念的提出

西方有关健康旅游的概念最早产生于古希腊社会。经过历史的流变、社会制度的变迁、技术的发展和人对于健康观念的革新,健康旅游的内涵与表现形式一直处于变动之中。现代意义的健康旅游的定义最早出自 Goodrich,他认为健康旅游是指"通过推销其健康服务和设施吸引游客前往旅游接待设施或目的地"。康养旅游起源于欧洲的温泉疗法和温泉浴场,近年来在国内逐渐开始兴起,关于康养旅游的概念在学术界更是层出不穷。目前,康养旅游的相关研究大致可归纳为五个方面:一是康养旅游发展背景探讨;二是康养旅游与相关概念之间的关系分析;三是康养旅游资源、产品与目的地等供给方面的研究;四是从动机、体验、感知等方面关注康养旅游需求及其满足程度;五是森林康养、温泉康养、医疗康养等专项康养旅游产品研究。

2009 年王赵率先对"康养旅游"的内涵进行了界定,他认为康养旅游

"是一种建立在自然生态环境、人文环境、文化环境基础上，结合观赏、休闲、康体、游乐等形式，以达到延年益寿、强身健体、修身养性、医疗、复健等目的的旅游活动"。杨亚萍认为，康养旅游是"依托优越的生态益养环境，以协调身体、心智和精神的自然和谐为导向，连续栖居时间不超过一年的休闲养生、康体度假、生态疗养、养老保健等系列专项旅游活动的总称"。学术界对康养旅游的概念内涵认知尚不统一，层次混淆，比较认可的是2016年国家旅游局发布的《国家康养旅游示范基地》标准中关于康养旅游的概念。该标准将康养旅游定义为："通过养颜健体、营养膳食、修心养性、关爱环境等各种手段，使人在身体、心智和精神上都达到自然和谐的优良状态的各种旅游活动的总和。"我们认为，康养旅游是"以康养为主要目的的一切旅游活动的总和"，是人们为了达到身体、心智和精神的最大满足，从事的一切与健康和养生有关的旅游活动的总和。

（二）康养旅游与健康旅游、疗养旅游的区别和联系

康养旅游是通过养颜健体、修养身心、关爱环境等手段，使人在身体、心智和精神上都达到与自然和谐的良好状态的不同旅游活动的总和。顾名思义，康养旅游是建立在自然生态和人文环境基础上，结合风景观赏、文化娱乐、身体检测、医学治疗等形式，春观花、夏避暑、秋赏月、冬泡泉，以达到放松身心、怡情养性、祛邪扶正、延年益寿等目的的深度旅游体验活动，是"身、心、智"全面的体验过程。与传统旅游形态相比，康养旅游具有滞留时间长、旅游节奏慢、消费能力强、重游率高、强身健体等特点，是传统旅游产业的升级版。

健康旅游是指那些能够提高旅游者身体健康水平和使旅游者获得身心放松的旅游活动，更加注重的是"身体健康"和"心情愉悦"。健康旅游的"活动"包括两种：一种是以提高和改善旅游者身体健康状况为目的的活动；另一种是不以此目的出发，但是在旅游过程中同样提高和改善了旅游者身体健康状况的活动。而疗养旅游主要是凭借疗养地所拥有

拓展阅读 3-3

的特殊自然资源条件，先进或传统的医疗保健技艺，优越的设施，将休息度假、健身治病与旅游结合起来的专项旅游活动。具体包括为治疗而进行的气功、针灸、按摩、矿泉浴、日光浴、森林浴、中草药药疗等多种形式的旅游，还有高山气候疗养，海滨、湖滨度假等。

图 3-4　四川攀枝花的自然风光

康养旅游、健康旅游和疗养旅游三者虽然存在一定的差异，但也存在一定的联系。一是具有共同的出发点，无论是康养旅游、健康旅游还是疗养旅游，都是游客以远离城市喧嚣、追求幸福美好生活体验为出发点而从事的旅游活动；二是具有相同的目的，旅游者进行康养旅游、健康旅游和疗养旅游的最终目的，都是为了达到身体健康、身心愉悦和释放压力；三是都注重过程的体验，康养旅游、健康旅游和疗养旅游都是过程性服务旅游项目，游客的满意度以及能否达到预期的效果直接体现在其旅游过程体验之中。

第三节　康养旅游的性质和特点

在"健康中国"国家战略背景下，健康产业已经成为新常态下经济增长的重要引擎，大健康时代已全面来临。随着大众旅游时代的推进，追求身心健康和精神享受，也成为休闲度假旅游的主要诉求。康养旅游迎来了黄金发展时期。康养产业以更广泛的概念吸纳新客群，带动康养旅游受众、方式、元素及产品组合等变化。康养本身不仅仅是一种产业，更是一种健康生活的方式与理念，需要与多种业态融合，能以多种形式与载体呈现。以"康养+旅游+X"的模式，可以不断创造出更加丰富的新型业态，推进康养产业的全面与持续发展。

一、康养旅游的性质

康养旅游是人们为了使身体、心智和精神达到最佳状态而进行的一项特殊的旅游活动。它除了具有大众旅游形式的一般共性，还有其独特的性质。

（一）康养旅游的自然属性

1. 目的性

康养旅游是通过观赏、休闲、康体、疗养、游乐等形式，以达到延年益寿、强身健体、修身养性、医疗康复等目的的特殊旅游活动。与其他旅游形式相比，康养旅游的目的性更强，对产品和服务的要求更高，更加注重健康和心理感受。随着居民生活水平、消费水平的提高，人们对于身心健康以及生活质量越来越重视，以健康、养生为核心主题的产业日益增多。康养旅游提倡以现代健康生活理念融合高科技技术，让人们在自然环境中达到身心放松的状态，最终是实现幸福、健康、快乐的人生目标。

2. 环境依赖性

一方水土养一方人。康养旅游的发展离不开对环境的依赖。随着城市化进程的加快，城市人口数量急剧增长，城市压力越来越大。虽然城市中也出现了一批"康养社区"，然而城市车辆人口拥挤，空气质量下降，快节奏的城市生活仍然促使人们开始寻找远离城市喧嚣的一块"净土"，而乡村便成了人们的必然选择。俗话说"十里不同天，百里不同俗"，乡村有着发展康养旅游的天然优势。几千年的农耕文化，优美的自然环境，独特特色的风土人情等，都能让游客回归自然、体验自然、感悟自然，使其达到身、心、神的和谐，以实现健康和养生的目的。由于高负荷工作，竞争压力大，每过一个高负荷时期，都需要一方休养生息的土地，寻找到一个这样的乡村驿站以舒缓身心，慢下来，嗅闻清新空气，品尝健康食材，静享乡间安宁，寻找往日情怀。因此，乡村成为发展康养旅游的最佳场所。

3. 季节性

由于气候、资源特性、南北差异、休假体系的不同，康养旅游呈现出明显的季节性。首先，康养旅游作为一种休闲养生的旅游方式，对季节和气候有一定的要求，因此康养旅游也具有很强的季节性。不同地区、不同时间、不同类别的康养旅游，淡、旺季节到来的时间也有所差异。其次，除了气候和环境的影响，康养旅游的季节性还受到休假制度的影响。随着康养旅游群体的年轻化和多样化，在春节、清明节、劳动节、国庆节、学生寒暑假等集中休假期间，一家老小集体出游休闲度假的机会大大增加。除此之外，体育活动、大型体育赛事、社交的需要、游客的旅行习惯等，也对康养旅游季节性的形成有一定的影响。康养旅游的季节性是旅游者需求和市场需求中出现的短暂不平衡，具有周期性和重复性，并通过旅游者数量、旅游花费、停留天数表现出来。季节性的波动通过这些相关指标发生周期性变化，这种波动由需求的暂时性增减导致。康养旅游的季节性可以从资源客体属性、旅游活动主体行动、旅游业经营接待特点三方面进行分析。总体而言，康养旅游的季节性是基于自然规律的变化，附加经济、社会和人文等因素形成的一种现象，是由于资源自然更替、出游行为变化及产业波动引起的综合效应。

4. 养生性

从康养旅游的需求群体来看，主要包括年过六旬的老年人群、长期慢性病人群、亚健康人群以及追求高品质生活的人群等。他们通过出游的方式获得身体的康复、心灵的进化，以达到精神的饱满和幸福感的获得。从康养旅游的功能来看，健康、养生、治疗是其最基本的要求。康养旅游活动经营主体为游客开发形式多样的康养旅游活动项目，提供高品质的旅游产品与服务，打造健康、养生的旅游环境，以健康、养生、疗养为中心，最大限度地满足游客的各种康养需求，使游客获得更多的幸福感。

拓展阅读 3-4

图 3-5　日本九州岛温泉疗养中心

5. 持续性

从康养旅游的活动主体来看，人们对于康养旅游的需求不是一次性或者短暂的。为了达到健康、养生的目的，人们往往需要经常性、反复性、持续性地康养消费，并且跨度时间长。随着人们收入水平的不断提高，以及康养旅游群体的不断壮大，人们愿意花费更多的消费支出来获取健康和幸福。从康养旅游活动的客体来看，康养旅游依赖于恬静、舒适、优美的自然环境。康养旅游产业需要在保留原有自然景观的基础之上，合理规划和开发旅游资源，丰富景观内涵，实现自然景观与现代科技的完美融合。同时，积极治理各种环境问题，优化和改进不正确的生产耕作方式，使山更青，水更秀，草更青，天更蓝。由此可见，康养旅游是一种绿色、环保、可持续发展的朝阳产业。

（二）康养旅游的社会属性

1. 康养旅游是更高层次的精神需求

如果说旅游活动是人民追求美好生活的高层次的精神消费，那么康养旅游则是这种精神消费中的"贵族"。康养旅游的内容、特性，决定了它不能等同于普通的游览、观光旅游。康养旅游对自然环境要求更高，对需求人群定位更准，对游客的心理感触更深，它属于更高层次的精神需求。世界范围内的大健康与大文旅融合已是大势所趋。2020年，健康医疗相关服务业成为全球最大产业，休闲旅游相关服务则位居第二，两者结合占全球GDP的22%。"健康医疗＋文旅休闲"的融合催生了高端医疗、专科医疗、康复疗养、养老服务等一系列市场热点，已经成为大众旅游和健康消费的新需求。目前，生理的健康需求是所有上层"建筑"健康需求的根基。如果人的身体机能受到损害无法正常新陈代谢，健康保障将不复存在。

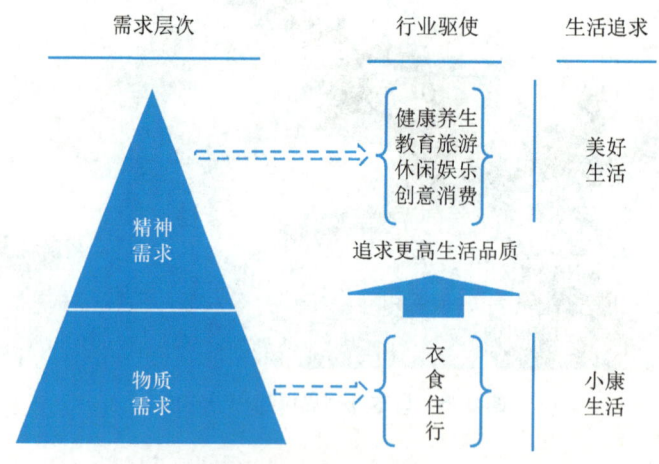

图 3-6　康养旅游需求层次

2. 康养旅游是更高标准的生命提升

随着物质生活水平的提高，人们对"健康、愉快、长寿"的追求越来越强烈，而单纯的养生已难以满足人们对高品质生活的追求，融合了时下发展迅猛的休闲旅游，康养旅游迎来重大发展机遇。康养对于旅游来说，已经上升到一个很高的层次。如果说旅行是为了观光，无所谓景区与否，那么旅游就对应着休闲，旅居对应着度假，而康养应该是度假旅游的一个重要产品。而且很可能会成为一个核心产品。因为康养是物质生活已经得到满足的条件下，而衍生出来的精神层面的深度体验，乃至享受，与休闲相比已经不是生活质量提高的问题，而是生命质量提升的问题。1992年，约1700名科学家曾发表了一份《世界科学家对人类的警告》，开篇就阐述"人类和自然正走上一条相互抵触的道路"，这正是与工业时代的过度索取有关。这种"过度的索取"严重危及一代人的健康，导致很多人"英灵早逝"。因此，发展以大自然健康养生、养老产业迫在眉睫，功在当下，利在千秋。

3. 康养旅游是更高境界的心灵追求

康养旅游除了具有与大众旅游一样的休闲、观光、娱乐等基本功能，还具有延年益寿、进化心灵的功效。在旅游活动中，食、住、行、游、购、娱是最基本的旅游活动要素，康养旅游在满足这些基本旅游需求的基础上，更注重人的精神享受、生命体验和心灵追求。在旅游活动中，人们领略自然风光，感悟自然的神奇，敬畏自然，融入自然，心灵在自然中得到洗礼和升华。

4. 康养旅游是人类文明进步的重要标志

注重健康养生，就是人们在日常生活、社交中，以保障身体和心理健康为出发点和目标，注意自身行为的科学合理性。例如，在饮食方面注意卫生和营养平衡，不暴食暴饮；在作息安排上力求劳逸结合，劳动、运动、活动的时间、强度适中；在社会交往中注意文明礼仪。为了保持人民和社会的健康、文明，国家、政府、企事业单位、社会组织等，在经济社会管理、生产劳动组织等各个方面都会从有利于人民健康、快乐、幸福的角度出发，缩短劳动时间，降低劳动强度，增加文化娱乐和健身休闲时间及相关供给保障，使得全社会的文明程度不断提升。健康养老更是国家、社会和人民文明程度提升的真实体现。在我国长达几千年的历史上，从传说的尧舜禹蒙昧时代开始，尽管长期处于物质匮乏、贫困落后状态，但统治者、国家、社会和人民始终倡导孝敬老人，形成"百善孝为先""老吾老，以及人之老"等信条，成为中华传统文明的重要内涵。但只有到人民群众物质文化生活水平提高的今天，孝敬老人才具有广泛而坚实的物质基础，我们也才有条件推进健康养老产业和事业快速发展。

二、康养旅游的特点

（一）环境依赖程度高

自然环境是旅游活动最主要的客体，任何旅游活动的发展都离不开对自然境的依赖。康养旅游不单单以游览、观光和休闲为目的，人们在康养旅游过程中对健康、养生、医疗、保健、娱乐等方面都有极高的要求，正是这些旅游需求促使康养旅游开发过程中以自然环境为第一要素。康养旅游是以良好的自然条件为基础，对自然条件要求更高的专项度假旅游活动，具有排他性。在我国，适合发展康养旅游的地域主要集中在云贵高原以及秦岭以南。这些区域光照充足，气候宜人，空气中负氧离子含量高，同时工业化进程缓慢，气候舒适度指数介于 50 到 76 之间。这些自然优势有助于机体的深度呼吸、心血管通畅、氧运输能力增强、新陈代谢加快，以及免疫功能等能力的提高，达到增强体质与健康的目的。

（二）产品和服务质量要求严

旅游产品和服务是旅游景区的核心竞争力。康养旅游作为一种专项的度假休闲旅游，必须拥有优质的旅游产品和高质量的旅游服务，并具有相当的规模。康养旅游产品和服务开发过程中，应充分地结合自然环境中的空气、水、土、磁场、植物和生态综合要素等，包括且不限于疗养温泉、美颜 SPA、森林氧浴、中药膳食、茶道养生等。同时，可结合当地的人文旅游资源，将人类的经验、方法、技能等运用到产品和服务的设计中，如中医理疗、瑜伽、武术、禅修、冥想等，进而达到康养的目的。因此，康养旅游在设计伊始，就必须采用高标准、高要求来规划和设计。

（三）文化主题属性强

文化是旅游的灵魂，旅游活动中人们通过文化来寻找心安之处，通过文化交流来实现心灵上的共鸣。康养旅游深度挖掘目的地独有的历史文化、农耕文化、宗教文化、民俗文化等，结合康养旅游市场需求及现代生活方式，运用创造性的思维，打造精神层面的养心旅游产品，使游客在获得文化体验的同时，实现修身养性、回归本心、陶冶情操的目的。同时，康养旅游依托长寿文化，积极发展长寿经济，形成了食疗养生、山林养气、文化养心的康养核心产品。因此，文化在康养旅游中处于核心地位，贯穿于旅游活动的始终。

（四）旅游消费水平高

从康养旅游产品自身角度来看，康养旅游产品主要包括：中医药康养，文化修养，森林绿养，有机食养，体育健养，佛学禅养，道教道养，温汤浴养，休闲颐养等内容，而康养旅游产品自身的特性和要求就决定了，在开发过程中需要投入大量的人力、财力、物力，从而导致康养旅游产品价格的昂贵。从旅游消费群体的角度来看，热衷于康养旅游的群体主要是退休老人、慢性病患者以及亚健康人群，他们的共同特征是消费能力强、生活品质要求高、非常注重自身健康，因此，他们愿意为了自己的身、心、神进行更多的投入。

（五）旅游群体日趋多元化

康养旅游绝不仅仅是养老产业，其消费群体也绝非单一的老年人群。幼儿养育，少年养智，青年养情，中年养生，老年养老，康养旅游实则贯穿了生命的整个过程。随着城市化进程步伐加快，生活压力越来越大，绝大多数中青年群体陷入了亚健康状态的泥潭。据统计，我国有近60%的中青年人群（20~50岁）处于亚健康状态。他们在一定时间内表现出活力降低、疲劳乏力、反应迟钝、功能和适应能力逐渐减退，经常处于焦虑、烦乱、无聊、无助的状态。因此，亚健康人群急需通过健康出行的方式来获取身体、心智和精神的康复。

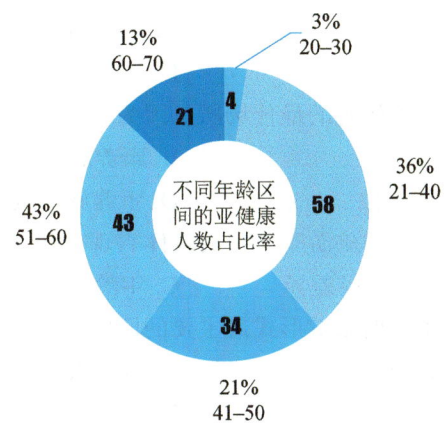

图3-7 不同年龄区间的亚健康人数占比率

本章小结

本章主要介绍了康养旅游产生的背景，阐述了康养及康养旅游的概念内涵，对康养与健康、养生、养老，康养旅游与健康旅游、疗养旅游等的区别和联系进行了分析。康养旅游具有独特的自然属性和社会属性，具有环境依赖程度高、产品和服务质量要求严、文化主题属性强、旅游消费水平高、旅游群体日趋年轻化等基本特点。通过知识的比对和思考，了解康养旅游产生的背景，熟悉康养旅游的性质及其特点，掌握康养和康养旅游的基本概念及两者之间的区别与联系，培养学习者分析问题和解决问题的能力，从而具备进一步进行专业知识学习的理论基础。

思考与练习

一、单项选择题

1. 康养旅游作为新兴的旅游产业，它所产生的天然基床是（　　）。
   A. 节事旅游　　　　　　　　B. 度假旅游
   C. 乡村休闲旅游　　　　　　D. 体验旅游

2. 康养旅游活动的重要内容是（　　）。
   A. 健康疗养　　B. 追求刺激　　C. 放松心情　　D. 精神体验

3. 康养旅游的概念最早出现在（　　）。
   A. 古罗马社会　　　　　　　B. 古希腊社会
   C. 古埃及社会　　　　　　　D. 中国封建社会

4. 乡村成为发展康养旅游的最佳场所是因为（　　）。
   A. 康养旅游具有目的性　　　B. 康养旅游具有环境依赖性
   C. 康养旅游具有持久性　　　D. 康养旅游具有季节性

5. 下列那一项不是康养旅游季节性的具体表现（　　）。
   A. 节假日　　B. 气候差异　　C. 年龄层次　　D. 地区差异

6. 康养旅游区别于其他旅游形式最主要的原因是（　　）。
   A. 康养旅游的目的性　　　　B. 康养旅游的季节性
   C. 康养旅游的持久性　　　　D. 康养旅游的养生性

7. 康养旅游的最高需求层次是（　　）。
   A. 物质需求　　B. 精神需求　　C. 文化需求　　D. 消费需求

8. 贯穿康养旅游始终的核心主体是（　　）。
   A. 环境主题　　B. 精神主题　　C. 自然主题　　D. 文化主题

9. 康养旅游的主体不包括（　　）。
   A. 健康人群　　B. 亚健康人群　　C. 老年人群　　D. 慢性病人群

10. 下列关于康养旅游的说法正确的是（　　）。
    A. 康养旅游与其他旅游形式的本质区别在于环境依赖程度高
    B. 康养旅游追求"心、体、神"的完美融合
    C. 康养旅游追求"身、心、智"的完美融合
    D. 康养旅游、健康旅游和疗养旅游本质上没有区别

二、判断题

1. 康养旅游活动过程中注重的是"身、心、体"的融合体验。　　（　　）

2. 康养旅游与大众旅游不同,它没有明显的季节性。　　　　(　　)
3. 康养旅游、健康旅游和疗养旅游在本质上没有区别。　　　(　　)
4. 康养旅游有别于大众旅游,它是旅游者更高层次的精神追求。(　　)
5. 随着社会经济的发展,康养旅游群体逐渐趋于年轻化。　　(　　)

三、简答题

1. 简述我国康养旅游产生的背景。
2. 简述康养旅游的概念。
3. 简述康养旅游、健康旅游、疗养旅游的区别与联系。
4. 简述康养旅游的特征。
5. 简述康养旅游的性质。

四、论述题

1. 结合所学知识,阐述发展康养旅游产业的必备条件及重大意义。
2. 结合所学知识,试分析后新冠疫情背景下康养旅游发展的变化趋势及主要措施。

第四章

康养旅游的发展

本章重点

　　本章包含康养旅游的发展历程、康养旅游的市场发展现状以及特征、康养旅游的发展意义等内容。重点针对康养旅游的发展进行分析总结,分别从世界和中国两个角度对康养旅游的发展进行梳理与概括,分析了当今康养旅游市场的现状和特征,以及发展康养旅游的现实意义。

学习要求

通过本章内容的学习，学习者能够了解世界以及中国的康养旅游的发展历程，了解当今康养旅游市场发展现状以及特征，了解发展康养旅游对于经济社会发展、旅游业发展以及旅游者的现实价值和意义，形成正确的行业认知。

本章思维导图

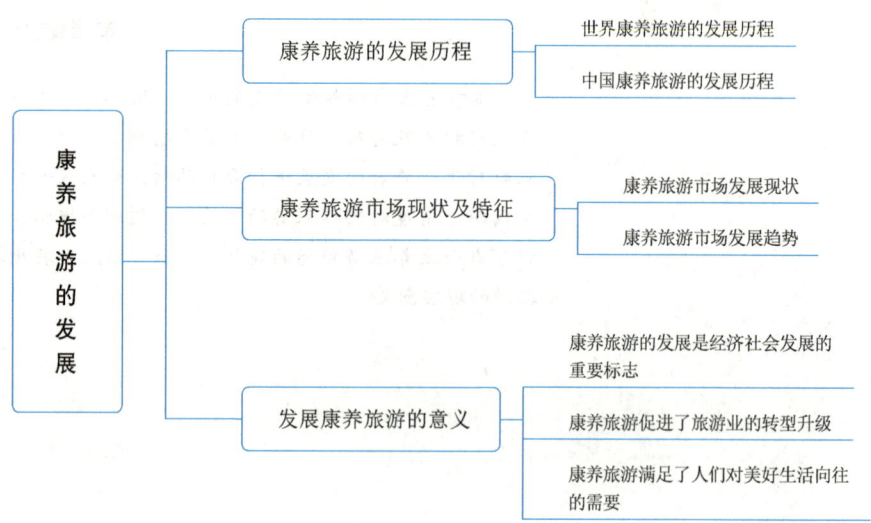

第一节 康养旅游的发展历程

现如今,在快节奏的城市生活中,环境污染、城市病、慢性疾病多发以及老龄化进程的加快等现实困境,迫使人们寻找更为健康的生活方式。人们将目光投向旅游,渴望逃离、获得喘息、慰劳身心,康养旅游应运而生,成为一种新型的旅游方式。康养旅游是在休闲度假旅游对生活质量诉求的基础上,对于生命质量提出的新诉求。康养旅游的概念源于传统养生旅游,近几年才在国内兴起,其研究和实践仍处于初步探索阶段。本节从世界和国内两个角度纵观康养旅游的发展历程。

一、世界康养旅游的发展历程

目前,业界对于康养旅游发展阶段的划分还没有十分统一的认识,但回顾康养旅游发展变化的完整历程,依据其各个时期的概念内涵及发展趋势,大致可以将其发展历程分为以下四个阶段。

(一)第二次工业革命前

康养旅游的发展源自健康旅游(Health Tourism or Health Travel)。早期的健康旅游实践始于14世纪初的罗马帝国的温泉疗养SPA(据考证,SPA的名字就是起源于罗马帝国时期比利时一个叫"斯巴"(SPA)的小山谷,那里存在矿物质丰富的温泉,当地人通过温泉浴治疗各种疾病和疼痛,其依托于自然的温泉资源缓解、治疗伤痛,这标志着健康旅游的形成。一直到18世纪,健康旅游依然是以温泉资源的简单利用为主,相继发展出了英国巴斯小镇、德国巴登巴登等温泉胜地。温泉资源之所以被最早开发利用,主要得益于当时的人们普遍认为矿泉有治疗疾病的作用,以及温泉的利用相对简单、易得。没有向其他资源拓展,也没有发展出新模式的原因,除了人们认识的局限性,还与当时的人类开发利用自然资源能力的局限性存在一定关系。此时的健康旅游主要依存于简单、易得的自然资源,与其他普通旅游没有太大的区别。

拓展阅读 4-1

图 4-1 英国巴斯浴场

（二）第二次工业革命后

19 世纪中期，随着第二次工业革命的完成，人类改造自然的能力得以巨大提升，使得人们能够更加深入地开发和利用更多的自然资源。工业化和城市化带来改造自然的能力和方便生活的同时，也带了一系列问题，如环境问题、气候问题等。为了逃避这些问题，应运而生了许多服务于人们健康生活的服务项目，如酒店住宿、水上运动、滨海养生、SPA 养生、农场养生等，这些都为康养旅游的发展奠定了基础。

此阶段的标志性事件，就是 19 世纪 40 年代德国的巴特·威利斯赫恩小镇创立了世界上第一个森林疗养基地，并先后建立了 50 处森林疗养所。随后，逐渐开始有人专门从事此类研究，如赛帕斯坦·库乃普医师倡导利用水和森林开展"自然健康疗法"，并选择在巴特·威利斯赫恩小镇进行实验。巴特·威利斯赫恩小镇上的疗养所中也大多配备有专业的疗养指导医生。这也使得德国成为世界上最早发展康养产业的国家。目前德国的巴特·威利斯赫恩镇依旧森林茂密、温泉资源丰富，每年接纳七万客人，约 60% 当地居民的工作与森林疗养有关。此外，建成于 1940 年的美国黑莓牧场，坐落在知名的自然保护地大雾山山脚下。这里以优美的自然风光闻名，是集住宿餐饮、休闲娱乐、观光游览、健康养生等功能于一体的度假旅游胜地。其主要项目有根据不同季节时令设计的烹饪主题课程，体验农牧业生产的种植体验区和牧场体验区，针对运动爱好者的运动休闲区，还拥有全美最好的农庄 SPA 馆。

在此之前，西方国家一直把以"疗养"为目的的旅游称为"健康旅游"，直到 20 世纪 60 年代，美国医生 Halber Dunn 把 wellbeing 和 fitness 两个都可以表示身体和心理状态的词结合在一起，创造了组合词"wellness"，也就是我们现在所说的"康养"，随后这一概念得到广泛的接受和应用。这就是"康养"一词的起源。

在该阶段，康养旅游的服务项目从单一走向多元，开始利用森林、农场、海滨等更多资源，同时开始有人从事专门研究，引入了体验、休闲等更多概念。

（三）20 世纪末经济危机后

经历了 20 世纪 90 年代的经济危机萧条，部分欧洲国家修改了健康保险法案，把温泉酒店和疗养机构从其保险报销的名目中剔除，这导致众多以浴疗法、温泉疗愈为主营业务的温泉酒店和疗养地丢失了大量顾客。为了应对这一变革，这些温泉酒店和疗养机构开发拓展了一系列健康产品，比如健康餐饮、美容、按摩、心理疗养和医疗护理等各式各样能够满足顾客健康需求的项目。除欧洲外，美国、墨西哥等国家也掀起了养生旅游热潮，在健康旅游的基础上增加了医疗护理，更加注重对游客感情以及心理的疏导。这使得康养的概念得到空前拓展，康养模式更加丰富，康养旅游产业也得以飞速发展。

在该阶段，康养旅游得到更多的关注，康养旅游的概念也得到巨大拓展，除了在服务内容上增加医疗护理，更加关注人的情感、心理等精神生活。

（四）现阶段

欧美地区发达国家数量较多，人均消费水平较高，追求的生活质量水平也较高，很快成为康养旅游产业的主要客源市场。因此，欧美地区的康养旅游相较于世界其他地区更为发达。全球健康研究所（Global Wellness Institute，简称 GWI）作为国际健康产业权威研究机构，其 2017 年数据显示，从康养旅游人数来看，欧洲地区最多，其次为亚太地区；从消费金额来看，北美地区康养旅游支出金额最高，其次为欧洲地区；从增速来看，亚太地区的康养旅游人数增速最快。

如今全球的康养旅游市场已经初具规模，在一些康养旅游发展较早的国家，大都已经形成了具有核心竞争力和独特卖点的产品，同时也发展出了各具特色的发展模式。

图 4-2　法国普罗旺斯薰衣草庄园

　　欧美地区的特色康养旅游产业举世闻名。比如法国的庄园养生：融合宗教、艺术和大自然的法国酒庄文化，使葡萄酒庄园成了传承法国辉煌历史的重要角色。庄园旅游也在一战以后出现并发展起来，形成一种以农业为依托，以乡村、庄园为载体，将香草种植业、香料加工业、葡萄种植业、葡萄酒酿造业、文化创意产业、养生美容业与旅游业相结合，利用植物景观种植、乡村田野空间、户外活动项目和香氛理疗资源，吸引游客前来观赏、游览、品尝、休闲、劳作、体验、参与、购物、放松精神的一种新型养生旅游形态。

　　又如瑞士的抗老养生。瑞士以酒店管理著称，便引入星级酒店标准化的个性化服务，把度假、保健、疗养、医院等领域相结合，将健康管理模式以专业的健康维护计划引入到康养旅游开发之中，将"健康保障"和"健康管理"的完美结合作为发展特色。还有一些景区或旅游地的开发者，利用互联网资源帮助游客完成挂号、配药、医师配对等一系列健康管理活动，即"互联网+健康+旅游"的新模式。

　　还如美国的社区养生。美国的退休养老社区是一种从人性需求出发的养生，因为社区能够给人以放松惬意的感觉，整体规划时就着重强调医疗设施及周边相关配套基础设施的建设，并将同理心、人性化、怀旧的元素运用到建设中。同时，在社区服务方面也强调尽量满足居民的需求，同时提供从自理到持续照顾的一站式专业服务。其中著名的 CCRC 社区（Continuing Care Retirement Community），即持续照料退休社区，始建于 19 世纪中期，拥有一百多年的历史，最初是为了退休后的神职人员设立的，后来逐渐转变为普通市民也可享受的养老模式。它涵盖了老年生活的各个部分，兼顾了衣食住行、医疗保健、心理关照、自我价值再认识和社会生活各方面的全面需求，营造的是老年人退休以后新的生活方式。

再如阿尔卑斯高山养生。阿尔卑斯山脉是欧洲最高大、最雄伟的山脉，平均海拔3000米左右，贯穿法国、瑞士、德国、意大利、奥地利和斯洛文尼亚6个国家。据研究，海拔1500米以上的高山或高原气候凉爽，能使人体阳气内敛、耗散较少，生物钟节律缓慢；高山地广人稀、环境幽静，能够使人情绪稳定、气血和畅；高山空气清新、阳光充足、湿度恰当，其独特的景观设计适合疗养度假。高山养生根据独特的环境和地域特征，融合山地运动、瑜伽养生、森林养生和温泉养生，形成一种复合型养生模式：以高山小镇高端度假设施为依托，开创运动类、温泉类、疗养类等多种休闲体验型旅游规划产品，衍生出高山滑雪、山地自驾、徒步远足、山地越野、马术训练、森林雾浴、高山瑜伽等众多养生项目。此外，在高山地区兴建疗养院已经成为许多欧洲国家的一种时尚。高山养生尤其适合慢性病患者，特别是患有呼吸系统、神经系统及过敏性疾病的人。著名的瑞士达沃斯小镇、圣莫里茨小镇便是其中的代表。

图4-3 阿尔卑斯山风景

在亚洲，受惠于古老而神秘的东方文化、得天独厚的自然资源、迅速发展成熟的医疗保健技术和更低廉的成本，东南亚、日本、韩国成为举世闻名的康养旅游度假目的地。

泰国因其得天独厚的自然资源和泰式按摩，加之政府的大力扶持，其养生旅游起步早，发展速度也领先于亚洲其他国家。2004年，泰国体育与观光部联合卫生部综合统筹医疗服务、健康保健服务和传统草药等相关产业，先后提出了把泰国建设为"世界保健中心""亚洲健康旅游中心""亚洲SPA中心"等战略计划。利用当地丰富的草药资源和传统泰式按摩（在身体上直接涂抹精油或者独特的泰式草药浴，加以泰式传统按摩技巧），可以达到排除人体血液毒素、润泽肌肤、治疗病痛、缓解压力、促进身体健康的目的，是一种由内而外的肌肤健康美容疗法。另外，泰国的养生哲学也在其中发挥了重要作用，其倡导身、心、灵三位一体，即身体、思想和灵魂三方面的健康缺一不可，强调应以人为主体由内向外调养，所以泰国的养生项目多以组合式养生为其特色，包括心灵静修、生活瑜伽、艺术排毒、体重管理、健身方案定制、水疗护理等，突出的服务项目是为游客提供量身定制的健康生活方式私人咨询，创造健康体魄和安乐生活的方式。

在日本，频繁的地壳运动形成了其星罗棋布的温泉，从海上小岛到山中秘境，处处都有可养颜、健身的泡汤或各式观赏性温泉。因而，日本也有着"温泉王国"的美称。据有关资料报道，日本从北到南约有温泉 2600 多座、温泉旅馆 7.5 万家，每年约有 1.1 亿人次使用温泉，这几乎相当于日本全国的总人口数量。日本的温泉已经从单纯的洗浴观光功能，演进到具有医疗功能，进而演变为一种休闲方式。日本的温泉不仅数量多、种类多、质量高，而且具有差异化的特色，由于周围环境、水分、气候等差异，不同的温泉保养地衍生出了各式各样的温泉养生类型。比较著名的温泉，有关西地区以古老而闻名的有马温泉，是由佛教僧人在公元 8 世纪建造的疗养设施；有以温馨的传说而闻名的佐渡温泉，相传盲目的母亲为了寻找失散的儿女泪聚成河，因此这一带都是带有盐味的泉水；又有以日本第一硫化氢泉而闻名的月冈温泉，

图 4-4　日本登别温泉　摄影：苗雨婷

据说有软化角质、漂白肌肤甚至驻颜防老的效果；等等。日本的温泉大多蕴含宗教文化色彩，在日本古代叫作"地狱"，所以有温泉的地方一般都建有寺院或神社；日本的温泉传承了很多民俗特色，如裸浴、男女通浴、洗浴节等；日本的温泉注重价值延伸，温泉保养地除保持原本的医疗功能外，还增设了许多娱乐设施及场所，让进行疗养的消费者能享受更多的休闲，使其停留时间更长，进而创造出更多价值。温泉养生内涵的广度不光是温泉的浸泡，更是将观光游憩、医疗保养、环境生态与产业资源加以整合利用。

韩国的美容康养旅游闻名于世。它并不是单纯地进行整形美容，而是形成了囊括美容手术、肌肤管理、美体营养餐配置，以及零售店模式开发、食品搭配和饮料选择等在内的一系列以全身健康为中心的产品服务体系，一般都配备有汗蒸窑、按摩室、脱毛室、美甲室等专业养生场所。消费者注重的是可持续的身心健康，已经有许多人将在观光度假的同时进行美容和身心保养作为一种生活方式。此外，为了吸引更多的外国整形游客，将美容产业输出世界，韩国于1995年成立了隶属于知识经济产业部的美容产业协会，并定期向其拨款，用于支持韩国美容产业协会及属下会员单位企业进行国际交流，鼓励韩国企业走向世界。

随着康养产业的发展壮大，该阶段的发展重点不再是康养概念的拓展，而是更加注重产业特色，各地依据自身的资源禀赋和文化特点，发展出独具特色的康养旅游产业。

二、中国康养旅游的发展历程

我国现代旅游整体起步较晚，康养旅游更是近年来才开始兴起，但在急剧增长的社会需求的引导下发展相对较快。近年来，国家也出台了一系列政策推动康养旅游的发展。

（一）新中国成立后

1949年新中国成立后，为了保障国家干部、军人、劳动群众的身体健康，国家及各省市的工会系统率先开办疗养事业；同时，中央各部委及各省市的事业单位逐渐开办各种类型的疗养院、休养所等，这成为我国现代康养旅游产业的起源。其间，我国逐渐形成了具有鲜明资源特色的大规模疗养区，包括海滨气候疗养区（如北戴河、青岛、大连、厦门等）、矿泉疗养区（小汤山、从化、重庆南温泉、黑龙江五大连池等）、山地气候疗养区（如庐山、黄山等）、湖滨疗养区（如无锡太湖、杭州西湖、武汉东湖等）。在这个阶段，我国康养旅游管理实行行政管理体制，并且服务对象主要是国家干部、劳动模范、国际友人等小部分人群。

（二）改革开放后

80年代后，随着我国改革开放的全面展开，全国总工会先后出台了《关于职工疗养休养、事业体制改革的决定（1985年）》《关于职工疗（休）养事业深化改革几个问题的决定（1990年）》《关于职工疗休养事业面向市场深化改革的决定（1995年）》，疗养事业逐步进行市场化的改革，由行政管理体制向企业化经营机制转变；功能也更加多元化，养生、休闲、度假、旅游、保健、康复、医疗等综合服务汇入其中，康养旅游进入了自由发展期。90年代开始，国内大众旅游兴起，尤其是兴起了针对老年人市场的"夕阳红"观光旅游，这也成为当时最成功的康养旅游产品之一。与此同时，为解决海南房地产市场供大于求、地产大量闲置的问题，部分房地产企业利用海南丰富的旅游资源，借鉴国外"分时度假"的概念，旅游地产也随之应运而生。

（三）加入WTO后

进入21世纪，尤其加入WTO之后，我国进入与世界经济全面接轨的发展时期，国内经济改革进一步深化，市场经济体制日益完善，市场逐渐成为经济运行的主导力量。国内的康养旅游业经过多年的发展，逐渐形成类型众多、特色鲜明的多元化康养旅游产品，如森林康养旅游、温泉康养旅游、中医药康养旅游、运动康养旅游、康养旅居等。2002年海南三亚最早大规模兴起保健康复旅游，浙江、江西、安徽、黑龙江、山东、广西等地也先后开展养生旅游活动论坛，打造养生基地。

（四）现阶段

近年来，国家出台若干支持性政策，引导着康养旅游产业的迅速成长与发展。2012年，四川攀枝花率先提出打造"阳光康养旅游城市"，喊出"孝敬爸妈，请带到攀枝花"等口号，并编制了《中国阳光康养旅游城市发展规划（2012-2020）》，这是我国首次正式提出发展康养旅游的概念，标志着国内康养旅游产业就此发端。

2015年国家旅游局在《2015年全国旅游工作会议报告》中，首次提出旅游"新六要素"，其后又拓展为"文、商、养、学、闲、情、奇"旅游发展七要素，其中"养"就是指康养旅游。

2015年国务院印发《中医药健康服务发展规划（2015-2020年）》，提出发展中医药健康旅游："利用中医药文化元素突出的中医医疗机构、中药企业、名胜古迹、博物馆、中华老字号名店以及中药材种植基地、药用植物园、药膳食疗馆等资源，开发中医药特色旅游路线。建设一批中医药特色旅游城镇、度假区、文化街、主题酒店，形成一批与中药科技农业、名贵中药材种植、田园风情生态休闲旅游结合的养生体验和观赏基地。开发中医药特色旅游商品，打造中医药健康旅游品牌"。

2016年1月，原国家旅游局发布《国家康养旅游示范基地标准》（LB/T051-2016），并确定了首批5个"国家康养旅游示范基地"：江苏泰州中国医药城、河北以岭健康城、黑龙江五大连池、湖南灰汤温泉、贵州赤水。该标准确立了康养旅游的国家标准，标志着我国康养旅游进入国家政策布局的规范化发展新阶段。

2016年10月，中共中央、国务院发布《"健康中国2030"规划纲要》，其中明确指出，发展健康服务新业态，促进健康与旅游等行业融合，催生健康新产业、新业态、新模式。这标志着康养旅游上升为国家战略，"健康中国"战略拉开序幕，为我国康养旅游的发展奠定了"健康至上"的国民健康意识基调。同年12月国务院印发的《"十三五"旅游业发展规划》中指出，我国旅游业要促进旅游与健康医疗融合发展，大力发展中医药健康旅游，开发多样化老年旅游产品，建设综合性康养旅游基地与森林养生基地等健康医疗旅游示范基地。

2017年国家林业局森林旅游管理办公室印发《全国森林体验基地和全国森林养生基地试点建设工作指导意见》，指出"森林体验和森林养生是新时期全国森林旅游发展的重要新业态"，明确了试点建设的总体目标、建设基本原则、主要产品方向等，并明确指出"森林体验产品包括接触体验、认知体验、运动体验、休闲体验、生活体验、生产体验、文化创作体验、探险体验等。森林养生产品包括森林浴养生、中医药养生、膳食养生、温泉养生、运动养生、文化养生等"。

2017年中央一号文件中提出，大力发展乡村休闲旅游产业，充分发挥乡村各类物质与非物质资源富集的独特优势，利用"旅游+"、"生态+"等模式，"推进农业、林业与旅游、教育、文化、康养等产业深度融合"。2017年5月12日，原国家卫生计生委、发展改革委、财政部、原旅游局、中医药局等5部门联合印发《关于促进健康旅游发展的指导意见》，明确要求"到2020年，建设一批各具特色的健康旅游基地，形成一批健康旅游特色品牌，推广一批适应不同区域特点的健康旅游发展模式和典型经验，打造一批国际健康旅游目的地"。

2018年中央一号文件要求，"实施休闲农业和乡村旅游精品工程，建设一批设施完备、功能多样的休闲观光园区、森林人家、康养基地、乡村民宿、特色小镇"。2018年底，国家发展改革委在《2019文旅康养提升工程实施方案》中明确提出，对文旅康养项目进行投资补助，鼓励社会资本积极投资和参与。自此，我国掀起了"康养+旅游"的开发热潮，中医药文化、民俗文化、森林康养旅游等各种康养旅游形式在我国不断兴起。

2020年10月29日通过的《中共中央关于制定国民经济和社会发展第十四个五年规划和二〇三五年远景目标的建议》中提出，要全面推进健康中国建设，"把保障人民健康放在优先发展的战略位置，坚持预防为主的方针，深入实施健康中国行动""构建居家社区机构相协调、医养康养相结合的养老服务体系"。

第二节 康养旅游市场现状及特征

随着经济社会的快速发展和人们生活水平的日益提高，人们对于健康生活的重视程度也在逐步增加，旅游业和"大健康"产业相结合产生的康养旅游也逐步走入人们的视野。可以预测到的一个鲜明趋势是，今后的文化和旅游产品将会愈加注重健康元素的植入。康养旅游作为深度旅游与体验旅游类产品，恰好顺应了各年龄段游客对健康生活、美好生活的向往，必然会成为旅游产品结构中最为重要的内容之一。

一、康养旅游市场发展现状

从全球范围来看，全球康养旅游市场已成规模，主要分布在北美、欧洲和部分亚太地区，并且为了吸引更多游客，各个国家（地区）纷纷挖掘自身自然、文化等特色资源，形成了独具特色的康养旅游项目。国内康养旅游产业虽然起步较晚，但依托巨大的人口规模，已经形成了一定规模的产业市场，而且初步开始形成特色板块，但总体而言，产品供给依旧不足。

（一）全球康养旅游发展现状

随着社会经济发展水平的不断提高，现代人对身心健康和生活质量越来越重视，康养旅游就是在此背景下开始发展起来的。全球健康研究所数据显示，2015—2017年，全球康养旅游业年复合增速为6.5%，是整体旅游业增速的两倍以上；预测2022年全球康养旅游市场规模将达到9190亿美元。目前，康养旅游业主要分布在北美、欧洲和部分亚太地区，排名前五国家分别为美国、德国、中国、法国、日本，占全球市场的59%；中国和印度最近取得了惊人的增长，从2015年到2017年，两国分别增加了约2200万人次和1700万人次。

全球康养旅游业发展至今，主要形成"医+游"和"养+游"两种发展模式。依托当地各具特色的康养旅游资源，部分国家已形成其产业特色，如依托自然资源、文化资源发展形成的德国森林康养、日本温泉康养、法国庄园养生、泰国药浴等；依托现代医学技术形成的瑞士抗衰老康养旅游、韩国医疗美容旅游等。

拓展阅读 4-2

（二）国内康养旅游发展现状

1. 起步晚、发展快

虽然我国康养旅游人数和消费金额排名在全球前列，但与德、美等康养旅游业起步早的国家相比，目前我国康养旅游业仍处于起步阶段，存在着供需不平衡等问题。随着人们对生活品质的要求不断提高，旅游也从传统的走马观花趋向于深度的体验游，更加注重旅游的品质，近些年康养旅游发展迅速。

2019年我国旅游总收入6.63万亿元，比上年增长11.1%，占当年GDP总量的11.05%，人均旅游4.3次，人均旅游消费超4000元。这意味着我国旅游已经进入大众消费期。随着人们对健康生活的愈加重视，大健康产业正快速迈入新一轮的增长，2018年我国康养产业产值达6.85万亿元，约占国民生产总值的7.2%。这说明我国已初步形成了千亿级的康养需求蓝海市场，形成了京津冀、长三角、珠三角、川渝区四大康养辐射片区。

2. 初步形成特色板块

从地理分布来看，我国康养旅游业已初步形成了板块特色：长三角地区经济发达，康养旅游资源丰富，且城市吸引力强，是目前康养产业发展最为成熟、软服务走在全国前列的地区；海南地区除了拥有得天独厚的滨海资源，近几年医疗健康发展势头迅猛，为康养旅游业提供了极佳的发展条件；以山林、温泉、雪地为特色资源的东北板块；依托优质的滨海资源、丰富的配套设施、较为发达的医疗技术而发展起来的山东板块；以宗教、民俗文化、山林、湖泊迅速发展的西南板块等，这些都是依托当地特色资源初步形成的康养旅游特色板块。

3. 供需不平衡

（1）康养旅游产品需求旺盛。根据国内旅游抽样调查结果，受新型冠状疫情影响，2020年度国内旅游人数28.79亿人次，比上年同期减少30.22亿人次，下降52.1%。国内旅游收入2.23万亿元，比上年同期减少3.50万亿元，下降61.1%。但疫情对大健康概念的带动，以及疫情中人们重视健康意识的提高，或将助力康养旅游的发展。后疫情时代，民众对于健康服务的需求将会加速释放,这为康养旅游的发展提供了更广阔的空间。

①老年人群市场

2015年全国老龄办调查数据就显示,中国老年人每年旅游人数已占全国旅游总人数的20%以上。相比于其他人群,老年人群有更多的空闲时间和可支配资金,他们更加注重旅游的质量,以情感满足、身心关怀为需求,且有较高的消费能力,对康复、保健、温泉、养老关注度更高。目前我国老龄化严重,养老形式和需求呈现出多样化发展的趋势。越来越多的老年人走出家门,像"候鸟"一样四处度假旅游。"候鸟式"康养旅居作为一种新型的养老途径,既可以满足老年人的旅行需求,又可以满足老年人较高层次的养老需求。

②亚健康人群市场

市场经济中强烈的竞争压力和紧张的生活节奏使很多人处于亚健康状态。较近发布的《中国城市人群健康白皮书》中提到,目前我国主流城市的白领亚健康比例高达76%,处于过劳状态的白领接近六成,真正意义上的健康人比例不足3%。而康养旅游刚好满足了亚健康人群对于释放压力、舒缓身心、保健养生的需求。这部分人群普遍收入较高,康养需求强烈,是康养旅游的重要客源市场。

③高品质生活的人群市场

还有一部分人群把旅游作为追求生活品质的一种重要途径,他们更趋向于深度的体验游,更注重旅游的品质。而发展康养旅游的地区一般都具有优越的自然资源和丰富的文化资源,生态环境良好、文化资源富集,刚好满足这一部分消费者的需求。

(2)康养旅游产品有效供给不足。根据亿翰智库最新统计,我国排名前三十的康养运营商中,房地产开发商占比达半数以上,运营的产品也以养老产品为主,占比高达88%,老年人是其核心客群体,尚未发展成为像欧美国家一样辐射全年龄段的客户群体。健康旅游产品的有效供给仍然是发展康养旅游的一大难题,迫切需要进行供给侧改革。

从宏观角度看,目前康养行业标准不统一、行业规范薄弱、缺乏完整的认证体系;康养与旅游业的结合尚不深入,与其他产业联动不足,地区间发展差异大。从微观角度看,也存在专业人才缺乏、产品设计水平低、主题不突出、同质化严重等问题。在产品形式和数量供给方面,距离全面满足市场需求差距很大。尤其是旅游人才存在"引不进、留不住、用不好"等问题,高层次旅游经营、管理人才和专业规划、营销人才短缺。

因此,基于目前国内康养旅游市场的供需不平衡,康养旅游市场存在很大的发展空间。

二、康养旅游市场发展趋势

随着我国全面建成小康社会、开启全面建设社会主义现代化国家新征程，人们对于生活水平提出了更高要求，对于康养旅游也提出了更多期盼和要求。与国外发达国家相比，我国的康养旅游市场发展空间巨大，面向一片蓝海；从结构来看，康养旅游市场为满足各类消费群体的不同需求，呈现出多样化的特征；为增强自身实力、吸引更多游客，各类市场主体逐步融入特色元素呈现特色服务，以在竞争中获得优势。所以，目前国内的康养旅游市场呈现出市场潜力巨大、市场需求多样化、经营主题特色化、产品开发融合化的特征。

（一）市场潜力巨大

据统计，2015年我国旅游市场总交易规模为41300亿元，康养旅游的交易规模仅为400亿元；据前瞻产业研究院整理，2017年全球康养旅游产业收入占整体旅游收入的16%，而我国却只占1%；《2018年中国卫生健康事业发展统计公报》显示，中国人均健康支出约占美国的5%。全球健康研究所数据显示，2017年中国康养旅游人数及消费金额从2013年的第11位跃升至第3位；2019年康养蓝皮书中写道："与五年前康养刚萌芽相比，康养正成为一种生活方式。"这都说明，作为旅游业和大健康产业结合的产物，康养旅游在我国拥有良好的市场环境，面向一片蓝海市场。加之我国目前人口的70%处于亚健康状态、18.7%的人口达到六十岁以上，以及未来将以爆发式速度扩展到每一个家庭的各种慢性病等因素，都为康养旅游提供了巨大的市场。因此，可以说我国康养旅游市场潜力巨大。

（二）市场需求多样化

从市场需求来看，不同的消费群体对康养旅游有着不同的需求，因此决定了康养旅游市场需求多样化的特点。从年龄角度来看，康养旅游目前主要以老年人群为主，中年为辅，他们更加关注医疗和休闲养生活动，因此该消费群体需要包含医疗介入并且能提供养生、理疗服务的康养休闲类旅游产品；而以80、90后消费者为主的消费群体，对如何改善亚健康问题的关注度更高，特别是身体健康、精神饱满、膳食均衡、睡眠充足四个领域，因此结合中医、体育等特色主题的康养旅游产品更受他们青睐。从性别角度来看，女性在美容美体、养生保健方面的消费需求较大，同时该客户群体对养生商品的购买力也更强。从文化背景的角度来看，外国游客对中国的传统中医药养生、推拿、茶道、禅修等更感兴趣；中国游客也愿意去对体验不一样的泰式SPA、瑜伽等养生活动。另外从出行方式来看，尤其在经历了疫情之后，家庭游的比重将会持续上升，成为旅游消费市场的重要组成部分，亲子游、父母游、伴侣游等家庭游将会更加关注家人的健康，更倾向于选择康养旅游产品，家庭会成为康养旅游市场的主体。因此，在康养旅游产品策划和项目设计中，可以更多地考虑家庭游的特殊需求，在场地设计、人文关怀、无障碍设施等方面做足功课。

（三）经营主题特色化

目前，国内各地区依托其独特的气候、海滨、温泉等核心自然资源，以及自身优势与产业实际，因地制宜地发展出了不同主题的康养旅游相关产品，形成了各具特色的发展道路。例如，重庆横山镇依托其气候资源建设"天然空调小镇"，福建永泰依托其温泉资源建设"中国温泉之乡"。此外，旅游目的地的特有文化和特色产业也是构成旅游目的地吸引力的重要因素，比如山东济南平阴县依托其玫瑰和阿胶产业建设阿胶特色小镇；作为中国医药城的江苏泰州则大力发展中医药旅游。围绕区域核心吸引力资源，将康养旅游做到本土化的开发与建设，能够使当地的康养旅游产业具备其他地区无法拥有的特色优势，这是康养旅游产业不断发展的核心驱动力。

拓展阅读 4-3

（四）产品开发融合化

康养旅游本身就是旅游产业和康养产业相结合的产物，并非独成一体的行业，所以其产品的开发也具有很强的包容性。康养旅游与第一产业要素融合，以"三农"为载体，发展出康养农业旅游，并衍生出中草药休闲养生园区等新型业态；与第二产业融合，形成康养旅游地产等行业；与酒店、餐饮行业结合，衍生出温泉康养酒店、食疗餐厅等新型旅游产品；与体育产业结合，催生出运动康养旅游度假区、体育小镇等新的产业形态；与前沿科技行业相融合，利用5G、数字医疗、生物技术、人工智能、大数据等前沿科技开发出新的康养旅游产品，促进医疗技术和旅游服务的双发展，共同推动智能康养旅游产业体系的完善。

第三节　发展康养旅游的意义

随着康养相关政策的相继出台以及人们康养旅游需求的不断涌现，康养旅游市场大潮趋势渐渐明晰。康养旅游不同于一般类型的旅游活动，它有机地结合了康养产业和旅游产业,是一种迎合现代社会发展需要的、将健康养生和健康养老等元素与旅游活动紧密结合后产生的新的旅游形式。康养旅游产业的出现和发展不仅仅是一种市场趋势,对于现代社会发展而言具有十分重要的现实意义。

一、康养旅游的发展是经济社会发展的重要标志

社会学家认为人类有三大类需求,即生存需求、享受需求和发展需求。人只有在生存需求得到基本满足之后,才能把享受需求和发展需求提上日程。而旅游活动既是享受需求,也是发展需求。在贫困和温饱阶段,人们生产和生活的目标只是"吃饱、穿暖",有时为了生存还不得不在生活、劳动和其他活动中做一些损害健康的事情,如果生病基本也只能听之任之,往往是"小病靠扛、大病靠拖"。摆脱了生存需求的羁绊,脱离贫困、解决温饱以后,人的目标就会从"吃饱、穿暖"逐渐转变到"吃好、穿好、住好、用好",旅游行为也成了人们生活方式中不可或缺的一环。

随着人类健康意识的不断提高,康养产业应运而生并快速发展。党的十九大报告对当前我国社会主要矛盾作出与时俱进的新表述,"中国特色社会主义进入新时代,我国社会主要矛盾已经转变为人们日益增长的美好生活需要和不平衡、不充分发展之间的矛盾"。而"康养+旅游"正是弥补这种不平衡、不充分发展的重要产业,同时也是实现人民群众美好生活的重要载体。在旅游已经成为刚需的大背景下,再加之人民健康意识日益提高,发展康养旅游是大势所趋。所以说,康养旅游是社会经济发展到一定阶段的必然产物,也是社会经济发展的见证。

二、康养旅游促进了旅游业的转型升级

新冠疫情的出现带动了人们对于健康更深层次的关注,也成就了一次史无前例的全民健康教育,生命和健康的意义得到了最深刻的诠释。和其他行业相比,突如其来的疫情对旅游行业造成了尤其巨大的打击。此背景之下,康养旅游成为危机中谋求转型的重要市场。

相比于传统旅游中,游客看重并止步于开拓探索、"打卡"留念、体验尝试等目的,康养旅游则回归到了人类作为智慧物种本能的"想要活得长久而且必须健康有意义地活着"的终极目的。发展康养旅游,不断探索"旅游"和"康养"的契合点,开发富有特色的康养旅游产品,除了可以让广大的旅

游爱好者享受到热点聚集、业态丰富以及功能全面的现代化康养旅游产品服务，满足人类社会的终极目的，还有助于旅游业拓展新的发展方向，促进了旅游业的转型升级。在实现旅游业可持续发展的同时，康养旅游还是促进经济增长、实现以人为本的有效措施，是一次真正意义的产业变革与创新。

三、康养旅游满足了人们对美好生活向往的需要

国家卫生健康委员会数据显示，2018年我国人均预期寿命为77.0岁，但人均健康预期寿命仅为68.7岁。这表明我国老年人健康状况不容乐观，其中患有一种及以上慢性病的老年人比例高达75%，失能和部分失能老年人更是超过4000万人。也就是说，寿命的长短并不能衡量一个人是否过得好，还应该看他是否健康且有意义地活着。康养是指生命的全过程都能注重生存的质量，自我保重、自我保健、延年益寿，能够过一种愉快、健康和有意义的生活的状态。而康养旅游则可以使人们暂时脱离现实生活的常住地，去往康养旅游目的地进行身体、心灵健康的调养、修护与保健，进而更好地回归生活。

根据马斯洛需求层次理论，康养旅游属于自我实现需求。当到达自我实现需求阶段时，人们便不再受任何限制和约束，能够按照自己的意愿去完成自己想要的人生价值，而康养旅游正符合大部分人现阶段对于美好生活的向往和需求。旅游业与健康产业的有机融合，使得康养旅游成为最能体现人民幸福感的产业之一。

本章小结

本章主要介绍了康养旅游的发展历程，从世界和中国两个角度对康养旅游的发展历程进行了梳理与概括；归纳了康养旅游的市场发展现状：全球范围来看，全球康养旅游市场已成规模，主要分布在北美、欧洲和部分亚太地区，并且发展模式各具特色，从国内来看，我国的康养旅游具有起步晚、发展快，初步形成特色板块，供需不平衡的现状；并分析了我国康养旅游具有市场潜力巨大、经营主题特色化、市场需求多样化、产品开发融合化的市场特征；阐述了发展康养旅游对于经济社会、旅游业，以及对于个人的意义所在。通过学习与思考，熟悉康养旅游的发展历程，了解当今康养旅游市场发展现状以及特征，引导学习者分析并理解康养旅游行业的发展意义，从而具备一定的康养旅游发展理论基础。

思考与练习

一、单项选择题

1. 早期的康养旅游实践始于（　　）罗马帝国的温泉疗养 SPA。
   A. 10 世纪　　　　　　　　　B. 12 世纪
   C. 14 世纪　　　　　　　　　D. 15 世纪

2. 以下哪项不是中国康养旅游发展的关键时间节点（　　）。
   A. 抗日战争胜利　　　　　　B. 新中国成立
   C. 改革开放　　　　　　　　D. 加入 WTO

3. 最初的康养旅游形式以依托（　　）为主。
   A. 森林资源　　B. 温泉资源　　C. 海滨资源　　D. 文化资源

4. 从康养旅游的人数来看，目前（　　）地区最多。
   A. 亚洲　　　　B. 欧洲　　　　C. 大洋洲　　　D. 北美洲

5. 以下哪国提出将本国建设为"世界保健中心""亚洲健康旅游中心"。（　　）
   A. 德国　　　　B. 日本　　　　C. 美国　　　　D. 泰国

6. 以下哪国有着"温泉王国"的美称。（　　）
   A. 日本　　　　B. 中国　　　　C. 泰国　　　　D. 韩国

7. 20 世纪（　　）年代后，我国疗养事业逐步进行市场化的改革，由行政管理体制向企业化经营机制转变。
   A. 60　　　　　B. 70　　　　　C. 80　　　　　D. 90

8. 20 世纪（　　）年代开始，国内大众旅游兴起。
   A. 60　　　　　B. 70　　　　　C. 80　　　　　D. 90

9. 2012 年，（　　）率先提出打造"阳光康养旅游城市"，并在我国首次正式提出发展康养旅游的概念。
   A. 攀枝花　　　B. 重庆　　　　C. 贵阳　　　　D. 北京

10. 下列哪项不是我国康养旅游市场发展现状。（　　）
    A. 起步晚、发展快　　　　　B. 初步形成特色板块
    C. 供需不平衡　　　　　　　D. 地区分布均衡

二、判断题

1. 19 世纪 40 年代，法国的巴特·威利斯赫恩小镇创立了世界上第一个森林疗养基地。（　　）

2. 第二次工业革命后，康养旅游的服务项目从单一走向多元，开始利用森林、农场、海滨等更多资源。（　　）

3. 从增速来看，欧美地区的康养旅游人数增速最快。（　　）

4. 新中国成立后，我国康养旅游管理实行行政管理体制，并且服务对象主要是国家干部、劳动模范、国际友人等小部分人群。（　　）

5. 2016年1月，原国家旅游局发布《国家康养旅游示范基地标准》，并确定了首批5个"国家康养旅游示范基地"。（　　）

三、简答题

1. 简要梳理和概括世界以及中国的康养旅游的发展历程。

2. 归纳目前全球康养旅游较发达的国家有哪些，并简述其核心特色是什么。

3. 简述国内康养旅游发展现状。

4. 简述康养旅游市场的发展趋势。

5. 简述康养旅游发展意义。

四、论述题

1. 请思考为何泰国的康养旅游多年来能持续稳步发展，并在该领域与其邻国的竞争一直处于优势地位？哪些方面值得我们去借鉴？

2. 结合中国文化背景、社会经济文化发展现状以及康养旅游的发展趋势，你认为我国发展特色康养旅游，可以发展哪几种？请简述原因。

第五章

康养旅游的类型

本章重点

本章内容包含不同主题康养旅游的概念、内涵、特点和主要内容,重点讲解森林康养旅游、温泉康养旅游、中医药康养旅游、运动康养旅游、康养旅居,简要介绍其他主题类型康养旅游的概念及相关内容,包括文化康养旅游、医疗康养旅游、乡村康养旅游、膳食康养旅游。

学习要求

通过本章的学习，学习者能够掌握各类康养旅游的基本概念、内涵，熟悉各类康养旅游的主要特征，了解各类康养旅游主要产品内容，从而建立系统全面的康养旅游项目认知、具备各类康养旅游基础知识，为其从事相关行业建构清晰的理论认知和指导服务的标准优化。

本章思维导图

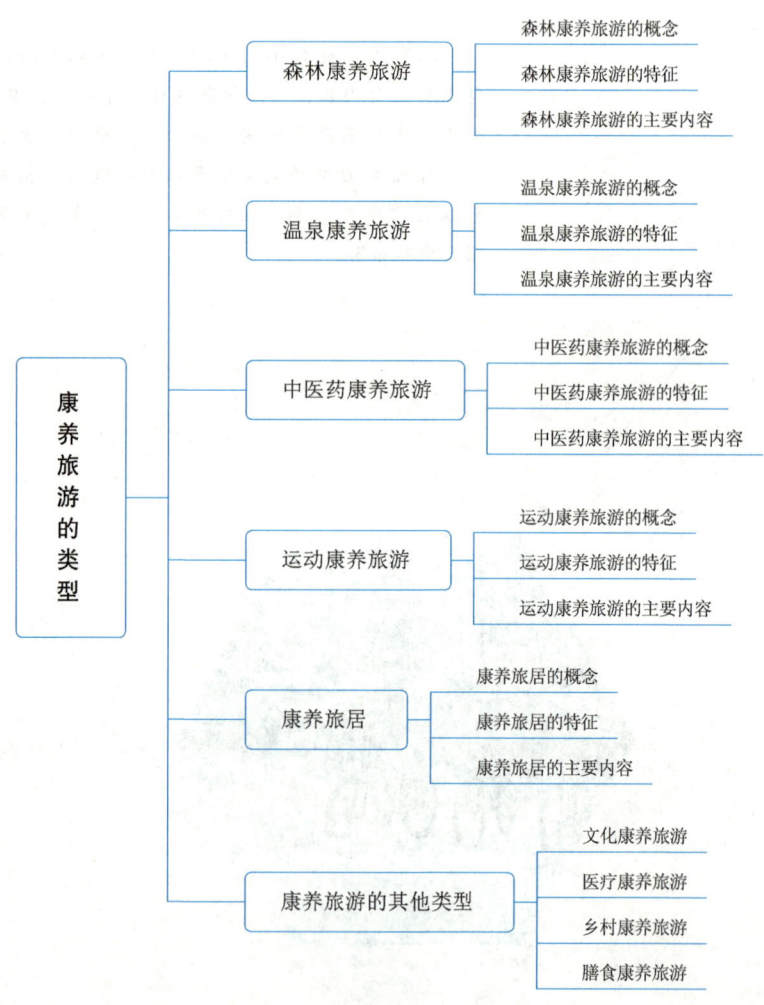

第一节　森林康养旅游

森林作为维护生态平衡的重要主体和人类赖以生存的自然环境，人类在几百万年的进化史中，大部分时间与森林都是密切接触、和谐共处的，可以说森林是人类生命的摇篮和最早的家园，也是早期的人类文明"走出森林、建立城镇"的一个起点。如今随着社会文明程度的提升和全球经济的飞速发展，群众生活水平日益提升并对生活品质追求越来越高。与此同时，城市人居环境不断恶化，城市人群面临快节奏、高压力的工作状态，亚健康、人口老龄化问题日益突出，心理和精神疾病频发，健康养生成为目前社会的热点。而森林具备丰富的自然疗养因子，是天然的康养场所和大健康产业的最佳载体。目前我国森林资源丰富、分布较广，森林覆盖率达22.96%，面积2.2亿公顷，因此基于优良生态环境、益于身心健康的森林康养旅游产业应运而生。

一、森林康养旅游的概念

森林是一个复杂的概念，既体现了客观存在的自然事物，同时也蕴含了文化和政治维度。随着人类社会文明发展，森林的内涵也逐步丰富具体和量化，森林具有涵养水源、吸收二氧化碳、滞尘等良好的生态功能，以及富含负氧离子、舒适气候的优良自然环境，是人们游憩、休闲、保健、疗养的优良场所。

基于以上对森林的认知，以及人类社会发展中逐步强化的健康理念，德国、日本、韩国等发达国家率先意识到，"回归自然、走进森林"将有益于人类身心健康，促进社会可持续发展，并提出了森林浴、森林疗养、森林医学、森林医疗等概念。森林康养作为一个新的概念，与之前提出的森林浴、森林疗养、森林医学等概念既有其重合之处，又有一定的差异。森林康养延伸和拓宽了森林浴、森林疗养等概念的内涵，覆盖了旅游、休闲、养生、健身等内容，其受众更广、内容更丰富。目前学术界尚未形成统一定义，不过已达成了普遍共识。邓三龙提出，森林康养是指把优质的森林资源与现代医学和传统医学有机结合，开展森林康复、疗养、养生、休闲等一系列有益人类身心健康的活动。森林康养包含森林浴、森林疗（休）养等概念，并突出了

"康"。刘朝望认为，森林康养旅游是依托森林生态系统，利用森林环境资源发挥保健作用，结合森林观赏、静养、体验、运动、娱乐、饮食等，帮助游客实现身心健康的旅游活动。本书认为，森林康养旅游是以传统中医药康养保健理念和现代医学理论为科学依据，以丰富旖旎的森林景观、优质富氧的森林环境、健康养生的森林食品等资源为依托载体，配套相应的养生休闲设施、医疗服务设施及康体运动设施等，通过开展各类森林休闲度假、康体疗养、养生保健等旅游服务活动，达到修身养性、调适机能、养颜健体、养生养老目的的旅游活动。

从以上的定义来看，森林康养旅游有以下内涵：一是自然生态的森林资源是基础，包括具有一定规模的集中连片植被、充足的阳光、氧气、植物精气、空气负离子、洁净的水质、优美的山水景观等疗养因子。如植物精气有镇痛、驱虫、抗菌、促进胆汁分泌、解毒、放松神经、集中注意力等生理功效。可以说没有优质的森林资源为依托，森林康养旅游也就不复存在。二是具备健全的旅游基础设施和高端的康养配套设施，有技术精良的康养从业人员，为旅游者的养生、养心、养神之旅提供保障。三是森林康养旅游是一种特殊的旅游活动，不仅具备旅游的一些基本特征，还具备自身独特的属性。其特殊在于旅游者旅游的根本动机为恢复、维护和促进身体健康，旅游方式为前往森林康养旅游基地开展各类森林游憩活动、休闲娱乐活动以及疗养活动，从而实现旅游者身体素质和亚健康状态的改善。

二、森林康养旅游的特征

（一）资源依赖性

森林康养以丰富的森林景观资源、优质的森林环境资源、深厚的养生文化资源作为发展基础，因此呈现出高度的资源依赖性。首先需要具备优质的森林景观和独特的地形地貌，有稀、古、新、奇的一定规模的植被覆盖，在保障生态功能的前提下可进行森林景观的优化打造。其次需要具备良好的森林生态环境，包括优质的水源、清新的空气、高负氧离子含量、丰富的植物精气、适宜的光照、风速、温度和湿度及相对安静的环境等，这也是保障人们养生、养心、养颜的核心资源。部分景区还需要有独具特色的民风民俗和养生文化，通过对当地森林文化、林区民俗的接触体验与感悟理解，增加游憩的趣味性，达到陶冶情操的效果。

（二）专业知识性

森林康养不仅仅是一般意义上的森林旅游，必须以科学的健康管理知识和医疗技术为支撑。一方面，舒适安静的森林环境可减轻都市人群的焦虑压力，优美的自然景观可陶冶情操，获得身心愉悦的感受，同时森林释放的一种名叫植物杀菌素（芬多精）的物质，具有增强人体免疫力、抑制癌细胞生长的特殊医学功能；另一方面，需要依据现代中西医疗技术资源和健康管理知识，结合当地森林资源环境，因地制宜地开发医疗健检型旅游产品和提供专业的健康管理与咨询服务，如进行专业的医疗检查、康复理疗、特殊的营养膳食、多种维生素矿物质治疗、水疗等。

（三）产品丰富性

一般来说，森林康养旅游基地占地面积较大、自然资源丰富、地理位置较远、民风民俗淳朴，可开发打造的康养旅游项目类型较多。因此，发展成熟的森林康养旅游基地具备丰富或特色的森林康养产品体系和完善的配套服务设施，以满足康养旅游者的多样化需求，同时也能让远道而来静心休养的旅游者留得下来。如以森林观光、森林浴、冥想静养等主导的静态康养产品，森林太极、森林瑜伽、垂钓、丛林穿越、山地自行车等动态体验性的康养产品，还有康复中心、疗养中心等医疗设施及基本的生活服务设施。

（四）功能多样性

随着森林康养旅游的发展和旅游者的多样化需求，森林康养旅游基地逐步由资源导向的健康保健旅游，向需求驱动的复合型康养生活目的地进行演变。鉴于森林康养旅游基地具有的多样化产品体系，森林康养具备修身养性、康体疗养、养颜养老、休闲度假等众多功能，如有针对城市青年群的森林运动、瓜果采摘、丛林探险等体验性活动，从而增强其体魄，提升其精气神；针对有慢性病老年人的森林浴、森林瑜伽、森林冥想等服务，以达到健康疗养、增强体质的功效。

三、森林康养旅游的主要内容

（一）森林主导康养旅游

森林主导康养旅游，是指以森林自身良好的自然资源、景观环境为主体，开展以森林生态观光、森林静态康养为主的康养活动，让旅游者置身于大自然中，主要通过森林自然疗养因子使旅游者放松身体、陶冶性情，维持和调节身心健康。首先，森林能释放大量有益于人体健康的物质，尤其是森林瀑布区的空气中富含负氧离子，能调节人体中枢神经系统活动，消除紧张情绪、减轻心理压力，预防和改善呼吸系统的疾病，促进新陈代谢、提高身体机能；其次，森林环境因子——芬多精（植物杀菌素）在森林康养中也发挥着重要作用，它能使旅游者身心处于放松状态，并且通过 NK 细胞消灭肿瘤细胞，由此有学者推断，森林浴可能具有预防癌症发生及发展的效应。具体产品例如森林观光、森林浴、植物精气浴、负氧离子呼吸体验、森林冥想和林间漫步等。

森林主导康养产品是森林康养旅游产品的基础形态，也是发展和丰富森林康养旅游产业的必需产品。早在 19 世纪 40 年代，德国便在巴特·威利斯赫恩镇创建了世界上第一个森林浴基地，并将森林康养作为基本国策，该国公民在森林公园的开销均可列入国家公费医疗的范围。随后日本结合德国和苏联的森林康养经验，于 1983 年发起"入森林、浴精气"的森林浴运动，将森林疗养基地认证和森林疗养资格考试制度化、规范化，目前已成为森林康养效果测定方面最先进、最科学的国家。

（二）森林运动康养旅游

森林运动康养旅游是指旅游者前往森林康养旅游基地，主动地通过筋骨舒展和肌体运动，来增强身体机能的活力、提升身体素质和促进身心健康的旅游活动。这类活动主要针对追求时尚刺激的年轻群体或户外运动爱好者，开展以"动"为特色、以"康"为目的的森林探险和森林娱乐等森林休闲活动。由于我国森林地形地貌形态各异，自然资源禀赋条件优良，可开发的运动型康养旅游产品丰富多彩，具体产品例如丛林穿越、森林瑜伽、徒步越野、森林太极、森林 CS、定向运动、森林空中索道、森林素质拓展运动、森林球类运动、山地自行车、山地马拉松等。

图 5-1 在森林骑自行车的人

(三)森林体验康养旅游

森林体验康养旅游,是指旅游者通过各种感官(听觉、视觉、嗅觉、触觉等)感受大自然的声、色、生命力,认知森林及其环境、回归自然的康养活动。此类产品主要有:一是森林食品体验,指旅游者通过健康规律饮食和药膳疗养等方式改善身体机能,如食用养生药膳、高山蔬菜、食用菌、高山茶叶,以及开展森林采摘活动。二是森林文化体验,指旅游者前往森林康养场所,通过参观森林体验馆、康养文化馆,参加民俗活动等方式,感受当地特色民俗文化、历史文化、宗教文化和养生文化的熏陶,使文化知识得到充实,精神世界感到富足,精神压力得到缓解,是养气层次向养心层次的过度与升华。如参加森林野外活动课堂,参观森林体验馆、森林博物馆、森林康养文化馆、森林康养宣教园等。三是森林休闲体验,指旅游者在森林康养场所开展有益于身心健康的休闲娱乐活动,如森林露营、森林药浴、森林康养木屋旅居、芳香疗养等。

(四)森林医疗康养旅游

一般来说,森林医疗康养旅游活动消费较高,旅游者目的性较强。主要包含两方面内容:一是针对"未病"或"已病未知""复查"的旅游者,开展健康咨询、健康检查、健康档案管理等一系列健康管理服务活动。具体产品项目例如健康管理中心、健康检查评估中心和康养培训学校等。二是依托良好的森林自然环境,针对亚健康、不健康或注重健康的旅游者,辅以专业的森林康养人员和完善的人工康养设施设备,运用科学的医疗知识和先进的医疗技术,开展以诊治、保健、康复、疗养、养颜和养生为主的旅游活动。具体产品项目例如森林颐养中心、森林疗养中心、森林康复中心、森林养生苑等。如荷兰 Groot Klimmendaal 森林医院、瑞士 Arosa 森林健康中心均是位于馥郁丛林之中,在天然疗养之地配备完善的医疗诊室、康复疗养设施、健身娱乐设施等,将森林与医疗康养相结合,成为如今越来越热门的康养旅游方式。

拓展阅读 5-1

第二节 温泉康养旅游

我国温泉资源众多、分布较广,是世界上温泉最多的国家之一,同时也是利用开发最早的国家之一。先秦时期的《山海经》就有"温泉"的记载,北魏时期郦道元所著的《水经注》和北周庾信写的《温泉碑文》,均多次记载温泉及其可"愈百病"。秦始皇为治疗疮伤而营建"骊山汤",由此开启了我国温泉养生的先河,随后,温泉养生得到了各朝各代上至帝王,下至平民的一致青睐。由此可见,我国的温泉文化可谓历史悠久、源远流长、灿烂辉煌。在古代,温泉常为帝王将相等尊贵之人所独享,而随着生产力、社会文明的发展和人们对健康的关注,温泉康养旅游因其疗养、休闲功能日益成为大众化活动,全国各地也纷纷兴起了建设功能完善的综合性温泉康养旅游小镇的浪潮。如今的温泉康养旅游是在古代的"浴汤"活动基础上发展而来的,其活动动机也从追求尊贵身份的象征、疗养身体的功效和灵魂皈依的境界,逐步延伸到休闲娱乐、康体疗养和释放心灵等多样化的目的,即我国温泉旅游发展经历了神坛时代、疗养时代、休闲时代、综合康养时代。

一、温泉康养旅游的概念

关于温泉康养旅游的概念界定学术界的研究和提法较少,但相关概念涉及温泉养生、温泉旅游、温泉养生旅游等,在研究过程中也逐步趋于在康养视角上研究温泉旅游或研究温泉旅游的养生功能和养生文化。泰国学者 Nipon Chuamuangphan 认为温泉康养旅游包含三个方面,游客通过热水进行治疗,改善身体状况,达到休闲放松的目的,是游客出于对健康的关心而开展的温泉旅游活动。许春华和王曙认为,所谓温泉康养就是感受温泉沐浴和温泉文化,以消除疲劳、滋养身体、缓解压力乃至治愈疾病的相关活动的总称。王立红提出,温泉康养旅游就是将温泉元素及其诸多功效融入康养旅游活动之中,以达到养生、养身、养心目的的各种温泉旅游活动的总和。根据《国家温泉康养旅游项目类型划分与等级评定(2017-LB-01)》,温泉康养旅游是以具有保健、疗养等功效的温泉资源为依托,以温泉疗法为主要手段,提供以健康养生、预防保健、康复疗养为主要功能和特色服务的康养旅游活动的总和。另外,部分学者对温泉养生的概念作出了界定。沈雁飞、王晓刚认为,"温泉养生"有狭义和广义之分,狭义上指温泉疗养与保健,即利用温泉的物理特性、温度及冲击达到疗养身心的功效;广义上是指结合了一系列温泉沐浴相关的休闲娱乐、康体健身、健康疗养活动,形成综合性的温泉养生体系。

综上所述,本书认为温泉康养旅游是一种以康养为主要目的,以温泉为载体,利用温泉体验、健康咨询、运动健身、营养膳食、健康教育、修心养性、文化活动、亲近自然、关爱环境等各种有利于健康的综合手段,以保持和促进游客在身体、心智和精神上的平衡与良好状态的各种温泉旅游活动的总和。

从以上概念来看，首先，优质的温泉资源是温泉康养旅游的核心价值所在，它包含"温泉水、温泉景观、温泉文化、温泉设施（旅游基础设施和疗养设施）"等几个基本要素。因此开发温泉康养旅游需要从以上几个要素出发，即保护优质的温泉水和泉源，结合当地地域文化和地形地貌打造优美的温泉景观，营造独特的温泉文化氛围，以及建设舒适便捷的温泉设施。

其次，温泉康养旅游活动内容丰富，除了狭义上通过泡温泉的方式达到疗养的功效，还融入了休闲、度假、娱乐、文化体验等元素，形成了以温泉沐浴为核心的综合性、多功能的休闲娱乐和康体疗养活动体系，以满足人们的身心愉悦。如休养温泉以放松身心、休闲度假产品为主题，可设置园林温泉、文体活动、棋牌娱乐、小食餐饮、推拿按摩等产品；保养温泉以美容养颜、美体美肤产品为主题，以 SPA 瑜伽、中医艾灸体现东方养生文化，可设置主题养生温泉、瑜伽塑身、艾灸养生、SPA 美容美体、营养配餐等产品；疗养温泉以预病治病、康复疗养为主题，充分利用温泉矿物质功效和运用先进水疗技术，可设置健康管理、水疗康复温泉、康复理疗、水疗运动、医养配餐等产品。

同时，依托丰富的内容，温泉康养旅游活动的功能也呈现多样化、全方位的形态，即注重"康体、康疗、康乐"和"养身、养心、养颜"的三效合一。如温泉水的高温可以促进毛细血管的扩张、舒缓精神压力，温泉的有益矿物质元素可渗透皮肤疗养身体，借助温泉康养基地周边的地形地貌打造的旅游景观可令人赏心悦目、心情舒畅，配套的运动健身项目和休闲娱乐项目可让旅游者在活动中舒展筋骨，在趣味体验中释放自我。

此外，温泉康养旅游实际上是一种以温泉为依托、以康养为目的旅游活动，其行为是介于家庭、工作、日常生活和医院之间的一种中间状态，不同于常规的生病到医院治疗和单一的休闲娱乐行为。温泉康养旅游需远离日常生活空间，以医学理念为指导，充分利用温泉中富含的微量元素及良好生态环境等自然疗养因子，配套相应的旅游服务设施、康体疗养设施、休闲娱乐设施，以提供旅游服务活动的形式呈现。

二、温泉康养旅游的特征

（一）季节性

一般来说，旅游业的季节性是由于气温变化而导致了景观四季变化，使得人们选择在最佳时间去观赏景色，而温泉康养旅游是皮肤直接接触体验温泉的活动，因温泉资源的特殊性和气候温度的变化，使其旅游市场的淡旺季更加明显。历史上人们一般选择在春秋稍有寒意的时候去暖身，春秋时节是温泉康养旅游的高峰时期，而夏季炎热和冬季寒冷时期，是温泉康养旅游的淡季。如今随着温泉旅游度假综合体的兴起，可以在建设时充分挖掘温泉以外的其他资源，开发多样化、互补性旅游项目和产品，开展节庆赛事活动和会展旅游，尽量规避温泉康养旅游的季节性特征。

（二）稀缺性

温泉资源是温泉康养旅游目的地的核心因素和基础条件。一处温泉质量的高低主要受到水温、水量以及矿物质含量的影响，优质的温泉资源平均水温较高，温泉水含有氡、硫、钾、钙、氟等多种对人体有益的微量元素，出水量丰富，动态稳定，各项指标均符合国家治疗用热矿水的标准。温泉的分布受到地质结构和生态环境的影响，属于非遍在性的旅游资源，因此温泉资源具有稀缺性和地域性，不同于人工景观的可复制。据统计，我国的温泉资源主要集中在北京、山东、辽宁、河南、广东、福建、云南、重庆、四川、海南、西藏与台湾等省市。

（三）疗养性

从温泉康养旅游发展的历史进程来看，人们外出开展温泉旅游活动的目的经历了"治疗疾病—休闲娱乐—感知体验—综合康养"四个阶段，而医疗、保健、养生功效是温泉康养旅游赖以发展的基础。现代的康体观念不仅指温泉在物理和化学方面的疗养功效，而且还包括精神、心理层面的享受。温泉的物理功效主要体现在：一是通过温泉水的压力、浮力综合作用于人体，刺激肌肉和软组织，使得关节与肢体活动都比较省力灵活，有利于水下按摩、消肿止痛、关节功能训练，以及神经麻痹、关节僵硬、肌肉瘫痪的疗养康复，同时促进消化系统功能，改善心血管功能性疾病。二是温热浴的水温（一般为36℃~39℃）超过健康人的皮肤温度（约34℃），身体接触温热适中的温泉水时，能降低神经的兴奋性，促进皮肤血管扩张，加快血液循环，使血压下降。通过温泉浴，可以温经通络、畅达气血，减轻脑溢血后遗症、动脉硬化、神经过于兴奋、植物神经失调、早期高血压、冠状动脉供血不足等。温泉的化学功效则体现在，温泉水相比普通水类富含人体所需的氮、钾、钠、钙、钾、氡等生命元素，通过饮疗法、呼吸疗法和浸泡疗法等方法发挥药物化学作用，对治疗皮肤病、糖尿病、痛风、神经痛、关节炎等均有一定效果。同时，温泉康养旅游场所还具备舒适的生态环境、多样化的休闲娱乐项目和独特地域文化，从而使游客达到身心愉悦的双重保健疗效。

（四）休闲性

随着休闲旅游产业的发展和温泉康养旅游的业态拓展，很多温泉旅游区已经逐步摆脱单一洗浴疗养的功能，形成了集休闲度假、观光娱乐、保健养生于一体的综合功能性休闲度假目的地,表现出显著的休闲特性。其主要以温泉沐浴文化为基调,设置棋牌娱乐、推拿按摩、文体活动、小食餐饮等业态。如昆明柏联温泉度假村,拥有超五星级的柏联精品酒店和亚洲第一的SPA温泉,游客在这里可泡温泉、做SPA、研习瑜伽、欣赏茶道、逛花市、品美食、打高尔夫、游石林……悠然享受高品位、特色化的休闲度假生活和个性化服务,是人们心中梦寐以求的温泉休闲度假胜地。

三、温泉康养旅游的主要内容

(一)自然生态型

自然生态型温泉康养旅游产品,主要是指依托旅游地优美的山水景观、舒适宜人的生态环境而开发的"观光+温泉体验"的产品,游客通过置身于大自然中而舒缓心情、释放压力。如日本著名的箱根温泉小镇,就是以其得天独厚的自然资源发展而来,拥有富士山、大涌谷、芦之湖、飞龙瀑布、仙石原沼泽、神山、早云山、仙石原、芒草原等自然观光资源,当地观光休闲旅游产业发达,被誉为"东京后花园"。另外,此类产品亦可将温泉资源与生态农庄开发有机融合,按照"温泉生态庄园"的模式开发,以地热营造温室,发展温泉生态农业项目,创造出极具特色的温泉泡浴场所,如北京的蟹岛温泉旅游度假村、地热博物馆等。

图5-2 四川凉山螺髻山九十九里温泉瀑布

(二)运动娱乐型

运动娱乐型温泉康养是指温泉与运动游乐项目相结合的旅游产品,核心是在温泉泡浴的基础上,通过发展满足旅游者体验性、参与性需求的运动游乐项目,有力提升温泉度假村的整体吸引力,如水游园、滑雪场、高尔夫等运动均可与温泉结合。世界闻名的法国薇姿温泉小镇,以火山温泉出名,也是法国主要体育赛事和赛马场所,拥有80多个运动俱乐部和丰富多样的运动设施,薇姿镇将两者充分融合,开发了马术、登山、健身等与温泉水疗相结合的多种特色运动,吸引全世界运动爱好者慕名而来。

(三) 休闲度假型

休闲度假型温泉康养旅游产品主要是按照"度假地产＋温泉旅游"结合发展的模式,以大型或超大型温泉主题休闲区为开发形式,将温泉资源与周边资源充分结合,打造集观光疗养、休闲度假、购物娱乐、会议接待为一体的温泉度假村,主要面对高端休闲度假人群,旅游者消费高、停留时间长。如日本的布院温泉小镇以温泉为核心元素,融合了电影、音乐、艺术、原创手工艺等休闲娱乐元素,通过十余年的发展,新兴的布院温泉小镇成为日本当地人气最高、最受女性喜爱的时尚温泉小镇之一。

(四) 医疗康复型

医疗康复型温泉康养旅游产品是指主要利用温泉的疗养功效,配套专业的医疗设施设备和医疗服务人员而开发出的系列产品,如:疗养院浴疗、天然温泉医疗、温泉饮疗、温泉蒸箱浴、中草药分池药浴、温泉美容系列保健品、温泉美容针灸、按摩等。法国依云温泉小镇就是医疗温泉的典型代表。依云温泉是全球唯一的天然等渗温泉,依云水对一些疾病有显著的治疗效果。根据这一特性,小镇成立了"依云水治疗中心",可针对消化道和新陈代谢相关疾病、尿路系统疾病、风湿及关节外伤后遗症等,提供专业诊断和定制化温泉治疗方案,主要包括温泉淋浴、温泉泡浴、温泉理疗、温泉SPA等服务内容。

(五) 文化体验型

文化体验型温泉康养旅游产品是指在温泉旅游开发中,将温泉文化、养生理念和当地民俗文化深度挖掘、创新,并融入温泉旅游产品中,赋予其更多的内涵和价值,带给旅游者更多的文化体验和感知的旅游产品。如中国温泉旅游产业的开创者御温泉,以温泉文化为核心,创新设计温泉文化体验,将中国温泉旅游带入了一个全新的领域;浙江武义通过每年10月举办的中国武义温泉节暨养博会,向世界展示了武义悠久的历史文化、浓郁的人文风情、独特的养生资源和丰富的旅游产品;昆明柏联温泉度假村在温泉项目的打造过程中,充分融入柏联SPA体验文化、浓郁的佛禅文

拓展阅读 5-2

化、火山文化，同时在建筑方面以南亚特色的建筑风格为主，并注重融合地域文化的特色，凝聚出独特的品位、创意和文化内涵。

第三节 中医药康养旅游

中医药是我国独特的医疗卫生资源、具有原创优势的科技资源、潜力巨大的经济资源、重要的生态资源和优秀的文化资源。随着人们生活水平的提升和对健康的关注，康养旅游业近年来呈现出不断向好的趋势，康养旅游的目的是为了放松身心和疗养身体，这点刚好与"天人合一"的中医理念相吻合。将康养旅游和中医药融合起来，是中医药的跨界延伸和康养旅游业的创新融合，中医药高深的理论知识融入人们的日常生活，顺应了消费升级以及大众对健康生活追求下的市场趋势。中医药康养旅游有着深厚的文化底蕴，区别于其他传统旅游的模式。它通过将中医药材使用、传统医疗方法诊治和中医养生文化熏陶等方式融入旅游活动中，进而产生一种新兴的旅游模式。这种新兴的"文化+健康+旅游"发展模式不仅带来了相关产业的繁荣，更能为我国发展带来巨大的综合效益，是我国产业结构调整的方向和促进大众消费升级的关键。

一、中医药康养旅游的概念

当前学界将中医药与康养旅游结合的研究相对较少，关于中医药旅游的概念最早出现于2000年，王景明、王景和提出"中医药旅游是生态旅游的分支之一，以丰富的资源优势和博大精深的民族传统文化为发展的基石，是中医药的延伸和旅游业的扩展"。张文菊等则认为，中医药旅游与生态旅游只是存在着一些交集，并没有完全隶属于它。随着中医药旅游的发展，陆续有学者提出了中医药专项旅游、中医药文化旅游、中医药文化养生旅游、生态型中医药旅游、中医养生旅游、中医健康旅游等概念，它们与中医药康养旅游的概念内涵存在着不同程度的交集和差异。朱琳认为，中医养生旅游是中医药产业与旅游产业融合的产物，它依托中医药资源和养生保健服务设施，以中医药文化独特的理论体系和内容为基础，将现代科技和古代养生理论相结合，在环境适宜的景区景点实现中医养生的生活方式产品化，通过旅游活动的参与，实现修身养性、增强体质的专项旅游活动。中医药健康旅游是以中医药的文化、健康理念及养生、康复、医疗技术方法体验为核心，通过多种旅游活动的方式，达到健康促进、疾病防控、文化传播目的的专项旅游。干永和着眼于游客的健康、养生保健目的，将中医药康养旅游界定为：以深厚的中医药理论体系和内容为基础，以健康、疗养、保健、医疗及观光休闲度假等为目的旅游活动。而在这些活动中所消耗的、以中医药理论体系为指导或者与中医药相结合的医疗、保健、康复、休闲、养生、观赏等产品或服务，统称为中医药康养旅游产品。结合学者的前期研究和中医药康养旅游发展现状，本书认为，中医药康养旅游是旅游发展到一定阶段后，以深厚的中医药文化内涵和独特的中医养生理念为基础，以旅游目的地各类中医药资源、中医医疗器械和康养方法为核心旅游吸引物，通过旅游的形式使游客由身体到精神实现康复疗养目的的旅游活动。

从以上概念来看，"中医药康养旅游"主要包括中医药、康养、旅游三个关键元素。第一，中医药是中国传统的医疗理念和手法、博大精深的中医文化、丰富珍贵的中药的总和，是独特的宝贵资源，也是中医药康养旅游活动产生的根本条件和核心依托，同时一定区域的优美的自然环境和深厚的人文底蕴是中医康养活动产生的辅助依托。第二，康养是旅游者前往旅游目的地的根本目的，是为了满足保健养生和治疗疾病的需求。第三，旅游是实现这一目的途径，旅游者通过在舒适的环境、优质的服务中接受疗养，体验中医药服务和了解中医药文化，从而达到身体康复和心情愉悦的双重健康。

二、中医药康养旅游的特征

（一）高消费

中医药康养旅游的高消费主要体现在：一是服务内容涉及面较广，在治疗方面如前期提供身体检测、预防诊断，治疗过程中保健按摩、水疗、药膳食补、针灸，美容养颜的芳香疗法，中医的太极、五禽戏、禅修等。同时，除了为旅游者量身定做理疗方案，还需要为旅游者提供住宿、安排游览或签证办理等一系列服务。二是一般来说，中医治疗需要较长的时间才能达到较好的疗效，因此中医药康养旅游活动游客的消费能力强，是一项经济效益大、带动性强的产业。

（二）专业性

中医养生讲究养、护、调、治，在康养旅游过程中，必然会涉及一些中医药知识，如"望、闻、问、切""针、灸、蒸、熏"等疗法以及中医药养生理论、中医文化知识，这就要求旅游目的地的医务人员具有精湛的治疗技术和渊博的专业知识，因此，专业性是实现真正的中医药康养旅游的保障。

（三）教育性

中医文化历史悠久，是我国三大国粹之一。其独特的理论体系和浓厚的历史文化底蕴，引起了越来越多的国内外旅游者的关注。旅游者在旅游过程中，不仅通过中医治疗方式实现了康复疗养，更是通过参观中医药博物馆，参加中医调养知识讲座，体验中医理疗技术，学习和感受中医养生文化，获取更多科学的养生知识和健康生活理念，进而在今后的日常生活中改变不良的生活习惯，提高对健康养生的重视程度，最终改善自身"亚健康"的状态，因此中医药康养旅游具有较强的文化教育性。

（四）普适性

大多数人都单一地认为养生只是针对老年人或是有慢性病的人群，而对于康养旅游来说，它适用于多种追求健康的各年龄阶层的人群。中医药康养旅游者不一定是病人，而是重视健康、关注身体、追求高品质生活的人，目的是在旅游过程中舒缓心情、学习中医养生知识和疗养身体。因此，中医药康养旅游不同于传统的医疗旅游，具有一定的普适性。

三、中医药康养旅游的主要内容

本书主要从旅客体验方式的差异入手，将中医药康养旅游分为以下四个类型。

（一）中医医疗类

中医医疗类康养旅游是开展以体验中医医疗服务以及特色中医医疗项目的旅游活动，旅游者主要是为了治疗疾病、康复疗养或改善身体健康状况，到具备中医（中西医结合）医院、中医馆、中医门诊部等中医药医疗服务机构的旅游目的地就诊，病人多患有慢性病或其他疾病。如国内最早运营的"中医疗养游"的三亚中医院，借助三亚市优越的地理环境及旅游资源，与中医理疗相结合，寓休闲于治病，寓治病于休闲，吸引国内外众多患者来此治疗疾病。陕西铜川孙思邈中医堂是特色的"连锁"公办中医院的代表，截至2020年，在铜川已有128家，其中市级4家、区县级4家、乡镇级60家、村级60家。铜川市为大力推进中医药事业发展，结合当地"一代药王故里，千年养生福地"的特色中医药文化和传统中药材产业优势，兴建铜川孙思邈中医堂，配备针灸器具、推拿床、刮痧板、火罐、中药柜等中医药设施，开展汤药、理疗、针灸、拔罐、推拿、刮痧、贴敷等中医传统诊疗，提供中医健康指导、中医体质辨识和中医调养服务，让传统的中医诊疗服务回归大众，让特色的中医文化代代相传。

（二）养生保健类

养生保健类康养旅游是以体验中医药推拿、药浴、药膳、艾灸、刮痧等服务为目的的旅游。这类旅游者多是"亚健康"或患有慢性病、"城市病"的人群，想要通过中医养生的方式提升身体素质，加强免疫力。提供服务的主要机构有康养小镇、温泉酒店、度假村、生态健康园、中医养生馆、足疗馆、药膳坊等。如重庆金佛山药浴温泉城，将当地优质的温泉资源和中药材资源融合开发，研制出特色的"药泉"，具有很好的养生保健功效。浙江桐庐健康小镇作为"中医药鼻祖圣地"，以富春山水原生态和"桐君"国药文化为依托，打造国内首个将中医药"治未病"理念和健康管理科学体系有机结合的江南养生文化村。在睡眠诊疗上，江南养生文化村摒弃化学药物干预的治疗方式，从环境、饮食、运动、医疗、心理、生活习惯六大方面帮助游客调理身体机能和养成良好睡眠质量，并同步结合养生旅游度假村式园区服务，让治疗与康体保健、身心舒压完美融合。

图 5-3　具有养生保健作用的药膳鸡汤

（三）文化教育类

文化教育类康养旅游是以参观、游览、体验与中医药相关的医学知识、药学知识、历史文化遗迹、文化创意、文博展览，或参加职业教育、中医技能培训等服务为目的的旅游。此类旅游者多是中医药文化爱好者或者中医药养生从业人员，提供服务的主要机构包括中医药博物馆、中医药文化馆、中医药历史古迹、药用植物博览园、中医药文化教育培训中心、历史名人故居（旧址）等。如北京的同仁堂博物馆通过展出近千件珍贵的历代文物，揭示了中医药文化形成、发展的历史进程，以及同仁堂对传统中医药文化的传承和创新发展之路。上海中医药博物馆是我国目前具有较大规模的中医药史专业博物馆，其历史悠久，馆藏文物1万多件。博物馆通过"天圆地方"为设计理念的建筑形态、巨幅地面铜雕"中医药千年回响""精、气、神"雕匾、"针灸铜人"互动场景、"太医署"多媒体场景、诊脉体验等，鲜活而生动地诠释了中医药文化、中医药发展的千年历程乃至中国文化的博大精深。

（四）健康产业类

健康产业类康养旅游是以体验与中医药健康相关的产品研发、生产加工销售、制作工艺展示或体验等服务为目的的旅游。这类旅游者大多数是为了购买中医药养生相关产品，达到治疗疾病和养生保健的效果。此类旅游模式是中医药旅游、康养旅游、工业旅游的融合和延伸，为中医药康养旅游基地的发展带来极大的经济效益，提供服务的主要机构有健康产业园、中医药企业等。如东阿阿胶生物科技园，以科普走廊形式带领游客参观工厂内生产车间，通过互动多媒体等技术让旅游者参与到中医药产品的生产制作环节中，从而展示三千年的阿胶历史文化和产品知识，弘扬中医药文化；再如浙江屏南药膳小镇，境内群山连绵，河流纵横，雨量充沛，四季分明，自然环境很适合青草药生长，药膳资源丰富且品质优良，是中国本草养生文化之乡、全国民间药膳示范县和中国本草养生文化传承基地，因此小镇依托其悠久的药膳历史文化、长寿文化和丰富的药膳资源，通过发展生态养殖业、绿色种植业，开发具有特定保健功能的生态健康食品，创建了药膳养生、延绵益寿的地方特色品牌，同时结合生态观光、农事体验、食品生产加工体验、餐饮制作体验等旅游活动，形成药膳资源的产业转化，推动健康食品产业链的综合发展。

第四节　运动康养旅游

随着旅游消费需求向商、养、学、闲、情、奇的市场趋势转变，运动旅游作为一种生活方式越来越受到人们的推崇，成为新的消费热点。运动旅游与康养产业两者同为"幸福产业"和"朝阳产业"，在康体健身、休闲运动、养生旅游等方面具有高度的产业关联，运动康养旅游是实现全民健身和全民健康深度融合的必然选择。在大健康、大休闲的环境下，人民群众对生命质量的需求和健康意识不断提升，"运动康养"这种以运动处方为核心，以体育运动为手段，通过整合运动康复学、中医学、西医学等知识体系，形成的专门针对未病、慢性病和病后疗养康复的医疗保健形式，逐渐成为"刚需"。这种运动旅游的方式，不仅能满足人们观光、休闲、度假的需求，又能强身健体、休养身心，迎合了时代发展潮流，成为新的体育旅游消费热点。

一、运动康养旅游的概念

运动康养旅游是基于康养旅游产业融合背景下的新产业、新业态。目前学术界更多地侧重于研究休闲体育与康养产业的融合发展路径、策略，对运动康养旅游的概念内涵研究还处于初级阶段，并未形成统一、清晰的认识。李东认为，康养休闲体育旅游是以具有疗养因子的自然和社会环境为载体，运用"天地人"合一的整体观，针对"未病""欲病""已病"群体的体质、年龄差异，科学制定养生、养老休闲运动"处方"，对健康进行有效组织管理，使游客在旅游过程中身体、心智和精神上都达到自然和谐的优良状态的休闲度假旅游方式。其目标是"关注生命"，基础是强调"天地人合一"，载体是"健康管理"。相关的概念还有体育养生旅游、体育旅游、体育养生、运动旅游、康养旅游等。梁勇建认为，体育养生旅游是指结合特定的自然及人文环境，观赏、体验或参与各类以体育为内容的修养活动，使人们乐在其中，注重其身心和谐，增强其对外界环境适应能力的活动形式。邓开艳提出体育养生旅游是指以旅游资源为依托，通过观赏、参与各类以养生为目的的体育活动，从而促进身心和谐发展，丰富社会文化生活的旅游活动形式。本书结合众多学者的相关概念，对运动康养旅游进行了概念界定：运动康养旅游是一种建立在自然生态环境和人文文化环境基础上，通过健身、休闲、康体、游乐等运动形式，将健康养生理念寓于运动旅游中，对旅游者的身体、心理进行科学系统调控和疏导，开展以强身健体、修心养性、康复养生、延年益寿为目的的旅游活动。

从以上概念来看，运动康养旅游延长了传统的体育、康养、旅游产业链条，既有原有产业的共性，也具有自身产业的特性。一是运动康养旅游活动的核心是"运动"，这种"运动"不同于常规高强度、刺激性的体育竞技和赛事，而是更注重休闲、养生、康复，因地制宜、因人而异、因体质而异，目的是使旅游者身心愉悦、强身健体，也是疾病治疗的辅助手段。二是运动康养旅游需要依托旅游地优质的自然资源和人文资源禀赋、健全的旅游基础设施和运动场地，涉及旅游的食、住、行、游、购、娱六要素，因此是一个综合性、主题化的产业集群。如世界著名的高尔夫运动起源地圣安德鲁斯小镇，也是依托优美的海滨风景资源发展起来的集休闲、运动、康养、度假为一体的综合性旅游目的地。注重让游客脚步"动起来"、内心"静下来"、身体"住下来"，传播运动健身技能，推广"休闲运动的生活方式"，实施"有效的健康管理方式"，既解决人们"养眼"的需求，又解决人们"养生""养心"的需求。

二、运动康养旅游的特征

（一）体验性

运动康养旅游需要人们暂时离开惯常居住地，置身于具有疗养因子的自然和人文环境中，针对旅游者个人身体需求和兴趣爱好，参加异于日常工作生活的休闲体育活动，充分调动视觉、听觉、嗅觉、感觉、味觉、触觉、想象、情感等因素，从而产生康体健身的疗效。因此，运动康养旅游的本质在于运动的体验感和参与感，运动康养旅游活动的产生必定来源于旅游者参与运动的行为和身心体验。如马术、射箭、丛林穿越、空中溜索、真人CS等运动娱乐项目和瑜伽、太极等运动养生项目，均需要旅游者亲自参与到运动项目中而获得康体、养性的感受。

（二）组织性

运动康养旅游如何在具有疗养因子的旅游地，来提升旅游者生命质量呢？国外康养旅游十分注重健康基础设施及运动健康服务项目的打造。运动康养旅游的产品和服务区别于传统的观光旅游产品，其核心吸引物为运动场地的打造、运动项目的组织和服务。随着年龄的增长、压力的增大等原因，人体出现不同程度的衰老和亚健康状态，因此需要科学地制定出个性化、量身化的养生养老运动休闲"处方"，有针对性地进行"保养"和"管理"。一般来说，旅游者在整个参与运动康养项目的过程中，需依据科学的方法，遵循合理的规则，由专业的人员指导组织开展，才能真正实现改善、增进和保持身体和心理健康的目的。

（三）时空性

运动康养旅游的时空性主要是受运动场地的局限性、运动本身的季节性、运动时间的特定性等因素的影响，而具备较强的时空性。主要表现在：一是运动场地的限定和运动的季节性。很多运动康养旅游项目的开展需依托当地的自然资源、人文资源、地形地貌、气候条件等，如每年有大量韩国游客不定期地前往海南三亚打高尔夫；户外滑雪运动基本只能在北方的冬季才能开展；冲浪、滑水、潜水、帆船、漂流等水上运动需依托滨海资源，基本在夏季开展。二是依托当地特色节庆活动和地域文化来开展运动休闲康养旅游，如环青海湖国际公路自行车赛、内蒙古的那达慕大会等运动休闲节会等。这类旅游活动具有时间短期性、大众参与性、地域文化性、休闲娱乐性。

（四）风险性

基于每个旅游者身体素质的差异性和运动过程中的不可抗因素，运动康养旅游活动存在一定的风险性。特别是部分户外运动康养项目属于高危险的项目，旅游者外出的目的本就是为了释放压力、探险猎奇，但如果装备物资不到位、防范措施和组织管理不科学规范，就极容易发生意外事故。如户外登山徒步、丛林探险活动容易出现迷路、摔伤、被蛇虫咬伤等风险；机械康复运动容易出现肌肉拉伤、韧带拉伤等风险。因此，部分运动康养旅游活动需配备专业的运动康养师、运动设施设备，并运用科学的方法开展才行。

三、运动康养旅游的主要内容

（一）器械运动康复类

器械运动康复类旅游是"体育""医疗""旅游"的结合，主要依托科学的医疗康复知识和专业的康复训练设施设备，针对骨骼肌肉系统损伤、骨科手术后患者、慢性病患者及其他亚健康人群，开展的器械康复、徒手康复运动等，从而修复运动损伤，恢复正常的运动机能，属于补救性、辅助性、长期性的治疗途径。如每年国家女排队每逢大赛前经常去宁波北仑集训，在设备一流的恢复室、水疗室舒缓筋骨，康复体能，为比赛做好充足的准备。

（二）传统运动康养类

传统运动康养类旅游主要是以"天地人合一""道法自然""返璞归真"的健康观念为指导，以传统的养生观、中医理论、保健理念和医学、运动学、心理学知识为科学依据，充分运用山川、湖泊等自然疗养因子，通过太极、武术、气功、八段锦等方法和儒释道家的修身养性理念，来达到健康养生、强健体魄的目的。太极拳能改善呼吸机能、心血管功能、人体的免疫机能，增强人体的肌肉力量，增加人体的关节活动度，改善人体的平衡能力。此类运动重视意守、调身和动形的协调统一，以养精、练气、调神为健身运动的关键点。

图 5-4　太极拳

（三）娱乐运动康乐类

娱乐运动康乐类旅游产品主要建立在生态优美、交通便利的运动产业集群项目中，通过设计主题化的场景和趣味化的特色活动来吸引旅游者的参与，并可植入当地的历史文化和民风民俗体验，主要针对热爱运动、追求新鲜刺激体验的人群。如箭术、骑术、山地越野、山体蹦极、山地滑索、丛林探险、真人 CS、高空滑翔、攀岩等各色活力运动。新西兰皇后镇拥有优质的天然地理资源如峡湾、激流、高山、湖泊等，依托这些资源开发了惊险刺激的活动，有"户外活动天堂""世界冒险之都""寻求冒险者的麦加"等美誉。这里也是商务喷射游艇、高空弹跳的诞生地，游客通过体验重力加速度带来的冲击和超速快感，享受刺激运动的乐趣，释放内心的压力、调节压抑的心情。

（四）休闲运动康体类

休闲运动康体类旅游主要依托山地、峡谷、水体、田园等地形地貌及优良的自然资源，发展山地运动、水上运动、户外拓展、户外露营、户外体育运动、徒步旅行、农事体验等户外康体养生产品，主要包括滨海休闲运动旅游、冰雪休闲运动旅游和山地户外运动旅游三大类。目的是通过环境与休闲运动的综合作用，能够有效地改善人体健康状况，提高人体免疫功能，有效抵抗疾病、延年益寿。如土耳其卡帕多奇亚依托奇特的喀斯特地貌和热气球观光旅游的火热潮流，深度挖掘低空飞行热气球运动，以休闲运动为核心，打造世界级的休闲运动康养旅游小镇。法国沙木尼体育旅游小镇被誉为"户外爱好者的乐园""滑雪者的天堂"，其山地户外运动多样，勃朗峰、大乔拉斯峰拥有 5000 多条攀岩路线和众多的攀冰、登山路线，可以进行登山、高山滑雪、高山滑翔伞、溪降、攀冰、滑冰、冰球、高山自行车等高山运动项目，以及山地救援、登山向导等。

第五节　康养旅居

近年来，健康生活俨然成为一种生活常态，从最初人们热衷的健康饮食和健身运动，发展到了现在的康养旅居生活。相对于走马观花式的旅游和大城市的快节奏生活，康养旅居可以让旅游者在一个城市停下来慢慢寻味，调节心情、颐养心境。鉴于我国的人口老龄化日趋严重和老年人的时间自由、财务自由等现状，目前旅居养老成为康养旅居的主流方式，它融合了生活、康养、旅游等多种功能，有机地将传统生活模式、旅游度假、康体疗养结合起来，既满足了老年人基本的生活需求，也满足了老年人对丰富精神文化生活的渴望以及对健康身体的追求。随着社会经济的发展、法定节假日的推行以及各年龄段人群对健康的关注，越来越多的人开始像候鸟一样，到风景优美、环境舒适的地方旅居，让身心得到更好的休养。

一、康养旅居的概念

所谓旅居，是人们为了追求更舒适安逸的生活，在旅游的同时花更长时间留在旅游目的地，以一种常态化的生活方式融入当地。相比旅行来说，旅居更注重沉浸在当地的文化与生活之中，体会当地的风土人情。旅居这种现象自古便有，如古代皇帝去避暑山庄也是一种旅居。伴随着我国人口老龄化趋势的加剧，学术界研究较多和市场上关注度较高的是旅居养老。旅居养老是将旅游需求和养老服务有机结合起来形成的旅居养老方式，是指老年人突破传统的家庭养老模式，为追求积极健康、安逸舒适的晚年生活而离开常住地，选择气候宜人、环境优美、医疗保障条件良好、社会服务设施齐全的目的地进行长期居住的一种养老方式。近年来，由老龄人口、亚健康人群以及追求优质生活群体构成的康养者，也热衷于长时间停留在疗养因子良好的旅游地，追求休闲常态化与旅游生活化无间相融的生命状态，以寻求"诗意地栖居"。国外学者对康养旅居研究较早，主要对康养旅居的空间行为特征、形成机理以及驱动因素等方面进行剖析，国内研究主要集中在康养旅居的概念内涵上。宋欢等认为，康养旅居是旅游者离开惯常居住地到旅游地修养身心，获得身体和精神和谐统一的活动。龚娜认为，康养旅居是指人们在常住地域以外的地方旅行并居住，是一种"旅行＋养老"的生活方式，也是集旅游、休闲、度假、疗养、居住、学习、生活等多种元素整合为一体的旅行方式。目前，康养旅居有乡村旅游模式、酒店公寓模式、异地养老社区模式、旅居换住模式等多种形式。陈勤昌认为，康养旅居是"为追求生活方式体验而依托优越的生态益养环境，以协调身体、心智和精神的自然和谐为导向，连续栖居不低于一周不超过一年的休闲养生、康体度假、生态疗养、养老保健等系列专项旅游活动的总称"。此外，还有学者对康养旅居人群进行界定，如在停留时长方面，周刚等认为最短时间为 15 天；在旅游者年龄方面，谈志娟等将年龄定为 55 周岁及以上。根据以上的研究，本书认为，康养旅居是旅游度假和居住生活的有机契合，旅游者依托益养乡村、特色民宿、长租公寓等载体，以移居休闲的形式到非惯常居住地长期生活的状态，以期通过保健、养生、运动、休闲、医养等旅游活动，使身体、心理恢复或保持健康。

值得注意的是，世界范围内普遍认可"在特定目的地生活 6 个月到 5 年"

即为旅居，但旅居不能等同于移民或者侨居，因为旅居所引起的"长期居住"也只是短暂性的，且随时都有返回原居住地的可能。另外，康养旅居是介于非惯常环境的"旅游"与惯常生活环境的"居住"之间的状态，既不是传统的旅游行为，也不是第二居所或移民行为，而是一种新型的"候鸟式""度假式"的生活方式，需要一个系统的产业支撑，来满足人们基础的生理需要、健康生活，高品质生活的追求及精神上的疗养。

二、康养旅居的特征

（一）产业的复合性

发展康养旅居产业，不仅需要旅游地具备生态环境优美、交通便捷、气候宜人等原生条件，更需要覆盖食、住、行、游、购、娱和医疗、康养等功能完整的全产业系统，满足日常生活所需之余，还能使旅游者"留得下来""住得舒心"，其发展离不开良好的旅游基础设施条件。因此，康养旅居是多产业汇聚而成的旅游新业态、健康新业态，有综合性、融合性、复合型等特点。当然，产业的联动作用是相互的，康养旅居的兴起也带动了旅游地的护理、餐饮、医药、老年用品、金融、旅游、教育等多产业的共同发展。如河北廊坊的108梦想部落会员康养基地来康郡，由文化、健康、旅游、置业和农业五大领域共同打造成"居家健康服务体验+康乐旅游"目的地，分为康乐旅游综合体、长者会员社区、中国•固安国际健康中心、农业文创景区、上水颐园五大板块，为旅游者提供"旅居"+"康养"一站式的高品质服务。

（二）环境的宜居性

对于旅居者来说，依山傍水、春暖花开是他们的理想向往。他们之所以选择去异地康养，最根本的原因是旅游地具有不可复制的宜人的气候、优美的环境，环境是康养旅居目的地选择和建设的第一要素。从内涵看，环境首先是自然生态和气候，包括舒适的环境温湿度、清新的空气、清洁甘甜和有利于健康的饮用水、地表水和地下水，还有优美的景观——温泉、冰雪、湖泊、溪流、海水、沙滩、森林、草原、山峰等。如瑞士达沃斯小镇，最初闻名得益于其优越的旅居环境，其海拔高、四面环山，山坡遍布茂密的森林，空气干爽清新，是各种肺病患者最佳的疗养地，吸引着世界各地游客纷纷前来旅居疗养；其次是人文社会环境，包括居民的好客、友善、亲近程度以及卫生习惯和文明礼貌，生活节奏舒缓，生活和生产劳动方式科学健康，民族、民俗、民间文化有内涵，历史文化有底蕴。如重庆黄水民俗生态旅游度假区，以"土家风情+绿色生态+历史文化"为核心吸引点，打造高端森林假日酒店群、主题度假游憩娱乐区、康复医院、生态休闲运动公园等康养旅游项目，成为重庆康养旅居的名片。

（三）停留的长时性

旅居需要旅游者在旅游目的地进行较长时间的居住，相比观光旅游、专项旅游，其停留时间长、重复消费比例高。观光旅游和专项旅游多为一次性消费，追求旅游景观和产品的新、奇、特，短时间的停留反而能给旅游者带来新鲜的感受和美好的回忆。而康养旅居因为是以健康养生、快乐幸福为主要目的，需要长时间和多频次地去旅游地，静静享受当地的风光，慢慢感受当地的环境，细细品味当地的文化，故不同于"走马观花"式的旅游形式。另外，很多慢性病也不是一次性就能根治，需要多次到旅居地进行康复、疗养，并长时间留下来。

三、康养旅居的主要内容

（一）候鸟式康养旅居

候鸟式旅居养老是我国发展最早，也是最主要的旅居养老模式。它依托山林、湖泊、滨海和温泉等各类自然生态资源和不同季节舒适的气候条件（如阳光、温度等），让人们到环境优美、气候宜人的地方进行暖冬疗养、夏季避暑，到美景秀丽、远离城市喧嚣的地方进行康养旅居。旅居地在满足康养消费者对特殊环境和气候的需求下，会配套健康、度假、养生、养老等相关产品和服务。候鸟式旅居养老主要分为三类：一是暖冬康养旅居。冬季的南方城市因独特的地理位置而具有舒适的气候条件，到温暖的南方过冬逐渐受到北方老年群体的追捧。如以海南岛、云南昆明为代表的冬季疗养基地。二是夏季避暑旅居。夏季的北方部分滨海城市以及城市周边的山川河流，空气清新、温度适宜，非常适合夏季避暑旅游，如承德避暑山庄。第三，景区康养旅居。景区康养旅居是指到山水疗养基地、森林疗养基地、温泉疗养基地等进行旅居的生活方式。在风景秀丽的景区旅居，能够远离城市的喧嚣，舒缓压力，消除紧张情绪。

（二）疗养式康养旅居

随着年龄的提高，老年群体的身体机能开始下降，对医疗护理的需求越来越高。我国人口老龄化的加速，也加快了医疗卫生和养老服务的融合发展，产生了以养老为主的疗养式康养旅居模式。主要分为三类：一是中医养生康养旅居。它是以我国传统养生哲学、中医药疗养技能为基础，开发中医诊疗室、中医理疗中心、药膳养老会所、中草药种植园、农事体验等中医旅居养老项目，并提供包括中医养生知识讲座、中医医疗、中医文化博览园等服务。二是西医护理康养旅居。它主要是以大型医院先进的医疗技术、雄厚的医疗资源和专业化的医疗服务为依托，为旅居者提供的包括身体健康检查、健康咨询、医疗护理、康复训练等多个领域立体化服务的康养服务体系。三是美食养生康养旅居。它是以食疗养生和饮食文化为核心，打造集养生药膳、素斋、绿色有机食品、养生茶汤等多种膳食为一体的康养服务模式。总体而言，疗养式康养旅居的特点是成本较高、专业技术性强。

（三）文艺式康养旅居

文艺式康养旅居模式主要分为三类：一是古城古镇康养旅居。它依托古镇特有的文化资源、历史遗址和非物质文化遗产，将历史古迹、旅游产业和养老服务结合起来，开发具有历史文化特色的旅居养老项目。二是民俗民风康养旅居。它以地方特有的民族风情、节庆、习俗、食俗为基础，打造具有独特氛围和节日庆典色彩的旅居养老服务项目。三是宗教禅修康养旅居。宗教是文化的重要载体，是人的精神寄托。随着我国经济社会的发展，人们的物质保障极大丰富，对于精神信仰的追求不断提高。因此可依托宗教特色，以国家政策为依据，开发以佛学院、山水禅寺、养心阁等为基础的多样化的宗教养心旅居养老项目，满足人们参与文化体验、修身养性、陶冶情操的康养需求。文艺式康养旅居的特点是，对旅居者的整体素质和文化层次要求较高。

（四）田园式康养旅居

田园式康养旅居指的是以农家乐、乡村绿色田园景观、农事娱乐体验、特色风土人情为依托，以满足人们休闲度假、亲近自然、养心愉悦为目标的旅居康养产业模式。近年来，随着我国大力建设社会主义新农村，农村地区基础设施不断完善，为田园式康养旅居模式提供了发展契机。如上海市崇明岛农家康养项目和浙江天目山农家康养项目，在发展乡村经济、促进城乡协调发展方面做出了重要贡献。同时，田园旅居康养不仅可以观光，采摘和食用乡村原生态绿色瓜果蔬菜，还可以体验农乐，了解乡村田园生活，享受乡土情趣，带动其他产业的发展。一般来说，中低收入老年群体首选这种亲近自然且价格低廉的田园旅居康养方式。

（五）社区式康养旅居

社区式康养旅居是"养老+地产"相结合的概念，并逐渐成为近年来我国房地产市场发展的重要趋势。社区式康养旅居通过构建包括住宅区、学校、购物中心、酒店、医院、休闲娱乐、餐饮等多种业态，形成一个综合性强、覆盖面广

拓展阅读 5-3

的养生产业链,从而为旅居者提供多样性、多功能的康养服务。社区式康养旅居一般在我国北上广深等大城市发展迅速,但大部分社区式养老地产仅仅停留在概念层面,或者只提供住宅区等单一功能,缺乏专业的康养人才、产品和服务。因此,该模式的特点是综合性较强,面向的群体范围广,但对基础配套措施和服务要求高,需要大品牌、资金实力强的开发商进行投资建设、资源整合和管理运营。

第六节 康养旅游的其他类型

随着康养旅游的不断发展和行业之间的不断融合,康养旅游的类型、内容也在不断延伸拓展和丰富,除了以上详细介绍的森林康养旅游、温泉康养旅游、中医药康养旅游、运动康养旅游、康养旅居,还有文化康养旅游、医疗康养旅游、乡村康养旅游、膳食康养旅游等类。这些康养旅游类型与前面所介绍的类型相比,在内容上存在一定的异同点,并有其独特之处。

一、文化康养旅游

在人们物质水平日益提升和富足的时代,"996""白+黑"式的大城市工作节奏带给年轻人极大的精神压力,抑郁症、慢性病等高发,因此人们在闲暇之余更关注精神的释压、文化的共鸣和个人心灵的成长。文化康养旅游是康养旅游中的高端形式,旅游者一般具有较高的文化素养和精神追求,或者具有忠实的宗教信仰,其旅游旨在净化心灵,提高精神境界。这类产品主要以人文康养旅游资源为主,自然康养旅游资源为辅,使旅游者置身于具有某种意境的环境中,配合适当的引导,让旅游者自觉或不自觉地感受万物、思考人生,从而得到心灵上的升华和精神上的超脱。依据文化康养旅游的特点,可重点开发文化养生型旅游产品,如以国学养生文化,佛教、道家养生文化,中西医养生文化和艺术养生文化等人文养生资源为基础,开发养生书院、养生禅院、养生讲堂、养生博物馆、养生展览馆、养生文化学习班等康养旅游产品,重在向旅游者普及养生文化和养生知识。此外,可依托自然和人文资源,开展瑜伽、禅修和冥想等心灵康养活动,以及茶艺、茶道、棋牌、观影、舞蹈、摄影和阅读等休闲文化养生活动,在文化熏陶下提升自我。同时,还可重点开发一些观光游憩型康养旅游产品,如以自然环境、景观设计和游赏服务设施为核心要素的各类疗愈花园、森林健康步道、五感花园、中医景观文化园和湿地观景长廊等。最后，可依托宗教教徒的忠诚信仰观念，打造修身养性的朝圣康养之旅，从旅游中完成对世俗既有生活的脱离，获得内心的平静和精神上的放松与慰藉。如灵山拈花湾小镇以佛教文化为核心，深入挖掘"佛祖拈花一笑"的典故，拓展禅境观光、禅意休闲、禅心度假、禅农体验、禅修康复、禅游时尚、禅学培训等禅文化主题特色，打造禅意主题商业街区（香月花街）、度假物业区（竹溪谷、银杏谷）、高端禅修精品酒店区（鹿鸣谷）、论坛会议中心区（禅心谷）以及胥山大禅堂。通过一花一木、一物一景，打造东方禅意度假胜地，通过文化体验和休养游娱来释放压力、缓解焦虑。

二、医疗康养旅游

随着发达国家人口老龄化进程加快，医疗成本持续高涨，医疗保障体系负担日益沉重。与此同时，跨国交通成本越来越低廉，因此人们对于跨国寻求可以负担得起的优质医疗服务的需求与日俱增，医疗旅游便应运而生。医疗康养旅游与医疗旅游、中医康养概念内涵有交叉之处，也有不同之处。医疗旅游强调的是跨国治疗已经产生的疾病和接受手术，如牙整形美容、生育手术、干细胞治疗、器官移植、心脏手术等。医疗康养旅游则是医疗旅游的延伸和普化，指旅游者在生态良好的康养目的地，通过接受先进的医疗技术、康复理疗、健康管理与咨询服务或者特色的医疗文化等，以达到促进身心健康的旅游活动，是集"未病"健康体检和养生、"已病"治疗、"已治"康复保健和调养修身等产业链为一体的医疗健康管理综合体。中医药康养旅游主要是依托传统的中医养生理念、中医药材等为疗养因子开展的旅游活动。三者在依托资源、旅游目的、旅游方式上有一定的区别。

医疗康养旅游典型的案例如奥伦达部落康养小镇，突出医、养、旅的融合，建有心身健康（医学）博物馆、玛雅医院、泊爱彰基医院、新自然饮食中心、PNI 医学中心、MTT 运动医学中心、中医养生保健中心等，并与全球康养之旅、全球医疗绿色通道、Orenda 健康促进、Sorehsa 精准康复、养生旅居、中草药种植基地等项目紧密结合。又如海南博鳌小镇，也是医疗康养旅游的典型代表。自我国唯一的医疗特区博鳌乐城国际医疗旅游先行区设立以来，博鳌小镇汇集了大批国际一流的医疗健康企业，设立了超级医院，对接了 100 余个高端医疗健康项目，并创新医院运作模式，让民众不出国门即可享受国际先进的医疗技术服务。这种通过健康、医疗与旅游相结合的产业模式，吸引了世界各地的游客来海南享受健康旅游，实现了海岛现代服务业的产业升级。小镇借助于得天独厚的自然环境优势、亚洲论坛影响力、高端医疗旅游配套设施，从一个绝美的"田园渔村"快速成长为"博鳌超级小镇"，成为我国的健康疗养胜地"世界健康岛"。

三、乡村康养旅游

自 2017 年中央 1 号文件首次提出"田园综合体"概念以来，乡村旅游得到蓬勃发展。2018 年中央 1 号文件再次提出"乡村振兴战略"，旅游作为乡村自主扶贫的排头兵，在带动相关产业发展、产业转型升级、创新乡村品牌方面贡献突出。在承接城乡发展方面，康养旅游有着天然优势。近年来，在倡导"健康生活"的大潮下，乡村康养旅游越来越受到人们的关注，市场一片向好。而由于大城市的空气差、环境差、人口多、生活压力大等原因，也涌现出一股"反城市化"和乡村旅居的热潮。

马潇等认为，乡村康养旅游是指依托适宜的自然地理条件，回归生态景观良好的乡村，在空气、水质、食物、生活节奏等休闲养生需求满足的过程中，进行的一系列文娱、度假、疗养、保健活动现象和关系的总和。乡村康养旅游主要以乡村、田园为旅游空间，以农作、农事为旅游体验，以回归自然、康体疗养、修身养性、休闲娱乐、颐养天年为旅游目的，将康养理念与乡村景观风貌营造、传统民俗文化熏陶、农作农事农耕活动体验等内容相结合，开发艺术田园、草药种植园、中医药理疗、地方民俗养生活动、绿色农副产品、农事体验等项目。如泰国清迈稻田度假村以"极致乡村生活，自然奢华的山水田园天堂"为主题，依托稻田资源，延伸出康疗于稻田（泰式 SPA、田间瑜伽、稻田泳池），耕作于稻田（体验泰国的水稻耕种），饮膳于稻田（稻田餐厅、漂流竹饮），修心于稻田（冥想、放空、入眠），解压于稻田（烹饪课程、健康俱乐部）等田园养生体系。发展乡村康养旅游，依托的核心资源是旖旎的田园风光、清新的空气、干净的水质、原生态的农家食品、淳朴的乡村民情和闲适的慢生活。例如山西袁家村，在发展乡村康养旅游时，关注小吃原材料的纯天然有机，不添加化学原料，让游客吃得健康；关注游客的农庄采摘体验，在回味农村生活的过程中让游客玩得健康。

四、膳食康养旅游

《黄帝内经》云："五谷为养，五果为助，五畜为益，五菜为充。"食物可以说是生命赖以生存的物质基础。膳食康养一词，最早是在第十二届全国营养科学大会上提出的。"康养"意思为健康养生，而"膳食"更为好理解，即指日常进用的饭菜，也就是古代人所说的吃食，语出《管子·入国》："劝子弟精膳食，问所欲，求所嗜，此之谓老老。"结合起来，膳食康养是通过日常进用的饭菜，健康的饮食品类和饮食习惯，达到最终的健康养生的目的。自古以来，各地区由于地理环境、生活习惯的不同而具有丰富多彩的饮食文化，很多旅游者奔赴异地就是为了品尝当地的美食，因此膳食康养旅游便是旅游地依托独特的养生食用方法和养生食材，吸引旅游者到当地品鉴美食，学习食疗养生理念，体验美食文化，并利用食物来提升机体各方面的功能，通过旅游获得健康或愈疾防病的一种养生活动。如一般乡村旅游地会提供当地绿色、无污染食材为原料的养生食品。

本章小结

本章主要介绍了不同主题康养旅游的概念、内涵、特点和主要内容，重点讲解森林康养旅游、温泉康养旅游、中医药康养旅游、运动康养旅游、康养旅居，简要介绍其他主题类型康养旅游的概念及相关内容。随着居民生活水平和消费水平的提高，人们越来越关注身心健康和生活质量，以健康为核心的康养旅游产业越来越受到市场青睐。康养旅游是集自然资源、医疗保健和产业为一体的新型旅游，它将现代健康生活理念融入旅游活动中，使人们的身心保持健康状态。目前以资源为依托和以需求为导向，产生了森林康养旅游、温泉康养旅游、中医药康养旅游、运动康养旅游、康养旅居等一系列康养旅游方式。为满足旅游者多样化和个性化需求，随着康养旅游产业的发展，未来康养旅游将衍生出更多样的类型、更创新的内容，具有广阔的市场前景。通过知识的比对和思考以及本章的学习，读者可以掌握各类康养旅游的基本概念、内涵，熟悉各类康养旅游的主要特征，了解各类康养旅游的主要产品内容，从而建立系统全面的康养旅游项目认知，具备各类康养旅游的基础知识。

思考与练习

一、单项选择题

1. 下列不属于森林康养旅游的特征的是（　　）。
   A. 资源依赖性　　　　　　B. 知识支撑性
   C. 产品单一性　　　　　　D. 功能多样性

2. 目前森林康养效果测定方面最先进、最科学的国家是（　　）。
   A. 美国　　　B. 日本　　　C. 德国　　　D. 英国

3. 日本著名的箱根温泉小镇拥有富士山、大涌谷、芦之湖、飞龙瀑布、仙石原沼泽等独特的自然景观，属于典型的（　　）温泉康养旅游产品。
   A. 自然生态型　　B. 运动娱乐型　　C. 休闲度假型　　D. 医疗康复型

4. 下列不属于温泉康养旅游活动功效的是（　　）。
   A. 有利于关节消肿止痛和关节功能训练，以及神经麻痹、关节僵硬、肌肉瘫痪的疗养康复
   B. 促进皮肤血管扩张，加快血液循环
   C. 缓解情绪压力，改善睡眠质量
   D. 可完全治愈皮肤病、糖尿病、痛风、神经痛、关节炎疾病

5. 中医药博物馆、中医药文化馆主要属于哪种类型的中医药康养旅游产品（　　）。
   A. 中医医疗类　　B. 养生保健类　　C. 文化教育类　　D. 健康产业类

6. 属于我国传统的运动康养旅游活动是（　　）。
   A. 太极　　　B. 攀岩　　　C. 滑雪　　　D. 高空滑翔

7. （　　）是通过健身、休闲、康体、游乐等运动形式，将健康养生理念寓于运动旅游中，对旅游者的身体、心理进行科学系统调控和疏导，以强身健体、修心养性、康复养生、延年益寿为目的的旅游活动。
   A. 温泉康养旅游　　　　　　B. 运动康养旅游
   C. 医疗康养旅游　　　　　　D. 康养旅居

8. 不属于康养旅居特征的是（　　）。
   A. 产业的复合性　　　　　　B. 客群的老龄化
   C. 环境的宜居性　　　　　　D. 停留的长时性

9. 灵山拈花湾小镇主要以哪种类型的康养旅游产品为特色（　　）。
   A. 中医药康养旅游产品　　　B. 膳食康养旅游产品
   C. 温泉康养旅游产品　　　　D. 文化康养旅游产品

10. 下列哪项属于典型的康养旅游项目（　　）。
A. 海南博鳌滨海小镇　　　　　B. 泰国清迈稻田度假村
C. 瑞士达沃斯小镇　　　　　　D. 新西兰皇后镇

二、判断题

1. 日本创立了世界上第一个森林浴基地。（　　）
2. 温泉康养旅游的疗养性主要体现在温泉水对人体的物理疗效、化学疗效和心理疗效。（　　）
3. 中医药康养旅游只是针对老年人或患有慢性病的人群。（　　）
4. 运动康养旅游主要受运动场地的局限性、运动本身的季节性、运动时间的特定性等因素的影响而具备较强的时空性。（　　）
5. 在寒冷的冬季，一对东北夫妇到海南旅游三天返程，这种行为属于候鸟式康养旅居。（　　）

三、简答题

1. 简述森林康养旅游的特征。
2. 简述温泉康养旅游的疗效。
3. 简述中医药康养旅游的概念、内涵和特征。
4. 简述康养旅居的主要内容。
5. 简述运动康养旅游的主要内容。

四、论述题

1. 请分别基于消费群体、市场需求、关联产业、资源差异四个方面，对康养旅游进行分类，并做相应的概述。
2. 请选择康养旅游的一种类型，以案例的形式分析其目前发展现状和未来发展趋势。

第六章

休闲旅游概述

本章重点

本章包含休闲旅游产生的背景、休闲及休闲旅游的基本概念、休闲旅游的基本属性和主要特点等内容。重点讲解休闲及休闲旅游的定义和主要类型、休闲旅游的基本属性和主要特点。

学习要求

通过本章内容的学习，学习者能够了解休闲旅游产生的背景，掌握休闲及休闲旅游的定义和主要类型，掌握休闲旅游的基本属性和主要特点。基于康养休闲旅游理论角度，学习者还需把休闲旅游与康养旅游有机结合起来学习，理解休闲旅游与康养旅游的关系，为接下来的康养休闲旅游学习打好基础。

本章思维导图

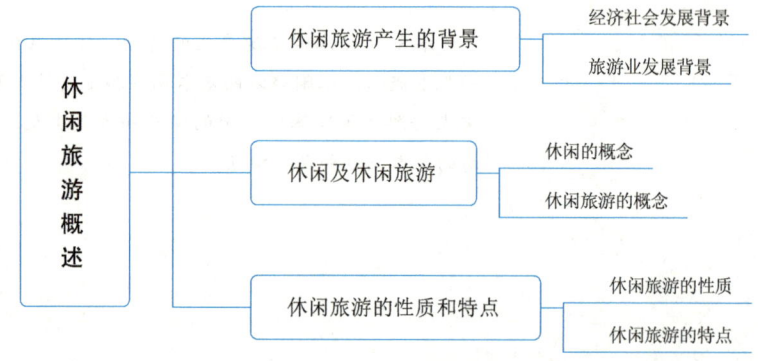

第一节　休闲旅游产生的背景

目前，休闲旅游已经成为拉动我国国民经济增长的产业之一，被纳入国家发展的重大发展战略。发展休闲旅游于国于民都有重要的意义，成为国民经济高质量发展的重要抓手。于国，可以带动国民经济的发展，属于惠国惠民的民生产业；于民，可以改善人民的生活品质，提高人民的幸福感、获得感和成就感。休闲旅游的产生有其深刻的历史渊源、经济背景和社会文化背景。早在古希腊、古罗马时期，休闲旅游就已经在欧洲初露头角，之后经历了以温泉疗养休闲活动、海滨休闲度假等为代表的几个发展时期。

一、经济社会发展背景

休闲旅游的出现离不开社会经济的发展和社会文化的进步，一个国家只有经济发展水平不断提升，才能为休闲旅游的发展提供可能，只有社会文化不断地繁荣发展，才能让休闲旅游大放光彩。时至今日，休闲已经成为人类生命和社会生活中不可缺少的重要部分。随着时代与经济社会的发展，人们富裕以后"玩"就成为生活中的必需品，而休闲提倡健康的"玩文化"，创造条件让人们玩得健康，玩得开心，正好符合人们的需求。例如现在中国的广场舞越来越流行，在全国很多城市都随处可见。这种休闲活动完全是人们自发组织的，而这种自发组织的休闲活动正日趋成为城市居民的一种生活日常，为此政府为居民开发了诸如广场、公园等配套设施，以满足居民的日常休闲需要。

（一）政策背景

《国民旅游休闲纲要（2013-2020）》的发展目标：到2020年，职工带薪年休假制度基本得到落实，城乡居民旅游休闲消费水平大幅增长，健康、文明、环保的旅游休闲理念成为全社会的共识，国民旅游休闲质量显著提高，与小康社会相适应的现代国民旅游休闲体系基本建成。同时，让广大人民群众切实享受到改革开放的成果，最大限度地调动全社会参与旅游休闲活动的积极性，满足人民群众日益增长的旅游休闲需要，使旅游休闲真正成为广大群众日常的生活方式和健康消费行为，进一步提升国民的生活质量、生命质量和幸福指数。

"十四五"期间，我国还将建设京杭大运河、长城、长征、黄河等国家文化公园，并在建成后对公众开放。文化和旅游部表示：我们要传承弘扬中国优秀传统文化，深入实施中华优秀传统文化发展工程，推动文旅融合发展新项目，开展精彩多样的活动，利用线上线下传播中国文化，擦亮中国文化名片；建设一批富有文化底蕴的世界级旅游景区和度假区，打造一批文化特色鲜明的国家级旅游休闲城市和街区，发展红色旅游和乡村旅游。以讲好中国故事为着力点，创新推进国际传播，加强对外文化交流和多层次文明对话。

以上所述的国家政策，说明两点：一是国家全力支持休闲旅游的发展，并要大力发展休闲旅游。休闲旅游不仅是旅游业的更新提升，更重要的是全民的休闲，是为实现人的全面健康发展而进行的，提升人文环境和社会和谐进步的重要手段；二是发展休闲旅游市场基础好。我国经济实力的增强为休闲旅游的发展提供了沃土，中国经济在世界经济体中起到了发动机和稳定器的作用，有鉴于此，中国的休闲旅游必将迎来其蓬勃发展的时期。

（二）经济背景

新中国成立以来，尤其是改革开放40年来，中国经济从"一穷二白"发展成为世界第二大经济体、制造业第一大国、货物贸易第一大国、商品消费第二大国、外资流入第二大国，我国外汇储备连续多年位居世界第一，中国人民在富起来、强起来的征程上迈出了新的步伐。

依照世界休闲发展的国际化规律，当人均GDP达到5000美元以上时，一个国家的居民休闲消费水平就迈入快速增长的阶段。改革开放以来，中国国民经济一直保持快速稳步的发展，人们的可支配收入在不断增加，东部沿海的京津冀、长三角、珠三角地区的大部分城市，人均GDP已步入5000~7000美元的发展阶段。2021年2月25日，习近平总书记在全国脱贫攻坚总结表彰大会上的讲话更是振奋人心，中国的脱贫攻坚取得了胜利。乡村脱贫后，我们更关心的是如何巩固脱贫，防止返贫，于是国家又制定了乡村振兴战略，让广大农民群众和全国人民一道进入全面小康社会。这些利好的消息都为休闲旅游的发展创造了必要的物质条件。

全面小康实现后，随着人民收入水平提高以及老龄化、城镇化、信息化、国际化的发展，人们的需求结构全面升级，对美好生活的期待也全面升级。旅游经济作为我国国民经济的重要组成部分，保持着平稳增长的态势。据国家文化与旅游部公布的2019年文化与旅游发展统计公报数据显示，2019年国内旅游人数达60.06亿人次，比上年同期增长8.4%；全年实现旅游总收入6.63万亿元，同比增长11.1%。目前，国内已有多个城市确立了发展休闲旅游的决策定位，并采取措施发展符合当地实际的休闲旅游产业，而且收效颇大，也正在引领中国的休闲旅游步入中国旅游业的蓝海。

因此,加快发展休闲旅游,无论从个人还是从国家层面,都已成为适应人民群众消费升级、产业结构调整、解决矛盾的必然要求,对于扩就业、增收入、促增长、调结构具有重要作用。

(三)社会文化背景

1. 社会文化背景

根据 2021 年 5 月公布的第七次全国人口普查结果,全国总人口达 141178 万人。中国是一个人口大国,《中国国民休闲发展报告(2019)》中指出,从休闲空间来看,城乡居民休闲半径不断扩大,休闲需求旺盛;从休闲消费选择来看,休闲活动多元化趋势明显。国内旅游人次达到 28.26 亿人次,以休闲为目的的旅游超过国内旅游市场的半数以上。我们现已身处普遍有闲的社会,随着人们主动休假意识的提高,人们的生活呈现出自由度强、出游频率高等突出特点,加之当下以人为本的理念日益强化与增强,无不催生新的休闲旅游业态。这符合人类追求自身发展、关注人生价值的发展规律,更是人类向其自身发展和回归的体现。

随着 1995 年双休日制度和 1999 年的长假制度,以及岗位工作人员带薪休假制度的实施,中国居民全年休假时间逐渐增加。人们可供休闲的时间越来越多,除了每日休闲,人们开始利用休闲时间来提升自己,或者完成在工作中无法实现的自我超越。

总之,当今之世休闲时代已经来临,休闲旅游已经成为人们利用休闲时间实现自我的一种理想生存状态和活动方式,以及人类生活的重要组成部分。

2. 人的发展

从社会心理学的观点分析,休闲提供了一个社会体系,使人们可以创造相互影响的快乐健康体验,反映了个体对参与社会组织活动适应性的评价。

经济发展和社会文明程度的不断提高势必会影响人们的观念,人们不仅会在"自由时间""活动"的层面认识休闲的真正内涵,而且更多地关注人的精神、思想状态以及社会行为心理的层面。即在关注人的物质生活的同时,更加关注人的精神消费、主观取向方面,强调休闲主体的自由选择和休闲的积极意义,将更多的时间用于诸如旅游、健身、培训、阅读和终身教育等活动。

二、旅游业发展背景

中国的旅游业发展经历了从无到有、从小到大的过程。时至今日,中国旅游业在世界旅游业中占有重要比重。中国人民的钱包鼓起来后,世界很多国家都在欢迎中国的游客。我国的旅游业发展全面铺开，国内旅游、出境旅游、入境旅游都在蓬勃发展。我国十四五规划中也明确指出，要做活国内经济，所以旅游业的发展还需要在国内开拓新的产品和服务。

以往人们对于旅游的认识多以观光型的旅游产品为主，因为旅游目的地的拉力所产生的旅游需求更多。而现在，更多游客都从自身需求的内力着手选择旅游产品。随着游客对旅游需求认知的深入和游客自身对身心放松需求的提高，人们对于旅游的认识越来越趋向于成熟，放松或提高自己，走入回归人本的高境界状态所产生的出游形式的改变，使得休闲旅游的形式悄然诞生。

（一）旅游需求发生变化

旅游需求是指在一定时期内，核心旅游产品的各种可能的价格，与在这些价格水平上潜在旅游者愿意并能够购买的数量之间的关系。在影响旅游需求的诸多因素中，个人可随意支配收入和旅游产品的价格是两个最重要的因素。

就个人可随意支配收入而言，中国已经正式进入小康社会，人们的收入越来越高，个人可随意支配收入也在逐年增加。人们有能力，也有条件支付更多的旅游消费费用。近年来，旅游市场的发展也越来越完善，人们的旅游消费理念也日趋理性，走马观花式的旅游已经难以满足人民群众日趋丰富的旅游需求。旅游发展的基本矛盾已经演化为人民群众增长且不断变化的旅游休闲需求与相对落后的旅游生产力之间的矛盾。业内与学术界也纷纷表示，以"休闲为主要目的"的休闲旅游将占据更大的市场，成为未来中国旅游业发展的主要方向。

就休闲旅游产品而言，我国的休闲旅游产品是随着市场需求变化应运而生的。以往传统的旅游形式不仅没有给游客带来放松感，反而是"长途跋涉、疲于奔命"。这种形式让旅游者感觉比工作还累，一趟旅游回来劳累不堪，大部分游客旅游体验很差。当然也有少部分游客选择相对舒适的方式，但实属小众。所以在新时代里，旅游者更愿意选择价格稍高，但能身心彻底休息并得到恢复元气的休闲旅游方式。尽管价格比之前的产品略高，但旅游体验感美好，自我休息和放松的状态达到了，才能实现真正的身心休息。所以，游客对于这种新的旅游方式的价格是可以接受的，这也为发展休闲旅游提供了市场支持。

（二）旅游业正处于行业转型期

休闲旅游在我国发展迅猛，还呈现出家庭化、多元化、高品位化发展态势。这些发展态势与我国现阶段旅游业的需求特点基本吻合。伴随着经济的发展以及城乡二元结构的破解，中国的休闲旅游将带来多元化融合的倾向，并在经济结构调整和转型中发挥重要作用。

我国现有的休闲旅游产品多样，依托不同的旅游资源，为了满足不同旅游者的需求变化，目前已形成了较为完整的休闲旅游产品体系，具体包含有文化休闲旅游、运动休闲旅游、康乐休闲旅游、乡村休闲旅游和城市休闲旅游等几大类。另外，还囊括了一些现如今市场热度较高的休闲旅游类型，如古镇休闲旅游、邮轮休闲旅游、森林休闲旅游、亲子休闲旅游、房车休闲旅游和城市夜间休闲旅游等时尚休闲旅游产品。这些新兴的休闲旅游产品极大地满足了游客的休闲旅游需求，也成为未来旅游业的发展趋势。

当前，中国正处在从观光旅游向休闲度假旅游大规模发展的转型期，北京、杭州、成都、昆明等多个城市都对发展休闲旅游进行了多种尝试，并取得了一定的成果。各地都在纷纷推出自己的休闲旅游产品，加之"后疫情时代"对旅游业的影响，有旅游习惯的旅游者正在积蓄力量准备进行"报复式"的消费。所以，我国的旅游业正处于从传统的观光旅游到休闲度假旅游的转型期。

第二节　休闲及休闲旅游

休闲之事古已有之，或曲水流觞，或斗百草，或踏青信步，或闲庭对弈，或观灯猜谜，凡此种种，不一而足。古人的玩法往往别出心裁，而且经济实在。他们"休"的是一种情趣，"闲"的几乎分文不花。现如今，人们的休闲观念也在不断发生变化。以前，人们认为休闲就是休息，就是睡觉，而现在休闲可以涉及运动、艺术、文化、旅游、娱乐（积极的娱乐）等多个方面。越来越多的国人意识到，生活的内容包含了很多方面，绝不仅仅是工作和家庭。人们的身份认同绝不仅仅在家庭和工作当中，许多人通过休闲活动找到了全新的身份认同。比如，一个全职妈妈，同样可以是一位技艺高超的画家；一位职场精英，同时还是一名城市马拉松爱好者，诸如此类。好的休闲活动不仅能丰富生活，还能让人增添自信，无论对个人的生活还是社会的发展，都能起到积极的推动与平衡作用。除了人们的日常休闲活动，在周末和节假日，人们利用休闲时间出游，抛开日常工作和家庭琐事，从常规生活的固定线路中解放出来，获得身心放松和自由自在的享受，这便是休闲旅游。

一、休闲的概念

休闲乃人生之大事,关于休闲的论述众说纷纭。国内学者以于光远先生的研究较多,并著有较多文章进行论述,他指出:"休闲是个哲学问题,归根结底是认识人的问题。"休闲学是于光远晚年开拓的最后一门学科,他提出休闲研究务必遵循"关注国计民生中的休闲,关注休闲中的人文关怀"的观点,并为从事休闲研究的学者们提供了方向和依据。

(一)休闲的释义

《说文解字》说:"休,息止也。"从字形看,"休"即人在树旁作休息状,就是你干活或赶路疲惫不堪时,在田间路旁找一棵大树背靠纳着凉小憩片刻。"闲,隙也,从门从月。""闲"的繁体字是"閒",外门内月,徐锴注:"夫门夜闭,闭而见月光,是有间隙也。"可见"闲"的本意只是从门缝中偷窥一下月色而已。

休闲是一个复杂的概念,它既是一种活动过程,也是一种生活方式,又是一种人性的理想追求和一种和谐社会的理想状态。

休闲一词是英文 Leisure 的中译,英汉词典中一般解释为空闲、闲暇、从容。该词由拉丁语 Licere 经法语转化而来,含有许可、守法、美德之义,这与西方最早对休闲的理解基本一致。

从中国古代汉语字义来解释,"人倚木而休","休"的意义除了"休息""休假",还包含"美善"、生活的意思;"闲"除了"安静""闲暇",还具有"中规中矩"的含义,延伸的意思可以理解为人的生存活动、生命意义的一种价值尺度,也就是"从心所欲不逾矩"的境界。从"休闲"的西方词源来说,它的本来意义是与知识、德行等内容相关联的,是同快乐、幸福等生存和生活状态联系在一起的。

"休"与"闲"的绝妙组合显示了"休闲"所特有的文化内涵,表明休闲与人的身心修整、颐养活动有关,是一种和美德、快乐、幸福相关的状态,具有深厚的人类生命与生存的价值意义。

可见,对休闲的理解具有深刻的人文性、精神性,和广泛的社会性、创造性。休闲可以有不同的方式和内容,不同的人可以选择自己所喜欢、所适应的休闲方式和活动内容,获得各自的享受和体验。休闲的内在要求和目的指向,还体现了实现人的完全解放,达到人的全面自由发展,是人的自在生命的自由体验。

（二）休闲的意义

1. 休闲促进人的全面发展

休闲的方式有消极和积极之分，这里主要是指积极的休闲。积极的休闲可以达到恢复体力、创造动力、维持健康的效果。

休闲，一是为了解除人们身体的疲劳，恢复元气；二是为了获得精神上的自由和快乐。它是使人们恢复体力、享受生活的主要方式和快乐的源泉。

休闲是生命活动的需要，是生理需要，是享受的需要和发展的需要的综合体现。随着社会的进步，现代人为建造、完善生命过程，感受生命的价值，需要休闲；为讲究高雅情趣，享受生活乐趣，提高生活质量，更需要休闲。人们越来越认识到，要享受生活，健康是关键，而健康是身心合一的健康。休闲可以使人达到生理、心理和社会适应度上的完好状态。因此说，休闲可以促进人的全面发展。

2. 休闲是社会文明进步的标志

中华民族自古就是勤劳的民族，千百年来生生不息地劳作在中华大地上，在数千年的农业社会形态下，人们习惯性地认为生活就该不断地劳作。随着社会的不断进步，改革开放以后，我们把目标转移到经济建设中来，人们无形中也是为了积累财富而疲于奔命。尤其是中国人一直没有停下脚步，思考一下这样的劳作是为了什么，有没有理解人活着和生活的本意是为了什么。

进入 21 世纪以后，人们才开始真正追求属于自己的休闲。社会越进步，人们的劳动时间越短，开始有大量的时间和精力去做自己喜欢的事情，或运动健康，或享受生活，或外出度假等。这种休闲日益成为人们生活的重要组成部分，成为衡量人类社会进步的重要尺度和推动社会发展的强大动力。马克思曾说过，"一个国家真正富裕的标志是劳动时间的减少和休闲时间的增多，增加自由时间既增加了使个人充分发展的自由时间，个人的充分发展又反作用于劳动生产力"。

因此，社会生产力的发展，社会文明的进步，使得人们有充裕的时间进行各种活动以获得平衡发展，才会形成社会的平衡、人的平衡发展，以及人与自然和社会的和谐发展，才能真正意义上实现科学发展。

（三）休闲所需条件

第一是时间条件。休闲时间就是工作和其他责任之外的时间。在一天当中，休闲时间就是除去睡眠、交通、生理活动、工作或学习之后，剩余的可以自由支配的时间。从时间角度看，每日、每周末、固定节假日、带薪休假时间都是可以利用的休闲时间，为人们从事休闲活动提供时间上的保障。

拓展阅读 6-1

表 6-1　闲暇时间休闲和旅游用途

分类	每日闲暇	每周闲暇	公共假日	带薪休假
休闲	可用	可用	可用	可用
旅游	不可用	短途旅行	可用	可用

第二是物质条件。休闲的存在与发展，是与一定的物质基础条件相关联的，它包括个人的物质条件、自然状态和外界环境，以及休闲活动所需的设施设备和场馆、休闲产品与服务、休闲产业体系等，这些都直接与经济社会的发达程度高度相关。

第三是个体条件。休闲活动能否实现，还取决于休闲活动的个人意愿和条件，包括休闲活动者个人所具备的身体条件、个人愿望、兴趣和爱好，个人所具备的素质与能力及个人的精神状态、价值观等。所谓精神状态，就是一个人内心世界的活动状态。所谓价值观，是指个人对客观事物及自己行为的意义、效果的总体评价。

休闲所需的条件是个人能实现休闲活动的前提和基础，而一个人能否参加休闲活动，最关键的因素还是个人的内在驱动力，即个人有无参加休闲活动的需要或心理动因（见表6-2）。

拓展阅读 6-2

表 6-2　个人参加休闲活动的动机分类

动机类型	动机要素
解除紧张的动机	转换心情
	逃避麻烦的现实
	接触自然
充实和发现自我的成就动机	对未知事物的崇敬
	接触自然
社会的存在动机	与朋友亲密和睦地相处
	从众心理
	为了了解尝试
	为了家庭团圆

（四）休闲的定义

通过以上对休闲的字义、意义、所需条件等分析，可以得出休闲的基本定义。休闲是指人们从压力中解脱出来，利用闲暇时间，以自己喜好的方式进行的一种愉悦的体验活动而形成的自由的生活,以及由此形成的现象和关系的总和。

(五)休闲活动的主要类型

休闲活动是人们生活的一部分,涉及的范围广泛、内容丰富,可以说包罗万象,精彩纷呈。休闲活动也是人们在休闲时间实现自我完善和提高的载体。关于休闲活动的分类,不同的分类标准会有不同的细分方式,本文依照休闲活动的功能把休闲活动分为身心恢复型和身心发展型两大类,每一大类又由若干亚类组成,具体细分内容如表6-3。

表6-3 休闲活动的主要类型

大类	亚类		举例
身心恢复型	消遣娱乐类	文化娱乐	歌舞、影视、广播、上网、游戏等
		吧式消费	酒吧、陶吧、书吧、迪吧、水吧、氧吧、咖啡厅、茶馆等
		闲逛闲聊	散步逛街、逛商场、当面闲聊、微信闲聊、电话闲聊等
	旅游观光类	远足旅游	欣赏和体会自然异地风光、名胜古迹、历史文化遗产、民族风情等
		近郊度假	城市绿地、公园、广场、动物园、植物园、园林、古镇、岛屿、度假村、农家乐等
身心发展型	怡情养身类	养花鸟宠物	花、鸟、鱼、宠物等
		业余爱好	琴棋书画诗酒茶、打牌、摄影、收藏、写作、设计、发明等
		美容装饰	美发、美容、化妆、裁剪制衣等
	体育健身类	一般健身	太极、跳操、游泳、溜冰、桌球、保龄球、高尔夫球、射箭,以及各种需要健身器材的健身运动等
		时尚刺激	跳伞、蹦极、攀岩、潜水、动力伞、探险等
	社交活动类	私人社交	私人聚会、婚礼、生日、毕业、开业、乔迁等
		公共节庆	各民族的传统节日、纪念日庆典、特色文化节等
		社会公益	社会工作、公益活动、志愿者服务等
	教育发展类	参观访问	博物馆、纪念馆、科技馆、名人故居、烈士陵园、特色街区、工业园区、宗教场所等
		休闲教育	学习乐器、声乐、舞蹈、书法、绘画、插画等

二、休闲旅游的概念

"休闲"和"旅游"是大家熟知的两个词,将它们组合在一起便成了"休闲旅游"或是"旅游休闲"。"休闲旅游"目前是业界和学术界比较热门的词汇，而"旅游休闲"则是多见于国家政策性的纲领文件上的叫法，是休闲旅游之前的一个发展阶段，基本经历休闲—旅游休闲—休闲旅游的过程。何为休闲旅游？简言之，就是指以休闲为主要目的的一切旅游活动的总和。它更关注旅游者的精神享受，更强调个人在某一个时间段内所处于的文化创造、文化欣赏、文化建构的存在状态。通过人所共有的行为、思想、感情创造文化氛围，传递文化信息，构筑文化意境，从而达到个体身心和意志的全面和完整发展。

（一）休闲和旅游的辨析

为了便于理解休闲旅游的概念，我们不妨把休闲和旅游的内涵和外延进行初步的辨析，分析休闲旅游的内涵和外延交叉点，从而便于归纳休闲旅游的概念。

休闲是人类社会发展的必然要求，除去必要的生产劳动时间和工作时间，休息或休憩是人类个体维持再生产的要件。游戏、娱乐、放空自己冥想抑或是体育竞技，都是人类个体生存与再生产的内在要求。休闲的内涵就是个人自身的身心放松和恢复的过程，而其外延则主要是指一切休闲活动的总和。休闲活动实则包括去异地他乡的旅游活动。

旅游是人类度过休闲时间的一种方式，是高层次的，而且是享受与发展的双重提升，相比较就地休闲而言，旅游具有异地空间的移动性和暂时性。旅游的动机也随旅游者在不同时期的追求不同，而呈现出不同的旅游类型。旅游的内涵就是人们为了寻求精神上的满足感和放松感而进行的活动，旅游的外延就是因旅游者需求的差异，在不同时期所延展出来的不同旅游活动形式，诸如消遣性旅游、度假性旅游、休闲性旅游、疗养性旅游等。

"休闲"和"旅游"二者的关系既有关联又有区别。两者之间应该是一种继承和发展的关系，还存在着某种因果关系，但不是谁从属于谁，或是谁替代谁的关系。二者的内核是相近的，即以实现身心放松为主要目的。如旅游的种类，若按照旅游目的来划分，有休闲旅游、探险旅游、研学旅游等。休闲倘若以休闲方式区分，有旅游、文娱、游戏等。因此，休闲旅游是以休闲为目的的旅游，也是以旅游为手段的休闲方式。

（二）休闲、游戏与游憩三者的差别

休闲、游戏与游憩从字面意思来看差别很小，但其内涵及所指的哲学理解还是有不小的区别。为了更好地区分三者之间的差别，我们用表格的方式从哲学层次及外显取向来看休闲、游戏与游憩三者之间的差异（见表6-4）。

表 6-4　休闲、游戏与游憩的区别

哲学层次	休闲	游戏	游憩
哲学内涵	启发智慧	安排发展智慧的机会	工作以外的活动
	探索真理	教育遵守团队精神	强调心情的感受
	增进涵养	塑造荣誉、忠诚、审美性格	获得满足的体验
	自由选择生活方式		
	休闲本身就是目的		
	视生活为整体		
外显取向	情境取向	体验取向	成果取向

（三）休闲旅游的概念

休闲与游戏、游憩从内涵及外显取向上都有所不同，与旅游却有着千丝万缕的联系。随着我国经济快速发展、社会全面进步、人们休闲时间增多和精神需求变化，尤其是旅游快速发展成为大众休闲的主要形式之一，使得观光旅游、商务旅游等旅游产品已经不能满足人们休闲体验和审美体验的需要，于是休闲旅游逐渐进入大众的视野，并由此成为业界和学界探索的热点，从而掀起了对休闲旅游的研究热潮。关于休闲旅游的概念，学者们都有自己的理解和解释。

图 6-1　邮轮游也属于休闲旅游范畴（星梦邮轮"世界梦号"）

王德静认为，休闲旅游是指旅游者通过度假、娱乐等活动，来提高自我知识水平、保持身心健康等较高层次的旅游形式，是在传统观光旅游的基础上发展起来的。李湘龙认为，休闲旅游的目的在于休闲，是旅游者离开定居地到异地逗留期间，以旅游设施为条件，以特定的文化景观和服务项目为内容而展开的游览、娱乐、观光和休闲活动。李洁认为，休闲旅游是指以紧张工作后的身心松弛为目的，追求快乐的消遣、新型的体育锻炼、愉悦的生活而发展起来的旅游方式。它成为调节人们生活节奏所不可缺少的环节。

以上学者陈述的关于休闲旅游的概念都以描述性概念为主，意在指出休闲旅游的活动目的。结合以上理解，本书认为：休闲旅游是以休闲为主要目的的一切旅游活动的总和，休闲是内在目的，旅游是外在表现，即旅游者离开常住地前往异地所进行的暂时的一切以休闲为主要目的的旅游活动的总和，以及由此产生的现象和关系的总称。

（四）休闲旅游的分类

对于休闲旅游活动的类型，实际上并没有统一的划分标准。人们往往是根据自己研究问题的需要，在不同的情况下选用不同的分类方式，因而所划分出来的休闲旅游类型很可能不尽相同，这种情况属正常现象。较常见的划分标准有按地理范围划分、按外出目的划分、按组织形式划分等。

拓展阅读 6-3

本书关于休闲旅游的分类，依据两个主题划分为 2 大类、6 亚类、27 个小类。详见表 6-5。

表 6-5 休闲旅游的主要类型

分类	大类	小类
按休闲主题分	文化休闲旅游	历史文化休闲旅游、民族文化休闲旅游、红色文化休闲旅游、现代文化休闲旅游等
	运动休闲旅游	滨水运动休闲旅游、冰雪运动休闲旅游、山地运动休闲旅游、沙漠运动休闲旅游、民族运动休闲旅游等
	康乐休闲旅游	旅游饭店康乐休闲旅游、主题乐园康乐休闲旅游、娱乐场所康乐休闲旅游
	其他休闲旅游	古镇休闲旅游、邮轮休闲旅游、森林休闲旅游、亲子休闲旅游、房车休闲旅游等
按休闲地域分	乡村休闲旅游	休闲农业旅游、民族村寨休闲旅游、乡村休闲度假旅游、乡村游乐旅游等
	城市休闲旅游	城市文创休闲旅游、城市体育休闲旅游、城市购物休闲旅游、城市餐饮休闲旅游、城市游乐休闲旅游、城市夜生活休闲旅游等

第三节　休闲旅游的性质和特点

在我国，人们对于休闲旅游活动的性质多有不同的理解和认识。这种差别主要表现为有人认为休闲旅游活动属于社会文化活动，有人则主张休闲旅游活动应该是经济活动。对于某一事物的认识，最本质的应该从其性质出发，所谓性质一般是指某一事物区别于其他事物的根本属性，因此，休闲旅游活动的性质也就是休闲旅游活动区别于人类其他活动的属性。休闲旅游是旅游活动的一种，所以关于旅游的异地性和暂时性就不再赘述，这里着重分析休闲旅游区别于其他旅游活动的主要属性。

一、休闲旅游的性质

休闲旅游与其他旅游活动相比，主要具有休闲属性、社会文化属性、消费属性、审美属性等主要性质。

（一）休闲属性

从劳动与休闲维度看休闲旅游：如果把休闲旅游放在劳动与休闲的框架中衡量的话，那么休闲旅游是一种休闲，而不会是工作或劳动。休闲旅游所具有的休闲属性表现为以下几方面：

首先，休闲旅游的目的是通过各种可以放松身心的活动，达到娱悦身心、放飞心灵的效果和美好体验。这显然区别于为谋生而进行的生产劳动，也不同于为维持生存而必须从事的活动，如操持家务等，更不同于为社会交往而进行的往来应酬等活动。在休闲旅游的全过程中，总是要把自然的放松和随意、无拘无束、随心所欲等放在主导地位，这些都表现出了与休闲属性相吻合的基本特性。

其次，休闲旅游在时间的把握上也体现其休闲性。随着社会的进步，以及人们对于健康和自我实现的追求，越来越多的人利用自由时间从事一些积极的休闲活动，如文化学习、体育锻炼、业余爱好等。休闲旅游是发生在人们有自由时间或闲暇时间中的行为，有闲暇时间则为休闲时间，所以从时间的使用上体现其休闲性。

最后，从休闲旅游的具体活动类型构成上看，我们将休闲旅游划分为文化休闲旅游、运动休闲旅游、康乐休闲旅游、乡村休闲旅游、城市休闲旅游以及一些现如今热度很高的休闲旅游类型等，不管是哪一种休闲旅游活动其实质都未变，就是以休闲为主要目的的旅游活动的外在表现。

综上所述，休闲属性是休闲旅游最主要的属性特征，也是休闲旅游区别于其他旅游活动的最重要特征之一，无论是从旅游者选择休闲旅游的初衷出发，还是从休闲旅游的活动内容上理解，休闲属性都是其极具代表性的特征和属性。

图 6-2　美好的休闲时光

（二）社会文化属性

首先，休闲旅游具有社会属性。休闲旅游活动从根本上讲是旅游者的人的活动，而人是社会发展的产物，是具有社会性的，因此休闲旅游所涉及的活动内容也离不开社会环境。休闲旅游者与当地居民的接触和交往体现了人与人的社会关系，所以社会性是休闲旅游的又一大属性。

其次，休闲旅游具有文化属性。休闲旅游是对中国传统文化的传承和弘扬。从孔子的仁礼学说到现在的和平精神；从早期的天人合一到现时代的和谐社会、生态文明的建设，这些都体现了传统文化和休闲活动的相得益彰。开展休闲旅游，能够使人们不断地从中国传统文化中汲取营养，陶冶情操。在从古代步入现代的旅途中，中国经历了坎坷的过程，为我们留下了永垂不朽的红色文化、爱国思想，多少仁人志士用自己的血肉之躯换来了今天的幸福生活。我们应该敬畏，也必须铭记这些激励我们前进的文化和精神。这些红色文化传承地和爱国主义教育同样是休闲旅游的重要文化组成部分。如今现代文明、现代科技、现代生活也是休闲旅游的重要内容，5G 时代的到来，VR/AR（虚拟现实/增强现实）技术的应用，人工智能的开发，也为休闲旅游提供了现代文明的大环境。不同的时代在旅游价值观方面的变化，无疑是文化的而非经济的。可见无论是重回历史，还是展望未来，休闲旅游无疑具有典型的文化属性。

（三）消费属性

从生产与消费维度看休闲旅游：休闲旅游的整个过程不会为社会或旅游者个人创造外在的财富，相反，却需要花费旅游者以往的积蓄和时间。而且，休闲旅游是消费级别较高的一种消费行为。与以往的旅游形式不同，休闲旅游不但消费更高，要求舒适度较强，而且消费具有多次、反复的特点，它的消费属性显而易见。

（四）审美属性

休闲旅游活动本质上是一种审美活动。从理论上讲，休闲旅游活动就是人对物我之间和谐关系的主动寻求。这种主动寻求就是休闲旅游者主动寻求真善美，而这种审美的内涵又是非常复杂、丰富、多样、深厚的，也就体现出了旅游活动的审美属性。这种审美属性表现为物我之间和谐关系的复杂性，审美主体的层次结构的复杂性以及审美过程的差异性。休闲旅游的审美通常会经历由直觉感知到醉心状态，最后升华为悦志悦神、物我合一的至高境界。

愉悦性休闲体验是休闲旅游的内核。任何被称为休闲旅游的现象都离不开这个硬核。旅游者在寻求愉悦的意识支配下，与客体之间建立一种关系，并借助于某种审美的渠道表现出来的这种精神活动，即为休闲旅游的审美属性。

二、休闲旅游的特点

翻阅众多的旅游研究文献，我们可能会发现人们对于旅游活动的特点有着多种不同的归纳，但对于休闲旅游的特点归纳却很少见。基于之前对休闲旅游的概念、内涵、类型的研究，分析得出目前休闲旅游主要呈现出休闲旅游的需求多样化、休闲旅游的过程更注重体验性、休闲旅游的目标更体现本真性、休闲旅游的出游群体更多以家庭为主等主要特点。

（一）休闲旅游的需求多样化

1. 人文追求

人文追求方面，从休闲情境角度我们可以把休闲旅游细分为知识型、艺术型、悠闲型三种。知识型是指一切探索真理、启发智慧的知识型活动，包括研读书籍、参加读书会、出国游学等；艺术型指所有增进美学涵养的活动如摄影、绘画、舞蹈、戏剧、手工艺等；悠闲型指全身心投入沉思冥想活动如冥想、静坐、独自垂钓等。

随着国家基础设施与大型场馆的建设，越来越多的博物馆、科技馆、文化馆在中国的各大城市中落地生根，中国的很多景物也一改往日的华丽外衣而更加注重文化的传播，游客的认知和文化追求也因为时代的进步在悄然提高。休闲旅游的出现表现在人文方面的不只是走马观花，听听故事就可以，而是更加注重追根溯源，把文化根植于源头，把求真、求学用在了休闲旅游的各个层面。

加之，随着人们出游频率的增加和出游经验的积累以及信息化的普及，自驾游、自助游、房车游等各种新兴的、休闲性质的出游方式也层出不穷。在休闲趋势的引领下，近年来邮轮旅游、城市休闲综合体等新兴休闲旅游产业模式和形态大量涌现，为休闲旅游注入新的活力。即使是乡村旅游等传统旅游形式，也呈现出多种业态多元发展的格局，发展乡村休闲文化也随之成了休闲旅游的又一新亮点。

2. 生态化趋势

生态化趋势方面，休闲旅游主要追求绿色旅游，无污染、原生态的自然环境。人们或是追求干净整洁、自然景物优美、服务设施齐全的城市郊区，适合居住的人居环境，或是追求乡野原貌，家乡情结，绿水青山，或是追求"天然氧吧""呼伦贝尔空气"等纯净自然的森林、草原环境。

以前的传统旅游方式对自然的破坏不言而喻。我们也看过很多的新闻报道，如桂林山水那般美丽的风景，却让游客随手丢弃的垃圾充斥了漓江河道，风景区的工作人员总有打捞不完的垃圾。这样的现象不胜枚举，我们对大自然的游览带来的更多是破坏和践踏。古人云"不涸泽而渔，不焚林而猎"，先秦时期的思想家就已经提出了关注人、自然及社会和谐共生的思想。人与世界万物存在于同一个世界，整个世界是一个统一的整体。人既不在自然之上，也不在自然之下，人类应该尊重自然，关心、爱护自然。只有尊重自然的发展，才能让人类和自然和谐共生。相比而言，休闲旅游更注重生态环境的和谐共生，在保护中去感知生态，在尊重中去开展休闲活动，力求实现人类和自然共同的可持续发展，成为更加健康积极的生态旅游活动。

3. 对幸福、健康的人生目标的追求

很多时候，我们会从人的本性出发，去思考一些哲学问题，诸如人的本质是什么，人生的意义是什么，什么是幸福，等等。现代社会生活节奏加快，很多人已经无暇思考这些问题，休闲旅游的出现让人们有机会重新审视自己的生活、工作以及人生的意义。很多旅游者更加注重对幸福生活的追求，更加关注自身及家人的健康，更加珍惜人与人之间和谐关系的建立。

目前我国的体育休闲和文化休闲产业都迎来了快速发展期，网络影视和在线音乐及相关行业发展势头迅猛，但市场潜力尚未完全释放。人们普遍追求身体的放松、思维的冷静、心灵的舒适自在。尤其是经历了新冠肺炎病毒的疫情之后，人们对于幸福和健康的人生目标感悟更为深刻。这为休闲旅游的发展带来了强大的推进力。

拓展阅读 6-4

（二）休闲旅游的过程更注重体验性

体验经济时代，人们更加强调在各种社会活动中追求精神愉悦和审美体验。在充满梦想的后工业时代，人们从谋生转变为乐生，休闲体验更能够满足人们对休闲旅游产品的情感依托。休闲旅游的过程也充满了体验性，具体表现为体验内容的丰富性、体验过程的深入性和体验结果的舒适性。

1. 丰富性

休闲旅游的内容更为丰富，体现的不仅是量的增加，还有对质的提升。这从"休闲"与"观光"的区别上也可以理解，"观光"只是休闲的一种方式，而"休闲旅游"中的旅游者不仅能观光，还能体验更为丰富的异地休闲的内容，从传统旅游的"食、住、行、游、购、娱"六要素，扩展出"商、养、学、闲、情、奇"等新要素，范围更广，内容更加精彩纷呈。

2. 深入性

休闲旅游的内容更有内涵，体现的不只是质的提高，还有对质的深入。"休闲旅游"不同于走马观花、以量取胜的观光旅游，而是要让游客保持休闲的心态，深入感受目的地的文化。以欣然之态，做心爱之事。文化和旅游部推出的文旅融合的新产品，更加丰富了休闲旅游的内质体验。

图 6-3　舒适的休闲度假环境　摄影：张英英

3. 舒适性

休闲旅游服务设施更为完善，休闲旅游的过程更为舒适。休闲旅游目的地都拥有优质的支持性服务和设施，令游客的旅游活动更为轻松、方便、惬意。因此，其吸引对象既包括热衷于既熟悉又舒适的旅游环境、重游率高的"依赖型"旅游者，也包括注重舒适体验、美好体验的康乐休闲旅游者。

（三）休闲旅游的目标更体现本真性

休闲旅游的出发点和落脚点，都是为了追求人的解放、自由而全面发展的人。这也是马克思主义人文思想的精髓。普遍有闲的社会，标志着人们的生活、社会生产与社会意识进入了一个新阶段。在新的发展阶段，人们纷纷选择通过休闲旅游的方式达到洗涤心灵、重归本真的状态。现代人生活节奏太快，压力很大，很多人都无暇保持心灵的安静和清净，休闲旅游的出现恰恰让人们有时间放空自己、彻底休息、放松身心，达到心灵清净、增长智慧的目的，也达到了人们追求科学、文明、健康的生活方式的本真状态。

（四）休闲旅游的出游群体更多以家庭为主

一方面，家庭赋予个体的期望、责任和义务以及分配物质、经济及时间资源的方式，决定了个人的休闲生活方式；另一方面，家庭能够提供必要的金钱、伙伴和自由时间，帮助个体完成一次休闲旅游体验。随着我国二胎政策的放开和现代家庭的结构调整，家庭出游越来越成为休闲旅游的主要出游群体，也成为文明社会、和谐社会进步的标志。

家庭群体是一个最基本、最重要的所属群体，它对人们的旅游消费行为直接产生影响。以家庭旅游所需要的条件来看，由于度假、休闲旅游主要是在某地逗留一定时间，享受身心的娱乐和休憩，它不需要做太多的长途跋涉，其辛苦程度也低于观光旅游，从而为家庭旅游提供了极大方便，受到家庭的青睐。

本章小结

本章主要介绍了休闲旅游的产生背景，分析了休闲旅游产生所处的经济社会文化背景和旅游业发展的背景。正是在这样经济高度发达、社会文化不断繁荣发展的前提下，人们对于美好生活的向往度不断提高，旅游业也在发生着业态的转变，休闲旅游便成了热点。借着对休闲旅游的研究热度，先从休闲的基本释义开始，理解休闲的意义和所需条件，并根据人们的休闲活动把休闲的内容进行分类，分为身心恢复型和身心发展型两大类。有了对休闲的定义后，学习者即可理解休闲与休闲旅游最本质的区别，在于休闲旅游具有旅游的异地性和暂时性特征，因此异地暂时性的休闲，学习者即可直观地理解为休闲旅游。休闲旅游的基本属性归纳为休闲属性、社会文化属性、消费属性和审美属性四个主要属性，休闲旅游的主要特点表现为休闲旅游的需求多样化、休闲旅游的过程更注重体验性、休闲旅游的目标更体现本真性、休闲旅游的出游群体更多以家庭为主。

思考与练习

一、单项选择题

1. 下列关于休闲旅游产生的背景表述不当的是（　　）。
A. 我国经济实力的增强为休闲旅游的发展提供了沃土
B. 以人为本理念日益增强，催生了休闲旅游的新业态
C. 休闲旅游的出现其实和经济发展关系不是很密切，如古代人的多种休闲方式都很少需要经济支持
D. 中国居民全年休假时间的增加，为开展休闲旅游提供了时间保障

参考答案

2. 下列关于休闲的意义表述错误的是（　　）。
A. 休闲可以促进人的全面发展
B. 休闲是社会文明进步的标志
C. 休闲是生命活动的需要，是生理需要、享受的需要和发展的需要的综合体现
D. 所有的休闲活动都可以达到恢复体力，创造动力，维持健康的效果

3. 下列时间可以用于休闲但不足用于旅游活动的是（　　）。
A. 每日闲暇　　B. 每周闲暇　　C. 公共假日　　D. 带薪假期

4. 一个人能否参加休闲活动最关键的因素是（　　）。
A. 时间条件　　　　　　　B. 物质条件
C. 个人价值观　　　　　　D. 个人内在驱动力

5. 下列休闲活动属于身心发展型教育发展类的是（　　）。
A. 私人聚会　　B. 打保龄球　　C. 参观博物馆　　D. 外出摄影

6. 能够实现"启迪智慧、探索真理、增进涵养"的活动方式是（　　）。
A. 游戏　　　　B. 休闲　　　　C. 游憩　　　　D. 休憩

7. 下列关于休闲旅游理解错误的是（　　）。
A. 休闲旅游是以休闲为主要目的的旅游活动
B. 休闲是内在目的，旅游是外在表现
C. 休闲旅游是旅游活动的一种，所以休闲旅游与其他旅游活动相似

D. 休闲旅游活动类型多样，活动丰富，越来越受到旅游者的青睐

8. 休闲旅游的审美属性主要表现为（　　　）。

A. 是休闲旅游最主要的属性特征

B. 是对社会环境和对人的社会交往

C. 是经历由直觉感知到醉心状态，最后升华为悦志悦神、物我合一的至高境界

D. 是从中国的传统文化中汲取营养陶冶情操

9. 下列不属于休闲旅游的过程更注重体验性的表现是（　　　）。

A. 深入性　　　B. 丰富性　　　C. 舒适性　　　D. 本真性

10. 下列休闲旅游类型中不属于当下时尚热门的有（　　　）。

A. 古镇休闲旅游　　　　　　B. 乡村休闲旅游

C. 城市夜间休闲旅游　　　　D. 沙漠休闲旅游

二、判断题

1. 中国是世界第二大经济体、制造业第一大国、货物贸易第一大国、商品消费第二大国、外资流入第二大国。（　　　）

2. 我国现有的休闲旅游产品形式单一，目前还没有形成较为完整的休闲旅游产品体系。（　　　）

3. 休闲属性是休闲旅游最主要的属性特征，也是休闲旅游区别于其他旅游活动的最重要特征之一。（　　　）

4. 休闲旅游的主要特点为休闲旅游的需求多样化、休闲旅游的过程注重体验性、休闲旅游的目标更注重本真性等三个主要特点。（　　　）

5. 休闲旅游活动本质上是一种审美活动。（　　　）

三、简答题

1. 休闲旅游产生的背景主要包括哪些？

2. 什么是休闲？休闲所产生的意义是什么？

3. 什么是休闲旅游？

4. 请列举休闲旅游的具体类型。

5. 简要分析休闲与旅游的关系。

四、论述题

1. 收集资料，介绍我国目前热门的休闲旅游类型并分析其突出特点。

2. 运用所学知识，试着分析可持续发展与休闲旅游发展的关系。

第七章

休闲旅游的发展

本章重点

本章包含休闲旅游的发展历程、休闲旅游的市场现状和特征、休闲旅游的发展意义，重点讲解了中国休闲旅游发展历程、休闲旅游市场特征和发展现实意义。

学习要求

通过本章内容的学习，学习者能够了解世界休闲旅游和中国休闲旅游发展的历程，了解休闲旅游市场的现状和特征，掌握休闲旅游发展的现实价值和意义，引导学习者形成正确的行业认知。

本章思维导图

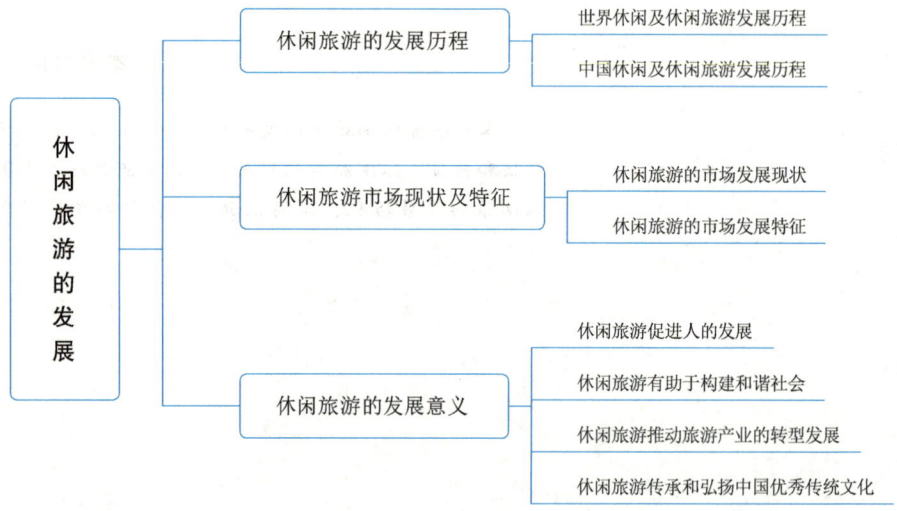

第一节　休闲旅游的发展历程

随着经济社会的发展，人们生活水平的提高以及带薪休假制的逐步落实，旅游者已经不再满足于各个景区之间的长途跋涉、疲于奔命的旅游方式，旅游目的性也由开阔眼界、增长见识，向休闲放松、修养身心、陶冶情趣等更高层次进行转变。在轻松、愉快和舒适的旅游过程中，实现休闲的目的，是现代旅游的新价值取向。因此，以"休闲"为主要目的的旅游方式是未来旅游市场的新趋势。

一、世界休闲及休闲旅游发展历程

休闲，是指在非工作时间内以各种"玩"的方式求得身心的调节与放松，达到生命保健、体能恢复、身心愉悦目的的一种业余生活。科学文明的休闲方式，可以有效地促进人体能量的储蓄，有益于人体智能、体能的调节和生理、心理机能的锻炼。

旅游是人们物质生活丰富起来之后的一种精神生活需要。旅游的目的是求新、求知、求乐、求得美好的回忆，是现代社会人们短暂、特殊的生活方式。自从劳动者被赋予休假的权利以来，旅游从有闲阶层的有限范围进入了社会经济生活的普遍范围，旅游便有了广泛的社会性。但是，随着时代的发展，传统旅游已难以适应人们不断变化的需求。因此，应赋予旅游更多的内涵，有的学者提出"旅游——旅游休闲——休闲旅游"的发展模式，更多的学者强调休闲旅游是人的一种文化经历、文化体验、文化传播、文化欣赏，可以满足人的心理和精神以及多方面发展自我的需要。选择休闲旅游作为一种休闲方式已成为比较普遍的行为。休闲旅游伴随着经济社会发展的出现，是一种经济现象，也是一种社会现象，更是一种文化现象。其产生和发展的历程与经济社会发展密切相关。

一般认为，休闲思想的萌芽与形成源自古希腊时期，至今已逾数千年。休闲旅游发展成为一种经济社会形态，应该具备以下几个条件：一是高度的物质文明；二是大众休闲时代的到来；三是科技进步和劳动生产率的提高；四是休闲设施的增加和完善，特别是第三产业的发展；五是休闲消费和休闲产业在国民经济与社会生活中占到一定比重。这五个条件的形成必须经历漫长的积累过程。以欧洲和美国为代表的世界休闲旅游伴随着资本主义休闲经济文化的发展而经历了以下几种形式。

(一)崇尚竞争比赛的休闲方式

这种休闲方式起源于古希腊,古罗马时期。古希腊文化是具有外向的、开放的形态特征,形成了一种以人为中心了的思想,尤其重视身体的健康和匀称,从而运动型休闲代表了高品质的生活品位。古希腊休闲运动之所以发达,与当时的哲学家们颇有关系。苏格拉底、柏拉图和亚里士多德三位大哲学家的运动观及休闲理念对后世产生了广泛的影响,从而诞生了对人类影响深远的奥运文化。公元前30年至公元476年期间,是古罗马帝国时期,该时期是西方世界继古希腊之后又一个社会文化发展的高峰。在对外军事扩张的基础上建立起来的罗马帝国,疆域辽阔、文化发达、交通便利,并继承了古希腊的文明优势,极大地促进娱乐旅游活动的继续发展,因此罗马帝国也是当时地中海地区盛极一时的国际旅游目的地。古罗马人十分热衷于观看斗剑、捕猎、马戏场赛马,以及体育馆的各种比赛,反映了古罗马人崇尚竞争的特点。这些休闲活动的兴起有两个重要原因:一是罗马帝国迅速扩张带来物质财富的增长;二是可以通过这些竞赛活动向国外传播帝国的意识形态。

图7-1 意大利古罗马斗兽场 摄影:赵佳义

(二)洗澡和温泉疗养休闲

崇尚武力罗马人还喜欢另外一种休闲方式——洗澡。与半圆形剧场和马戏场不同,澡堂没有等级之分,是日常生活设施的组成部分。大量遗址和文献资料证明,澡堂在罗马人生活中扮演着重要角色。到中世纪时期,依托自然资源的开发和利用,形成了一些温泉休闲场所,温泉休闲疗养成为休闲的重要形式。由于它综合了洗浴、疗养和度假三大功能，因此被各社会阶层的人们所使用。进入资本主义社会后，逐步兴起了温泉休闲疗养。比如在英格兰，自1558年到1815年间温泉休闲疗养地经历了一个不断增长的过程。以温泉城市巴斯为代表，经历了"疗养——洗浴保养——温泉休闲度假"的发展轨迹。德国是中欧地区的代表，温泉资源受政府严格控制，具有浓厚的疗养、保养功能，随着消费需求的多样化和个性化，不断了注入娱乐和休闲因素。

（三）乡村休闲别墅、野外探险和海滨度假

17世纪，对于中产阶级来说，城镇回归农村在欧洲北部尤为盛行。随着城镇化不断发展，财富不断积累，"乡村生活"的观念出现，城市富商为避开商场竞争压力，来到乡村购买土地，并建造别墅，成为乡村休闲度假者。这种郊区休闲具有明显的周期性规律：休闲者一般周六晚上到郊区，和家人或朋友一起度过星期天，周一早晨回到市内。

拓展阅读 7-1

18世纪后半期，一种追求野外探险的休闲形式出现，人们开始喜欢山地、峡谷、瀑布、森林等自然风景。拥有这些兴趣的冒险者大都进入英国、欧洲甚至北美地区，意在寻找奇特的野外风景地。为了保护促进这些资源可持续利用，这些野外风景地被赋予一种特殊的地位——国家公园和保护区。

拓展阅读 7-2

野外景观成了一种国家文化身份的象征。到19世纪中期，美国人先后发现的野外风景地包括萨拉托加温泉、伊利运河、尼亚加拉大瀑布、康涅迪克湖、俄亥俄峡谷和阿迪达科山等。

图 7-2 美加边境的尼亚加拉大瀑布　摄影：丁海秀

海滨休闲度假是 18 世纪到 19 世纪逐渐兴起的休闲旅游现象。人们通过海滨度假的形式呼吸海边新鲜空气，远离城市快节奏生活，体验时尚和快乐。海滨休闲度假的发展，与海水洗浴文化的出现有明显关系。对海岸风景的不断向往，源于人们健康意识的增强以及远离城市快节奏生活的愿望。18 世纪 30 年代，英国最先出现了海水洗浴行为，形成了文化现象，并在 18 世纪中期形成了有组织的海滨休闲旅游行为。18 世纪下半叶，罗素（Russel）医生认为，海水与矿泉水一样，极具医疗价值，饮用和洗浴海水有助于治疗某些危重病人。王室成员率先前来，海滨度假地因王室的光顾和潜在的医疗价值而受到推崇。到 19 世纪，英格兰南部的海滨城镇布赖顿（Brighton）取代巴思成为英国社交的中心，使这些英格兰南部海滨的渔村或荒芜之地发展成新兴的时尚中心和疗养胜地。

拓展阅读 7-3

（四）文化休闲

文化休闲主要指以人文资源为内涵的休闲旅游业。进入近代以来，欧洲游客对古典文化、历史、艺术、建筑等以文化为主的休闲场所和休闲景区表现了明显的兴趣。以英国为例，18 世纪中期每年有大约 15000 到 20000 人出国旅游，目的地均带有明显的文化属性。19 世纪 30—40 年代，国家博物馆推进了人们对文化的兴趣，剧院开始增加，滑稽剧表演、马戏、展览不断增多，歌舞活动推动了音乐会和大型舞会的发展。城市公园也是文化休闲的重要组成部分。伴随着城市的扩展人们对身边休闲空间的需求日益强烈。城市公园逐渐兴起，市民可以来到城市公园休息、游览、锻炼、交往，以及举办各种集体文化活动。

（五）美式休闲

在哥伦布到达美洲大陆时，大约有 100 万人生活在今天的美国地域，原始居民的游戏活动包括曲棍球、足球、篮球、打猎等。18 世纪末至 19 世纪中期是美国作为一个新的资本主义国家开始发展的重要阶段，随着欧洲移民的进入职业运动开始发端，主要的职业化运动有赛马、拳击、斗鸡、竞走、划船等，体育运动休闲在美国的出现。发展至今形成了由 NFL 国家橄榄球联盟、MLB 美国职业棒球大联盟、NBA 美国篮球职业联赛和 NHL 国家冰球联盟组成的北美四大职业体育联盟，这些赛事吸引着全国乃至全球的球迷前来旅游观光。总体来看，美国由于欧洲移民的特征，在休闲旅游方式上明显受到了欧洲文化的影响，商业性体育休闲等观赏活动的出现是美国休闲旅游发展的重要特征。

二、中国休闲及休闲旅游发展历程

随着经济社会的发展，人们生活水平不断提高，已经实现了衣食无忧的生活状态，有时候会厌倦周围熟悉的环境，不再满足一成不变的生活，便想方设法提高自己的生活质量。随着拥有更多集中的闲暇时间，旅游成为人们休闲方式的首选。我国的休闲旅游正是伴随着收入水平的不断提高、假日制度的不断完善以及国家政策的大力扶持而发展起来的。

（一）经济社会的发展与生活水平的提高带来休闲旅游市场机遇

根据国际经验，一个国家或地区在人均GDP（国内生产总值）达到3000~5000美元发展阶段以后，居民生活方式、城市功能和产业结构等相继形成"休闲化"的发展时期，或谓之"休闲时代"。近年来，随着我国经济社会持续健康发展，人们生活水平不断提高，极大地促进了居民的休闲活动，休闲服务产业步入高速发展阶段。庞大的休闲市场需求已经形成，尤其是沿海发达地区，西部和中部地区以及农村地区也成为新的消费市场。

（二）假日制度的逐步完善为休闲旅游提供客观条件

改革开放后，我国逐步形成了社会主义市场经济体制，休假制度也在不断完善。假日制度经历了从"大、小礼拜"到"双休"，再到三个"黄金周"的历程。2007年，我国又一次对休假制度进行了调整，形成了"两大五小"的黄金周模式。同时，带薪休假制度也开始正式在我国逐步实施。假日制度的逐步完善，为国民休闲旅游提供了客观条件。

（三）市场需求不断升级倒逼多样化休闲旅游发展

随着经济社会的发展和居民收入水平的提高，游客的旅游需求不断提升，旅游的目的从传统的开阔眼界、增长见识，向休息放松和陶冶生活情趣等进行转变，成为当代旅游的重要特征。市场需求不断升级，倒逼我国旅游业进入了多元化休闲旅游发展时期。我国休闲旅游经历了从无到有，从小到大的发展过程，并逐渐走向家庭化、大众化和多元化的态势。休闲旅游产品不断丰富，如文化休闲旅游、运动休闲旅游、康乐休闲旅游、乡村休闲旅游、城市休闲旅游等。

（四）各项政策的出台推动休闲旅游的发展

2006年4月，世界休闲博览会在杭州开幕，论坛主题为"休闲——改变人类生活"，时任副总理吴仪女士发表了题为"积极发展休闲服务，不断提高生活质量"的主旨演讲。2009年，国发〔2009〕41号文件《国务院关于加快发展旅游业的意见》提出：要将休闲作为加快发展旅游业的重要内容，明确提出了"制定国民旅游休闲纲要，设立'中国旅游日'，落实带薪休假制度"

的意见,该意见具有里程碑意义。2013年,国务院发布了《全国年节及纪念日放假办法(2013修订)》,加上双休日,我国公民至少可以享受到115天的法定休息日。国民可自由支配时间得以增加,这为休闲旅游发展提供了基础条件。同年,国务院办公厅印发的《国民旅游休闲纲要(2013—2020年)》提出,要"推进具有中国特色的国民旅游休闲体系建设"。2017年,《"健康中国2030"规划纲要》提出,要"积极促进健康与养老、旅游、互联网、健身休闲、食品融合,催生健康新产业、新业态、新模式"。此外,《乡村振兴战略规划(2018—2022年)》也明确提出,要"顺应城乡居民消费拓展升级趋势,结合各地资源禀赋,深入发掘农业农村的生态涵养、休闲观光、文化体验、健康养老等多种功能和多重价值"。2021年1月,文化和旅游部发布了《旅游休闲街区等级划分》(LB/T082-2021),标志着我国休闲旅游进入了新的发展阶段。

拓展阅读7-4

综上所述,我国休闲旅游虽比西方发达国家发展较晚,但在21世纪的今天,我国国民的物质生活水平已经有了极大的提高,具备足够的消费能力和闲暇时间,追求更高层次的休闲文化生活和精神享受,已经迎来休闲旅游的新时代。

第二节 休闲旅游市场现状及特征

截至2020年底,我国城镇化率已达63.89%,城镇常住人口超过9亿人,这是一个非常巨大的潜在的旅游市场。中国社会科学院财经战略研究院、中国社会科学院旅游研究中心等联合发布的《休闲绿皮书:2019—2020年中国休闲发展报告》指出:中国居民的休闲意识显著增强,收入增长带来休闲消费潜力的释放,休闲的时间保障进一步增强。据专家预测,到2030年,旅游业将成为全世界80%以上人员的生活必须,而以"休闲"为主要目的旅游方式——休闲旅游,则更具广阔市场前景。休闲旅游逐渐成为我国旅游业发展的热点,占有越来越重要的地位。

一、休闲旅游的市场发展现状

(一)经济社会水平决定休闲旅游发展的区域不平衡性

受区域经济社会发展水平影响,东部地区的休闲旅游发展水平处于领先状态，中部和西部地区相对滞后，总体呈现出由东向西递减的格局，与我国当前社会区域经济发展水平相吻合。

（二）假日制度是制约休闲旅游市场发展的关键因素

休闲旅游以家庭、工薪阶层为主要客源，其出游时间的选择主要集中在法定节假日，容易造成人流量拥挤、体验质量差、转换结构快等问题。因此，现有的休假制度只能适应传统的大众观光旅游，在一定程度上制约着休闲旅游的发展。

（三）目的地多为风景优美的城市郊区和经济发达的周边城市

国外休闲旅游的主要客源圈是旅游者乘飞机两小时左右可达的地域，其目的地往往是距离城市较远且旅游资源比较丰富的地区。而根据我国的国情，休闲旅游目的地多选择较近地区，主要包括自然景物优美、服务设施齐全的城市郊区，或经济比较发达、文化生活比较丰富的周边城市。一般多选择乘火车或汽车2至3小时能到达的地方，抑或自驾而行。

（四）休闲旅游市场尚具有较大培育空间

结合我国现有国情，休闲旅游市场尚存在较大培育空间，需要多协同推进发展。对政府而言，一是要制定适合休闲产业发展的产业政策和制度法规；二是要改革假日制度，推动带薪休假制度逐步落地。从游客角度看，要提高全民受教育水平，提倡健康、积极的休闲消费和生活方式。对市场主体而言，要坚持创新发展理念，打造丰富多彩、能满足不同消费群体的休闲旅游产品体系。

二、休闲旅游的市场发展特征

（一）休闲旅游市场呈现大众化发展

人们的休闲方式多种多样，通过旅游的方式实现休闲目的，无疑是一种高尚的精神生活。在发达国家和地区，休闲旅游的消费需求相对较为成熟，而在发展中国家和地区，休闲旅游正逐步成为旅游消费的新时尚。当人们拥有了更多的闲暇时间和可自由支配的经济收入后，越来越多的人将会选择休闲旅游，休闲旅游不再是少数人的消费方式，而正日益大众化，为休闲产业和旅游产业发展提供广阔的市场空间。

（二）休闲旅游市场呈现多元化发展

休闲旅游是多元化的，未来的市场细分化趋势越加明显。现代社会，旅游者的需求个性化愈加凸显，倒逼休闲旅游市场出现细分，这也需要休闲旅游产品更加重视深层次开发，呈现多元化产品体系，以便满足不同群体、不同层次的消费需求。目前市场上基本上形成了文化休闲旅游、运动休闲旅游、康乐休闲旅游、乡村休闲旅游和城市休闲旅游等多元产品体系。

（三）休闲旅游市场即将进入高品质需求阶段

2020年是我国全面建成小康社会的收官之年，经济发展总量已经达到百万亿级，人均GDP也突破了一万美元。结合国际经验，我国休闲旅游将跨入一个新的发展时期，总体步入环境高质量改善和生活高品质发展的新阶段，为休闲旅游的高质量发展提供了新的历史契机。同时，新冠疫情席卷全球，不仅对旅游业造成了前所未有的冲击，也对居民的生活理念和人生价值产生了新的认识，因而也对休闲旅游市场产生了深远的影响。

拓展阅读 7-5

第三节　休闲旅游的发展意义

休闲旅游是旅游业转型升级的重要形式和内容。它不仅能够促进人们树立正确的休闲观，提升文化修养，促进个体身心和意志的全面发展，同时也能有助于建设和谐社会，传承和弘扬中国优秀传统文化，具有重要的个人价值、文化意义和经济社会价值。

一、休闲旅游促进人的发展

从某种意义上说，休闲旅游是旅游者的一次自身生命活动。在这个过程中，旅游者能够充分享受自身自然和外界自然，通过身心的充分展露和表达，感受到一种内在的愉悦和幸福。休闲旅游完成了人的精神和道德境界的提升，是旅游审美的自我实现和充分展开，是人类美丽的精神家园。

（一）促进树立正确的休闲观，提升文化修养

对于休闲，传统理念和认知存在一些误区。有人认为"休闲"就是睡懒觉、喝酒、打麻将等，虽然它们也是"休闲"，但属于"消极的"休闲；也有人认为，休闲是得到某种奢侈品，比如出入咖啡厅、高档酒吧、健身房、美容院、高级餐厅，购买高档住宅、名牌轿车等，其实休闲不限于此。休闲旅游作为一种积极的休闲方式，更加具有大众性和文化性。休闲旅游能够促进旅游者树立正确的休闲观，提升文化修养。

（二）促进个体身心和意志的全面发展

休闲旅游是以"休闲"为主要目的，以陶冶情操、回归自然、复归人性和寻求人的真善美为最高境界和终极目标。休闲旅游更注重旅游者的精神享受，更强调旅游者在某一个时段内所处的文化创造、文化欣赏、文化建构的存在状态。它通过旅游者共有的行为、思想、感情，创造文化氛围，传递文化信息，构筑文化意境，从而达到个体身心和意志的全面、完整发展。

二、休闲旅游有助于构建和谐社会

休闲是一种客观的社会现象，随着休闲时代的日益逼近，休闲时间日渐充裕，同时国民物质收入的增加、经济的宽裕，必然促使休闲活动的加速推展。和谐社会的构建，客观上要求我们用一种积极的休闲活动去引导国民的休闲生活。而休闲旅游正是一种积极的休闲活动，它的推广与普及，无疑张扬了休闲的正面作用，有助于和谐社会的早日实现。

三、休闲旅游推动旅游产业的转型发展

我国旅游业经历了40多年的快速发展，传统观光产品已经开发到极致，已无法满足多元化的市场需求。随着经济社会的不断发展，人们生活水平持续提升以及旅游业转型升级，休闲旅游已经成为当前旅游业的重要组成部分，并成为未来的发展趋势。我国现有休闲旅游类型多样，依托不同的主题资源，迎合不断变化的需求市场，已经形成较为丰富的休闲旅游产品体系，促进了旅游产业的转型升级。

四、休闲旅游传承和弘扬中国优秀传统文化

开展休闲旅游，不但适合现时代社会的发展要求，同时也是对中国传统文化的重塑和弘扬。中华传统文化博大精深，是发展休闲旅游的重要载体。中国传统的休闲意识和理念，通过形制的固化，内容的实体化与丰富化，历经数千年传承与延续，沉淀为中华民族的生存形式和情感寄托。休闲旅游是促进传统和传承中华休闲文化的主要方式，旅游者在旅游过程中不仅能够体验其中传统文化的魅力，同时也能传播、发扬和传承中华优秀传统文化。

本章小结

本章主要介绍了休闲旅游的发展历程、休闲旅游的市场现状和发展趋势、休闲旅游的发展意义。重点讲解了中国休闲旅游发展历程、休闲旅游市场趋势和发展现实意义。随着经济社会的快速发展和人们生活水平的日益提高,国民休闲旅游权利制度的推行,我国旅游经济正在向休闲经济形态转变,休闲旅游已逐渐成为我国旅游消费的新亮点和旅游发展的新时尚。目前,中国休闲旅游发展势头迅猛,但诸多因素制约着休闲旅游业的发展,机遇与挑战并存。休闲旅游以休闲为主要目的,注重旅游者的精神享受,代表着旅游产业发展的较高阶段,人们在获得愉悦的心理体验和精神满足的同时产生美好感。发展休闲旅游提升了旅游者的文化素质,传承弘扬了传统文化,构建了社会和谐,因此休闲旅游是中国旅游发展的必然趋势。通过知识对比与思考,能够了解世界休闲旅游和中国休闲旅游发展的历程,了解休闲旅游市场的现状和发展趋势,掌握休闲旅游发展的现实价值和意义,引导学习者形成正确的行业认知。

思考与练习

一、单项选择题

1. 大量遗址和文献资料证明,(　　)在罗马人生活中扮演着重要角色。
   A. 澡堂　　　　　　　　B. 马戏场
   C. 体育场　　　　　　　D. 剧场

2. (　　)度假是18—19世纪逐渐兴起的休闲旅游现象。
   A. 野外风景地　B. 海滨休闲　C. 温泉休闲疗养　D. 乡村休闲

3. 2007年,我国对休假制度进行了调整,形成了(　　)的黄金周模式。
   A. 两大两小　　B. 一大五小　　C. 两大五小　　D. 五大两小

4. 2006年4月,世界休闲博览会在(　　)开幕,论坛主题为"休闲——改变人类生活"。
   A. 武汉　　　　B. 成都　　　　C. 上海　　　　D. 杭州

5. (　　)年,文化和旅游部发布了《旅游休闲街区等级划分》,标志着我国休闲旅游进入了新的发展阶段。
   A. 2020　　　　B. 2019　　　　C. 2021　　　　D. 2018

6. 受区域经济社会发展水平影响，（　　）地区的休闲旅游发展水平处于领先状态。

A. 东部　　　　B. 西部　　　　C. 中部　　　　D. 北部

7. 据相关预测，未来泰国、夏威夷、中国（　　）将会取代中国香港、新加坡、印度尼西亚，成为东亚和太平洋地区休闲旅游首选地。

A. 青岛　　　　B. 海南　　　　C. 大连　　　　D. 北海

8. 休闲旅游已呈现家庭化、大众化、多元化和（　　）发展态势。

A. 国际化　　　B. 高端化　　　C. 城市化　　　D. 生态化

9. 只有合理开发（　　）休闲资源，保护休闲旅游目的地的自然生态环境和历史人文环境，科学制定旅游地的环境承载力，才能促进休闲旅游的可持续发展。

A. 乡村　　　　B. 文化　　　　C. 生态　　　　D. 康乐

10. 休闲旅游完成了人的精神和道德境界的提升，是（　　）的自我实现和充分展开，是人类美丽的精神家园。

A. 旅游审美　　B. 旅游价值　　C. 旅游享受　　D. 旅游意识

二、判断题

1. 一般认为，休闲旅游源自古罗马时期，至今已逾数千年。　　（　　）

2. 2009年11月25日国务院常务会议，讨论并原则通过《关于加快发展旅游业的意见》，于12月1日正式颁布。　　（　　）

3. 目前，我国休闲旅游市场目的地多为风景优美的城市郊区和经济发达的沿海城市。　　（　　）

4. 家庭旅游是休闲旅游的重要形式。　　（　　）

5. 中国实施的传统节日的休假制代表了中国民间的传统节日休闲文化。

（　　）

三、简答题

1. 简述欧洲休闲旅游经济经历的发展阶段及其代表。
2. 简述美式休闲旅游的发展特点。
3. 简述中国休闲旅游的发展历程。
4. 谈谈休闲旅游在中国的发展现状。
5. 试分析休闲旅游的发展趋势。

四、论述题

1. 结合自身经历，谈谈传统节日的民间习俗是如何提升了中国人对传统中华文化内在的认知和民族自豪感，促进了整个社会的和谐发展？

2. 微旅行，顾名思义就是短小、随时发生的旅行，微旅行可以是自驾行也可以是搭乘短途火车，或长途汽车，或自行车。试举例说明微旅行的内涵。

第八章

休闲旅游的类型

本章重点

本章包含不同休闲旅游类型的概念、内涵、特征和主要内容等,重点讲解文化休闲旅游、运动休闲旅游、康乐休闲旅游、乡村休闲旅游和城市休闲旅游的内容组成。对市场热度较高的古镇休闲旅游、邮轮休闲旅游、森林休闲旅游、亲子休闲旅游和房车休闲旅游等也进行了介绍。

学习要求

通过本章内容的学习，学习者能够了解休闲旅游的基本类型，熟悉休闲旅游各类型的定义和内涵，理解休闲旅游各类型的基本特征，掌握休闲旅游各类型的主要内容，从而对休闲旅游具备一定的认知能力理解能力。

本章思维导图

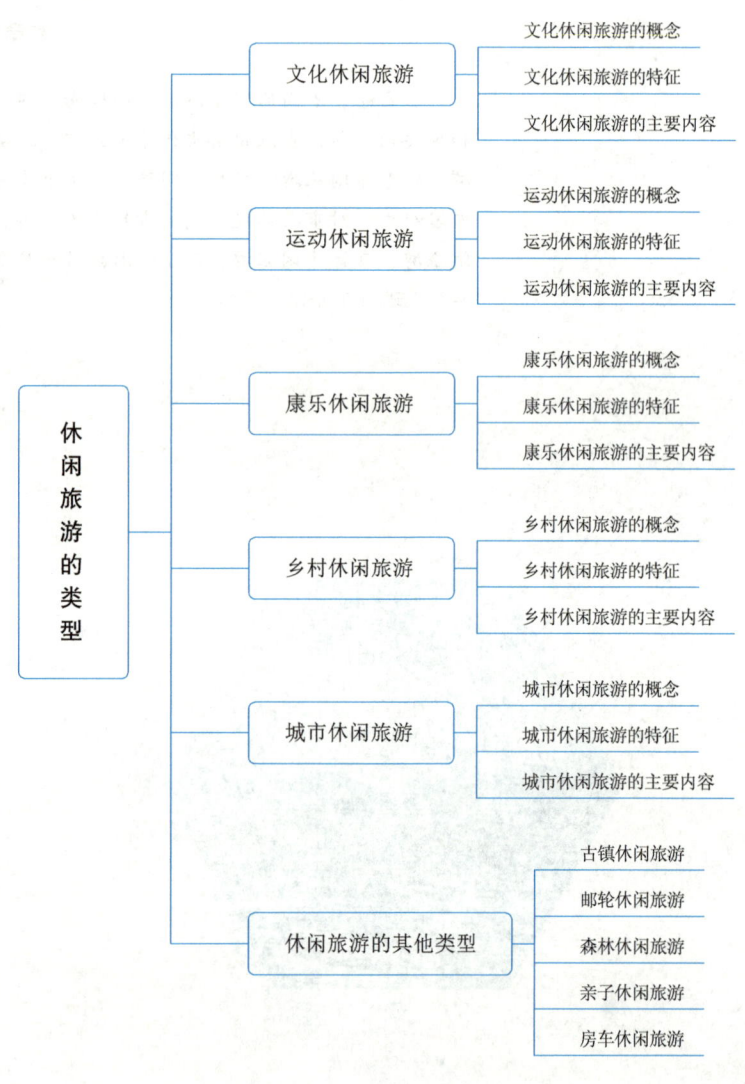

第一节　文化休闲旅游

文化休闲旅游是休闲旅游中较为高级的旅游类型和形式。伴随着经济社会的不断发展，人们生活水平的提升，我国逐步进入了社会主义物质文明与精神文明同步发展的新时代。人们对精神文化的不断追求，对美好生活的持续向往，是文化休闲旅游应运而生的基础条件和市场前提。从资源角度看，我国是一个有着五千年灿烂文化的文明古国，拥有丰富的历史文化、传统文化、民俗文化和现代文化，发展文化休闲旅游的资源条件具有巨大的潜质。依托文化资源，开发文化休闲旅游产品，发展文化休闲旅游产业，不仅可以促进文旅产业转型升级，带动区域经济社会发展，也为"满足人民日益增长的美好生活需要"提供有力的支撑和保障，具有重要现实意义。

一、文化休闲旅游的概念

关于文化休闲旅游的定义，目前学界和业界尚未形成统一认识，且叫法也不一，存在有文化休闲旅游、休闲文化旅游、旅游休闲文化、旅游文化休闲等多种概念。上述概念的外延和内涵具有交叉性和重叠性，但侧重点有所不同。本书认为，文化休闲旅游首先是一种旅游活动，它是休闲旅游的重要组成部分，具有旅游的基本属性。因此，文化休闲旅游与旅游休闲文化、旅游文化休闲、休闲文化旅游等概念内涵是不一样的，不能相互混淆。有鉴于此，本书认为基于"文化"视角界定"休闲旅游"的概念内涵是较为科学的诠释。比较典型的定义如下：

谢易认为，文化休闲旅游指"依靠本地的特色文化属性，再将文化资源融入休闲旅游的开发中，从而达到发展休闲旅游的目的"。谢元鲁提出"文化旅游休闲是休闲旅游的一种方式，是把传统的游玩、接触大自然、艺术欣赏、体育锻炼、社会交往等活动同文化的传播与创造、知识的学习、科普教育等结合起来，形成以某一内容为主题的休闲旅游活动"。对于文化休闲旅游，我们认为"旅游"是基本属性，"休闲"是主要目的，"文化"体现旅游产品内容的主题性。因此，本书将文化休闲旅游定义为"以休闲为目的，以历史文化、时尚文化、民族文化、地域文化等文化资源为基础条件和开发主题的一切旅游产品和旅游服务的总和"。具有以下内涵：

旅游是本质。文化休闲旅游归根结底属于一种旅游行为，这是它与文化休闲最本质的区别。它具有旅游的基本内涵和属性，即异地性和暂时性。文化休闲可能不具有这两个基本特征，文化休闲活动可能在本地进行，也有可能在异地，如果是后者，就属于文化休闲旅游。比如一个人在所居住社区附近的一家博物馆参观，这属于文化休闲行为；但如果他到另外一个城市去参观同样的博物馆，即为文化休闲旅游活动。

休闲是目的。旅游作为一种行为方式，具有复合性、主题性和交叉性，休闲、观光、度假、康养、研学等，不可能完全割裂。比如一个人的旅游动机是获得"度假"体验，那么不可能缺少欣赏目的地的美丽景色等。由此可见，从游客角度看，旅游的目的具有较强的主观性，强调在旅游前和旅游中的最为强烈的动机。文化休闲旅游最重要的目的是"休闲"，即通过体验文化旅游产品和服务，达到消除疲劳、放松身心的目的，实现身体和精神处于良好的状态。

文化是主题。以休闲为目的的旅游活动包括很多主题。所谓主题，即所依托的资源、开发的供旅游者体验的项目和产品具有明显特质和感知属性。比如，故宫博物院与九寨沟，前者以文化资源为主，后者以自然资源为主，这既是主题性。因此，对于文化休闲旅游，旅游者的旅游动机体现在：到一个有文化底蕴的地方，感受文化氛围和文化熏陶，所经历的一切旅游活动和旅游服务均具有文化性。

二、文化休闲旅游的特征

（一）审美性

对于旅游者来说，在休闲旅游活动中，文化休闲是一种较为高级的行为和方式。旅游者需要具有一定审美意识和情怀，与他的知识、学历、阅历、喜好等有很大的关系。比如同样是参观博物馆，看到同样的一件文物，拥有知识储备的游客能够发现其中的美学价值，但有些游客却不感兴趣，认为它就是一个沉睡的物件，发现不了其内在美。此外，旅游资源和产品应具有一定的美学价值，其表现出的不仅是外在美丽风光，更在于内在的美学内涵。因此，审美性更多的是内在审美性，文化休闲旅游就是一种强调内在美的旅游活动和经历。

（二）知识性

对于旅游者来说，文化休闲旅游即为学习、求知和认知的经历。它源于两个层面：一是旅游者本身具有求知猎奇的习惯，其旅游动机和行为体现着获得新知识、新阅历、新体验的目的性；二是从旅游资源和产品视角看，它体现了一种"异文化"特质，在内容和形式上通过知识化的形式进行展示。旅游者通过这种经历活动，不仅能够获得身心放松的状态，实现休闲的目的，同时也能获得新知识、新阅历和新体验。

（三）创意性

文化是旅游的灵魂，创意是文化的核心。文化休闲旅游的资源本底和产品主题以文化为基础，更加强调产品开发的创意性。由于文化具有跨时空性，表达的是过去时的状态和方式。因此文化在现实当中一般是静止的，比如博物馆中的文物、茶古籍中记载的茶艺、历史书中的人物等。为了更好地满足旅游者需求，促使游客更加容易理解和接受文化，需要以现代技术和时尚创意进行物化和活化，打造具有创造、创意和创新性的文化休闲旅游产品。

（四）体验性

随着人类社会进入体验经济时代，旅游产品开发越来越注重体验性，这是旅游业发展的大趋势。对于文化休闲旅游，无论是"文化"还是"休闲"，只有游客参与其中过程，体验其中内容，感受其中内涵，才能充分接受和理解。体验性不仅能够增加文化休闲旅游产品吸引力，提升竞争力，同时游客也能获得更有品质、更真实和更有价值的经历。如茶文化休闲旅游，游客若能够参与到其中的种茶、制茶、识茶、评茶、品茶和售茶等整个过程，就更加容易理解和接受，也更容易获得茶文化相关知识和技能，陶冶情操，修身养性。

三、文化休闲旅游的主要内容

（一）历史文化休闲旅游产品

历史文化是人类经济社会发展的经历和财富。自人类经济社会存在开始，文化就开始形成和延续。我国是一个拥有五千年灿烂悠久文化的文明古国，在漫长的历史长河中，形成了深厚的文化积淀，是开发历史文化休闲旅游产品的重要资源。历史文化休闲旅游产品是以地域历史文化资源为基础，开发和利用成为满足旅游者消费需求的休闲旅游项目和设施等，以及提供的综合服务和经历，以古镇、古村落、传统村落、少数民族村寨、文物保护单位、文化风景名胜区、名人故居（故里）、历史文化博物馆（展览馆）、历史文化街区、历史文化名镇、历史文化名城、物质文化遗产、非物质文化遗产等为代表。

图 8-1 贵州黔东南雷山县西江千户苗寨 摄影：丁海秀

（二）民族文化休闲旅游产品

民族之间最大的不同是生活文化、生产文化的差异性，少数民族文化的"异质性"构成了最核心的吸引力和竞争力。我国由 56 个民族构成，各民族历史文化传承底蕴深厚、绚丽多彩，在漫长的历史长河中形成了各自特有的民风民俗和生活习惯，具有显著的文化差异性。它包括民族歌舞、民族演艺、民族体育、民族婚礼、民族节庆、民族工艺、民族文化、民族音乐、民族建筑、民族服饰等。依托这些资源，开发利用形成的旅游产品即民族文化休闲旅游产品，以少数民族古城、古镇和古村落、少数民族村寨、少数民族非物质（物质）文化遗产、少数民族民风民俗体验活动、演出演艺活动、民俗体验等为代表。

（三）红色文化休闲旅游产品

红色文化是我国特殊的文化形态，指中国共产党领导中国人民进行革命、改革、建设、发展过程中，体现党的宗旨和意志的一切物质和非物质的总和。中国共产党自成立以来，经历了大革命时期、抗日战争时期、解放战争时期、建国初期的计划经济、改革开放以及进入新时代等不同时期，百折不挠、勇往直前、砥砺奋进，积淀了丰富的精神文化内涵，具有时代性、先进性、教育性、启发性和警醒性，是开发休闲旅游产品的良好资源。以革命老区、长征路线、革命历史事件和活动遗址遗迹、伟人故居（故里）、红色革命历史纪念馆、烈士陵园、革命历史的口头与非物质文化遗产等为代表。

（四）现代文化休闲旅游产品

现代文化相对于传统文化来讲，具有鲜明的时代性、创造性和开放性，是一个复杂的人文系统，包含一切形式的现代生活和生产方式。比如现代时尚文化、现代流行文化、现代科技文化、现代休闲文化、现代商业文化、现代艺术文化、现代创意文化、现代乡村文化等。依托现代文化资源，通过开发和利用，转化成现代文化休闲旅游产品。比如成都春熙路是现代时尚休闲文化街区的代表，VR（虚拟现实）和AR（增强现实）即为现代科技休闲文化的典型；Cosplay（角色扮演）是较为典型的现代艺术文化和现代流行文化，咖啡文化是具有代表性的现代休闲文化等。

第二节 运动休闲旅游

开发运动休闲旅游产品，发展运动休闲旅游产业是体育产业、健康产业和旅游产业融合发展的理想模式。近年来，国家不断重视体育事业和体育产业发展，全民健康战略已经提出，健康生活理念深入人心，大健康产业将成为国家重要发展趋势。同时，旅游作为"满足人们美好生活需要"重要内容和载体，已经成为国家战略性支柱产业。基于此背景，运动休闲旅游逐渐受到旅游者的青睐，市场需求越来越大，已经成为国家和地方重点关注和开发的旅游产品。同时，我国运动休闲旅游资源非常丰富，拥有逶迤曲折的海岸线、浩瀚无垠的冰雪天地、广袤无边的山丘沙漠、壮丽华美的高原山地等，具备打造优质运动休闲旅游产品的潜质，将成为未来休闲旅游发展的重要趋势。

一、运动休闲旅游的概念

近年来，随着国家对体育产业、健康产业和旅游产业的不断关注，关于运动休闲旅游的相关研究同样是学界研究的热点。有学者从"旅游者"角度界定运动休闲旅游的概念，如姚应祥等认为"是以各种自然景观、人文景观为依托，以强身健体、放松心情为目的，以休闲心态积极参与具有自主性、娱乐性、新奇性、拓展性体育活动的一种旅游方式"。该定义强调旅游者的目的性，将休闲视为一种主观性的心态。也有学者从产业角度，将运动休闲旅游定义为"以运动休闲为核心，以旅游资源为基础，二者糅合发展的新型旅游产业"。同时，也有研究提出运动休闲旅游"是指通过运动休闲活动达成的旅游行为，是运动休闲与旅游两个概念内涵的有机合成"。该定义强调运动休闲活动与旅游行为的融合性，但并不是简单的相加。

基于以上认识，我们认为运动休闲旅游是"以休闲为目的，以运动项目、运动赛事、运动观赏等为基础条件和开发主题的一切旅游活动的总和。"运动休闲旅游与文化休闲旅游概念一样，同样具有"旅游是本质、休闲为目的"的基本特征，所不同的是以"运动"为主题。

运动休闲旅游是一种特殊的旅游方式。从字面意思看，虽然即有"运动"，也有"休闲"，但归根结底是一种"旅游"活动。运动休闲旅游具备旅游行为的一般内涵和特征，比如异地性和暂时性。一个人在所生活的城市参加业余的马拉松赛事，这一种非常好的运动休闲方式，但并不是一种旅游行为，所以不能称之为运动休闲旅游。同样的道理，运动休闲旅游也不能是离开居住地到目的地永久居住发生的行为。

运动体验的过程实现了休闲目的。"休闲"目的是运动休闲旅游的核心要义，由旅游者的动机和产品的功能所决定。运动体验是一种良好的休闲方式，旅游者通过体验某一个运动项目，或参加某一项运动赛事，抑或观赏某一项运动活动，其目的都是为了消除疲劳、放松身心，实现身体和精神的良好状态。同样的例子，一个人到其他城市参加马拉松业余赛，与专业运动员相比，他的目的并不是获得名次和奖项，而是重在参与，实现身心放松。

运动休闲旅游以运动项目、赛事或观赏体验为主题。休闲旅游具有不同的体验和经历，在于旅游产品主题性。运动休闲旅游的主题性体现在"运动"一词上，或参加某一项运动赛事，如马拉松比赛；或体验某一运动项目，如参与景区的素质拓展项目；或观赏某一个运动活动，如观赏球赛、高尔夫比赛等。无论以何种方式，均没有超出"运动"范畴。旅游项目的主题性一般也是产品的核心吸引物，主题性越强，吸引力也就越强。因此，运动休闲旅游要特别注重运动主题的开发，才能构成核心的市场吸引力和竞争力。

二、运动休闲旅游的特征

（一）自主性

传统思维下，当提到体育运动时，我们一般会想到竞技比赛。它具有专业性和规则性，并不会受到参与者个人意志的支配。然而在国外，运动健身、体育活动是一种常态化的个人生活方式。随着旅游业的发展，运动休闲与其结合在一起，即赋予了"自主性"，它的概念和内涵要大于现代很多人对其的理解。从旅游发展角度看，自助游和自由行已经成为发展趋势，人们越来越喜欢根据自己的喜好自由支配时间和费用，实现自己的旅游偏好。因此，无论是从运动休闲本身，还是从旅游发展趋势看，自主性是运动休闲旅游的最基本特征。它不具有传统竞技比赛的专业性和规则性，但具有小众旅游者特殊旅游动机的支配性。

(二) 业余性

相对于一般意义上的竞技类赛事，运动休闲旅游者具有业余性特征。"重在参与，无论输赢"是最好的解释。一个人在旅游过程中参与运动休闲旅游项目时，其目的并不是想要获得怎样的名次和成绩，而是想通过这种参与经历实现身心放松和休闲目的。比如在一次休闲旅游中，马拉松业余爱好者的目的是为了保持健康、燃烧脂肪、解压镇静和寻得自我等，他们也并没有参加过专门的体育教育和运动训练，属于业余选手。此外，从运动休闲旅游项目本身看，景区开发的产品也具有"业余性"。比如，游客参加景区组织的高尔夫活动，事实上它不属于真正的高尔夫竞技比赛，场地不是标准场地，在规则和流程上也做了简化处理。

(三) 小众性

运动休闲旅游市场属于小众性市场。主要基于以下几个层面原因：其一，从经济社会发展看，国外发达国家运动休闲需求市场要高于国内，这是由经济社会发展总体水平所决定的。现阶段我国民众生活水平虽然有较大提升，但相较于发达国家，尚且具有较大差距，运动休闲旅游处于初步发展阶段。其二，从旅游发展规律看，运动休闲旅游属于主题性较强的专项旅游产品，是旅游发展到某个阶段才能出现的内容形态。其三，从产业发展角度看，运动休闲旅游建立在体育事业和产业、健康事业和产业、旅游事业和产业融合发展的基础上。除了旅游业，还需要体育和健康事业（产业）同时做支撑。总而言之，无论从宏观经济，还是产业发展以及旅游发展趋势看，当前我国经济社会现状、市场现状和产业现状，决定了运动休闲旅游尚属于小众旅游，但具有巨大的发展潜力。

(四) 参与性

参与性是运动休闲旅游又一重要特征。从旅游者看，以旅游产品为载体，通过运动项目、赛事或观赏体验等方式实现休闲的目的，这个过程中旅游者要参与其中。从旅游产品看，提供的运动休闲项目和业态本身具有体验性，比如景区的游泳、滑雪、球类运动、攀岩、马拉松等，与传统观光型产品业态不同。对于旅游者来说，观光休闲旅游产品属于被动性旅游产品。比如，美丽的山川河流就在眼前，游客只要是眼睛睁开的，那么就能体验到美景带来的快感，这是一种被动性的接受。但是，对于滑雪休闲旅游项目，旅游者参与其中过程，亲身体验滑雪带来的刺激和放松，因此这是一种主动性的参与和接受。需要说明的是，旅游的参与性与体验性不同，参与一定能够获得体验，体验不一定非得是主动参与。

三、运动休闲旅游的主要内容

（一）滨水运动休闲旅游产品

我国是水资源大国，拥有丰富的河流、湖泊、海洋和岛屿资源，比如有1.8万千米海岸线；1平方千米以上的湖泊大约有2800多个，总面积约为8.14万平方千米。这些资源构成了滨水运动休闲旅游产品的基础条件，具备发展滨水休运动休闲旅游的潜质。滨水运动休闲旅游产品是以河流、湖泊、海洋、岛屿等资源为基础，通过开发和利用，提供满足旅游者消费需求的运动休闲旅游项目（景区）、旅游设施以及旅游综合服务和经历。它包括滨河运动休闲、滨湖运动休闲、河滩运动休闲、岛屿运动休闲、沙滩运动休闲、岛屿运动休闲、帆船运动休闲、游艇运动休闲等。如青岛帆船运动管理俱乐部、海南沙滩运动嘉年华主题乐园等。

（二）冰雪运动休闲旅游产品

我国冰雪资源丰富，主要集中在东北三省、京津冀、内蒙古、新疆等地区省份，以吉林、辽宁和黑龙江东北三省最具有代表性，具备开发冰雪运动休闲旅游产品，发展冰雪运动休闲旅游产业的基础条件。近年来，随着国家不断重视冰雪产业、体育产业和旅游产业的发展，冰雪运动休闲旅游迎来了新的机遇，涌现了一批冰雪运动休闲旅游项目、景区和产品。关于对其概念的定义，业界认为是指"以冰雪资源为载体，结合现代体育运动项目和赛事，开发以休闲为目的所有服务和经历的总和"。景区内具有代表性的产品项目包括花样滑冰、越野滑雪、跳台滑雪、有舵雪橇、无舵雪橇、自由式滑雪、单板滑雪、短道速滑、冰壶、冰球、滑雪场馆、滑雪运动等。

图 8-2　冰雪休闲运动

（三）山地运动休闲旅游产品

我国是一个多山的国家，山地资源是我国旅游资源的重要组成部分，具有较大的开发价值。山地资源包括复杂多变的山地景观、山地水体、山地植被、山地动物以及所形成的山地环境，是发展山地运动休闲旅游的良好载体。世界范围内，山地运动休闲旅游目的地以瑞士阿尔卑斯山、美国科罗拉多大峡谷、日本富士山等为典型代表，发展较为成熟。我国山地运动休闲旅游发展相对滞后，但资源丰富、潜力较大，主要以观光为主，较为代表的有桂林山水、安徽黄山、吉林长白山、陕西华山、四川峨眉山、浙江天台山等。我们定义山地运动休闲旅游产品为"以山地景物景观和山地环境为条件和载体，开发具有观光、运动、休闲、度假多功能为一体的旅游产品和服务的总和"。山地运动旅游是未来我国旅游产业发展的重点内容，具有巨大的发展前景。

（四）沙漠运动休闲旅游产品

沙漠是一种特殊的地貌景观和环境。从产业发展角度看，由于脆弱和恶劣的生存条件，不适合发展农业、林业、畜牧业等生产活动。沙漠地区一般是植被稀少、人迹罕至、一片荒凉的景象和状态。但从旅游角度看，沙漠是非常好的旅游资源，适合开发运动休闲旅游产品。我国是沙漠资源较为丰富的国家，乌兰布和沙漠、塔克拉玛干沙漠、库木塔格沙漠、古尔班通古特沙漠、巴丹吉林沙漠、腾格里沙漠、库布齐沙漠、柴达木盆地沙漠等是我国著名的八大沙漠。业界普遍认为，沙漠运动休闲旅游产品可以定义为"依托沙漠景观、沙漠地势和沙漠环境等资源条件，开发具有观光、运动、休闲、猎奇等功能于一体的旅游项目和服务的总和"。包括沙漠观光、汽车赛事、体育赛事、航空体验、文化展演、主题游乐、运动休闲、婚纱摄影、极限运动、拓展运动等项目。

（五）民族运动休闲旅游产品

我国是一个多民族组成的国家，民族文化和资源绚丽多彩。传统体育运动和活动方式是其重要组成部分，包括经济活动、生产活动、民俗活动、宗教活动等主要类型，具有文化性、地域性、娱乐性和交融性等特征。民族体育运动资源是开发休闲旅游产品的重要资源，具有重要的经济价值、科学价值和社会价值。很多少数民族地区以此开发成为旅游产品项目，成为民族旅游的主要内容。我们认为，民族运动休闲旅游产品是"以民族地区传承下来的传统体育运动和活动方式为依托，开发具有参与性、体验性、观赏性、休闲性的一切旅游项目和服务的总和"。我国民族运动休闲旅游发展较好，因自然环境迥异，可分为山地民族运动项目、草原民族运动项目、冰雪民族运动项目、水域民族运动项目等。

第三节　康乐休闲旅游

传统意义上，康乐休闲一般指的是旅游饭店的配套设施和项目。但随着旅游业的发展，现代意义上的康乐休闲已经不限于旅游饭店专有，在旅游景区、城市娱乐场所、旅游主题乐园中也同样存在。这不仅是旅游发展的趋势，同时也是旅游者需求的重要体现。在旅游六要素中，"娱"是重要组成内容。它在本质内涵上与"康乐"是一致的。在旅游产业结构中，"娱"一直是被重视，但开发较为困难的领域，很多景区和城市之所以无法留住客人，原因就在于缺乏具有娱乐性、现代性、体验性和丰富性的康乐休闲设施和项目体系，无法满足旅游者的需求。康乐在旅游产业结构中的地位不断提高，康乐设施和项目以其良好体验的服务，可以进一步增强整体旅游产品吸引力，迎合旅游消费者的需求，促进旅游经济的发展，其作用不容忽视。

一、康乐休闲旅游的概念

关于康乐休闲旅游的概念，目前学界尚未有较为成熟和权威的定义。且人们对"康乐"的理解也有不同，是不同概念的简称，如康体娱乐、康养娱乐、康疗娱乐等。人们对酒店康乐的关注和研究较为集中，但实际上康乐设施不限于酒店和饭店，在很多旅游景区、娱乐场所、游乐场所等同样存在康乐项目和设施。关于康乐的概念，有学者认为"酒店康乐服务包括康体休闲、保健休闲和娱乐休闲等"。地方标准《"金熊猫"旅游服务质量等级划分与评定》认为，康体娱乐是指"社会各部门提供的与康体娱乐活动有关的一切产品和服务，以及与这些产品与服务相关的所有经营活动康体娱乐总和，主要包括健身娱乐业，它涵盖了体育健身、休闲娱乐、户外运动、观赏和体育旅游等内容"。除此之外，《四川省康养旅游发展规划（2015-2025）》认为，"康体"和"康疗"是"康养"的重要组成部分。综上所述，"康乐"的"乐"意指"娱乐"，只是对于"康"的理解有所不同。

基于此，我们认为"康乐"是"康体娱乐"和"康疗娱乐"的统称，但不属于"康养"的范畴，二者具有本质的区别。本书将康乐休闲旅游定义为"以旅游景区、娱乐场所、游乐场所和旅游饭店等的康体娱乐、康疗娱乐设施为基础和载体，以休闲为目的的所有的旅游活动和服务的总和"。具有以下内涵：

它是一种旅游活动。康乐休闲旅游不是"康乐休闲"更不是"康乐"，它的本质是一种旅游活动行为，具有旅游的基本属性。即在异地短暂停留时间内，以康乐设施为载体，参与康乐项目，实现身心愉快、心情放松等休闲的目的。换句话说，康乐休闲旅游是在旅游过程中通过体验康乐项目或产品来实现休闲的目的的。从旅游者动机看，康乐休闲旅游是以休闲为目的的康乐旅游活动的总和；从产品属性看，提供给旅游者的是康养休闲功能的旅游产品。因此，康养休闲旅游不仅体现了旅游者的偏好和需求，同时也决定了旅游产品开发的方向，通过康乐设施、体验康乐项目而实现休闲的目的。

它以康乐产品为载体。康乐产品由康乐设施和康乐项目组成，是康乐休闲旅游的核心组成部分。休闲旅游的主题包括很多种类型，如文化主题、运动主题、乡村类型、城市类型等。因此，"康乐"不仅意味着康乐休闲旅游的主题性，也彰显了产品属性的特色性。"康乐"的"康"并不是"康养"之意，某些"康乐"项目具有"康养"的功能，比如"康疗"产品；有些项目却不具有"康养"的作用，比如旅游景区KTV、歌舞厅等夜间娱乐项目，反而不利于身体健康。因此，"康乐"侧重于"娱乐"。

二、康乐休闲旅游的特征

（一）娱乐性

相较于其他休闲旅游产品，娱乐性是康乐休闲旅游的最基本特征，这是由康乐设施和康乐项目的主题性和特色性所决定的。旅游基本六要素包括食、住、行、游、购、娱，这里的"娱"即为娱乐。娱乐是人之常情，也是决定旅游者是否留在一个景区或地方的关键因素，娱乐项目的质量决定了旅游经历的质量。现代旅游业发展中，景区或旅游目的地的娱乐项目最容易被忽略，也是最难开发的，它在旅游者消费中所占的比例相对较小，是未来旅游发展重点关注的内容。康乐休闲旅游之所以受到消费者的青睐，是因为它符合现代消费的观念和偏好。因此，在旅游景区产品开发中，有一些属于综合性的游乐或娱乐景区，专注于娱乐产品的开发；有一些属于景区的附属产品，比如九寨沟景区的九寨千古情；有一些属于旅游饭店的配套项目，比如桑拿房、健身房等。

（二）现代性

现代性是康乐休闲旅游的又一重要特征。一般的康乐产品或项目本身就属于现代社会发展的产物，与现代生活方式息息相关，比如打保龄球、高尔夫球，到歌舞厅唱歌、健身房健身等；再比如很多主题性和综合性较强的娱乐景区，如迪士尼乐园、国色天香乐园、方特欢乐世界等。此外，也有些康乐产品或项目虽然是反映历史文化或民族民俗，但是其所利用的技术或手段具有现代性，比如很多景区的演艺节目，它是娱乐产品的重要组成部分，反映的是某一段历史，或者具有典型的民族性，但是运用了现代技术手段进行加工和展现，也是现代性的重要体现。从另外角度看，现代性也是康乐休闲旅游具有重要吸引力的重要特征，旅游除了要具有"异文化"的体验，同时也要符合现代人的生活方式。因此产品和项目在开发过程中，需要通过现代人容易接受的手段和方式进行表达和展示。

（三）体验性

现代休闲旅游行为和经历，不仅体现产品和项目的"参与性"，更注重"体验性"。首先，参与包括主动参与和被动参与，一般意义上讲，两个事物之间发生接触即为"参与"。比如在景区的观光、观赏行为，它是一种被动参与，"映入眼帘"是最佳的解释。其次是主动参与，也是现代旅游者的需求趋势。很多游客希望主动参与某个产品和项目过程，从而获得"好"得体验。虽然"体验"有"好"与"坏"之分，但从旅游需求视角看，我们经常说的"体验性"意指"好"的体验，这样才能更好地获得旅游者的满意度。对于康乐休闲旅游产品来说亦是如此，项目和设施体验性的好坏以及程度是决定产品质量的最基本因素，也是决定旅游者满意度的关键内容。因此，康乐休闲旅游开发要不仅要注重产品项目的主动参与性，还要注重参与过程和结束后的"好"的体验性。

（四）丰富性

康乐休闲旅游的丰富性主要体现在设施、项目和产品的丰富性。康养休闲旅游设施或项目一般体量较小，体验时间短暂，因此需要多个设施和项目组合，形成丰富的康乐产品体系。比如上海迪士尼游乐园，由创极速光轮、七个小矮人矿山车、小飞侠天空奇遇、雷鸣山漂流、沉落宝藏之战、翱翔飞越地平线等多个单体康乐设施或产品组成，构成了具有主题性和特色性的康乐产品体系。再比如旅游饭店的康乐休闲项目，包括健身类、理疗类、娱乐类等，丰富而多彩，才能满足不同客源的需求。再比如很多景区，康乐休闲产品是不断更新和迭代的，演艺节目不断推陈出新，娱乐设施和项目持续开发，其目的是为了更好地为游客提供娱乐服务，以便留住客人。总之，持续不断、丰富的康乐休闲产品表明：一是旅游景区越加重视旅游者对"娱乐"的需求；二是只有持续不断的创新和更新，才是旅游产品奠定市场竞争力的关键要义。

三、康乐休闲旅游的主要内容

（一）旅游饭店康乐休闲旅游产品

改革开放初期，我国旅游业发展注重的是旅游饭店的开发和建设。在早期，康乐休闲设施和项目是旅游饭店的特有产品。在旅游景区，一般称为游乐或娱乐设施。现代意义上的康乐休闲产品不限于旅游饭店专有，在旅游景区、娱乐场所、游乐场所同样有康乐设施和项目。旅游饭店所提供的康乐休闲服务是康乐休闲旅游产品的重要组成部分，国家标准《旅游饭店星级的划分与评定》明确提出，三星级以上的旅游饭店需"具有会议康乐设施设备，并提供相应服务"。这些康乐设施主要包括歌舞厅、健身房、桑拿浴、美容室、保龄球、桌球室、网球场、游泳池和棋牌室。以上康乐休闲设施和项目充分体现了康乐休闲旅游产品的现代性和丰富性。同时，随着饭店业不断发展，高端饭店越加像是一个休闲综合体，所提供的康乐休闲项目日益丰富和时尚，比如很多五星级旅游饭店具备高尔夫体验项目。

（二）主题乐园康乐休闲旅游产品

主题乐园是康乐休闲旅游产品较为高端的形态，是重要的组成内容。这种高端主要体现在参与性和体验性强，在此基础上又能充分体现产品的趣味性、益智性和知识性。国外主题乐园发展相对较早，以美国奥兰多迪士尼乐园、丹麦蒂沃利公园、瑞典里瑟本游乐园、德国鲁其特欧洲主题公园、马来西亚新山乐高乐园和日本三丽鸥彩虹乐园等最具有代表性，为我国主题乐园发展提供重要的借鉴和参考。我国主题乐园发展较晚且较为滞后，早期多是引进国外成熟加盟品牌，最为典型的就是香港迪士尼乐园。随着我国旅游业

图 8-3　广东深圳欢乐谷内的玛雅水公园

的不断发展，也出现了大量知名本土品牌，如北京密云国际游乐场、上海锦江乐园、深圳欢乐谷、芜湖方特欢乐世界、常州中华恐龙园、东部华侨城、宁波凤凰山主题乐园等。随着主题乐园的发展，康乐休闲旅游产品和项目更加体现主题性、益智性和本土化。比如熊出没主体乐园的开发等。

（三）娱乐场所康乐休闲旅游产品

在旅游景区附近一般会存在一些娱乐场所，属于景区产品的组成部分。但这里所指的娱乐场所康乐休闲旅游产品主要是指城市休闲的组成内容。城市休闲是当前旅游业发展的趋势，很多城市已经成为旅游城市，是重要的城市休闲旅游目的地。从旅游业发展看，城市休闲是未来发展的重点方向和趋势，在旅游产业中的地位越加重要。比如近年来国家政策支持和提倡发展的城市休闲街区，一般是由很多娱乐场所康乐休闲项目和业态所组成，如小吃街、美食街、潮流服装店、歌舞厅、夜总会、夜店、酒吧、茶吧、水吧、羽毛球馆、篮球馆、保龄球馆、桑拿浴室、剧场、图书馆等。娱乐场所康乐休闲项目除了具有娱乐性、现代性、体验性和丰富性等特征，同时社交性特征也比较明显。换而言之，娱乐场所康乐休闲项目能够实现旅游者的旅游社交需求，如谈心、倾诉、约会、聚会、交友、聊天、洽谈、谈判、座谈等。

（四）其他专项康乐休闲旅游产品

康乐休闲旅游产品除了上述的旅游饭店类、主题乐园类和娱乐场所类等典型类型，还有很多其他类型。就康乐休闲旅游产品本身而言，它与文化休闲旅游产品、运动休闲旅游产品、乡村休闲旅游产品和城市休闲旅游产品等，具有交叉性和融合性。这是因为，首先从一般认知看，任何两个事物是无法完全割裂开的，之间存在必然联系；此外，从产品属性功能看，它们体现着不同的内涵，比如城市游乐园既是康乐休闲类型，也属于城市休闲类型，同时也有可能属于文化休闲类型。再比如野营、滑雪、高尔夫球等这种专业性较强的康乐休闲产品项目，也分属其他不同的类型。总而言之，我们在理解不同休闲旅游类型产品的时候，主要考虑的是最基本的内涵和属性。同时，随着康乐休闲旅游的不断发展，会有更多的康乐休闲设施、项目和产品不断推陈出新，以便满足人们对康乐休闲旅游不断变化的需求。

第四节　乡村休闲旅游

我国地域广袤，乡村地域面积占一半以上。相较于城市发展，乡村地域物产丰富、风景秀丽、文化深厚，具备吸引城市居民娱乐游憩、放松身心、发展乡村休闲旅游的条件。人类社会，一方面伴随着文明的不断进步，以复杂的城市存在和发展为标志；另一方面是以回归自然、返璞归真为渴望。城市居民生活压力大、工作学习繁忙，在闲暇时间需要寻找放松身心、放飞自我的休闲之地。而乡村以其独特的自然环境和人文氛围成为满足该需求的重要载体。挖掘乡村资源，开发乡村休闲旅游产品，发展休闲农业和乡村旅游，不仅能够满足城市居民的休闲需求，同时也能促进乡村产业转型升级，建设美丽乡村，提高乡村社区居民的收入水平，是脱贫致富和乡村振兴的重要引擎。

一、乡村休闲旅游的概念

我国乡村地区地域广袤，物产丰富、风景秀丽、文化深厚，是发展乡村旅游的重要载体。受经济社会发展程度的影响，国外乡村旅游起步较早、发展较快，而我国则相对滞后。20世纪70—80年代，以北京近郊四季青人民公社、山西昔阳县大寨大队、天津静海县小靳庄、上海崇明岛等地为主，开展了一些具有乡村旅游性质的接待活动为标志，揭开了我国乡村旅游蓬勃发展的序幕。经历40多年的发展历程，乡村旅游一直是学界关注和研究的焦点，研究视角全面、内容丰富。对于乡村旅游的内涵与外延，相关概念较多，如乡村农业旅游、乡村观光旅游、乡村休闲旅游、观光农业旅游、休闲农业旅游等。诸多概念的内涵和外延具有一定的重叠性和交叉性，只是关注的侧重点有所不同。本书主要基于"休闲"视角讨论乡村旅游的概念，即"乡村休闲旅游"，比较典型的定义如下。

有学者从产品角度定义乡村休闲旅游，如宋文丽等提出是"以乡村地区为休闲活动的场所，利用乡村独特的自然环境、田园景观、生产经营形态、民俗文化风情、农耕文化、农舍村落等资源，为以城镇居民为主的旅游者提供的一种休闲旅游产品"。也有学者将乡村旅游休闲视为一种（休闲）旅游活动，如白慧芳等认为是"以城市居民为客源，以乡村性旅游资源为基础，以休闲为主要目的旅游活动"；罗自力等提出"城市人在自由的时间里，主动地从城市文明的外在压力下解脱出来而在城郊地带进行的休闲旅游活动"。同时，又有学者把乡村休闲旅游视为一种休闲方式，如张新认为是"以乡村自然生态景观、特色农业、乡村文化为吸引物，以郊野景区、乡村度假村、休闲农庄、休闲农舍等为载体，以满足旅游者欣赏田园风光、体验农家生活、感悟乡土文化、品尝乡村美食等回归自然、娱悦身心需要的旅游方式"；杨畅提出是"旅游观光者依托自然乡村空间环境，以领略美好乡村奇特自然风光、突出人文景观为目的，集观自然风光、乡村休闲度假、民俗娱乐、农家购物、农事体验为一体的旅游形式"。

综上所述，无论是把乡村休闲旅游视为一种旅游产品，还是看作一种旅游活动或形式，均具有一定偏颇性。但其表达的内涵基本一致，主要体现为：其一，是城市居民跨地域、短暂性获取服务和体验的过程；其二，是城市居民回归自然、放松身心的休闲方式；其三，是以乡村地域的自然和人文为载体和内容。由此，本书将乡村休闲旅游定义为"城市居民以休闲为目的，以乡村地域的自然和人文资源环境为基础条件，前往乡村地区获取的所有旅游活动和服务的总和"。具有以下内涵：

它是城市居民跨地域、短暂性获取旅游服务的过程。乡村休闲旅游本质是"旅游"，具有旅游的基本属性，是城市居民从居家到乡村地区，短暂性的观光、休闲、体验整个旅游服务的过程。乡村休闲旅游服务需要硬件设施和软件环境的共同支撑，并通过不同的业态、项目和产品进行呈现。

它是城市居民回归自然、放松身心的休闲方式。人类社会，一方面伴随着文明的不断进步，以复杂的城市存在和发展为标志；另一方面是以回归自然、返璞归真为渴望。城市居民工作繁忙、学习繁重、生活压力大，在闲暇时间需要调节身心和放松心灵。而乡村地区可以提供这种体验和服务。城市居民把到乡村的体验休闲活动视为一种休闲行为，以此实现休闲的目的。

它是以乡村地域的自然和人文为载体和内容。乡村地域的自然和人文环境有别于城市，这是成为吸引城市居民到乡村休闲旅游的基础条件。乡村休闲旅游开发也是以此为基础和主题，打造休闲旅游产品，供城市居民观光、体验和休闲。

二、乡村休闲旅游的特征

（一）乡土性

乡土性是乡村休闲旅游的最基本特征。从资源上看，主要体现在：一是自然生态环境的乡土性。乡村不像城市一般，经过人为改造后而发生了巨大变化，人流熙攘、高楼林立和马路宽阔是城市的真实写照，乡村环境则改变较小，甚至很多地方保持原真性。二是文化的乡土性。城市发展也是不同文化不断交融的过程，外来文化不断加入和碰撞，多种文化形态交织，成为推动城市文明的动力。而在乡村地区，由于经济发展的滞后，大量的人口不是流入反而流出，外来文化进入机会较小，乡村民风民俗、意识形态等得以较为完整地保存、传承和发展，体现了乡土性。

从产品上，乡村休闲旅游业态和项目建设，不能改变原本的资源环境和乡土文化的本真性。在操作过程中，不能破坏乡村原始地貌的机理，不能无端改造乡村古建筑，也不能破坏乡村流传已久的民风民俗等。从游客需求看，乡土性是乡村休闲旅游的核心吸引力，与城市环境形成了鲜明的对比，才促使城市居民在闲暇时间寻找不同的生活状态，到乡村来，获取不一样的体验和经历。

（二）民族性

我国是多民族组成的国家，分布在不同地理区域，且各民族拥有绚丽多彩的历史文化和民俗文化。从地理上看，乡村的地域性决定了乡村自然和文化环境的民族性。不同乡村地域的民族性具有一定的差异性，尤其是表现在文化上，这正构成了乡村吸引力，成为城市居民和其他地方旅游者前往体验的基础条件。

乡村地域的民族性主要体现在两个层面：一是自然环境的民族性。即不同的民族生活在不同自然环境中，通过不断适应形成了独特的历史文化和民俗文化。如蒙古族生活在草原环境，苗族等多生活在南方多雨的山地区域，哈萨克族生活在西北沙漠地区等。二是文化环境的民族性。它是由自然环境民族性所决定的。不同民族生活在不同的生活环境，千百年来各民族之间和睦相处，形成了各自独特的文化体系，具有明显的差异性。主要包括民族歌舞、民族演艺、民族体育、民族婚礼、民族节庆、民族工艺、民族文化、民族音乐、民族建筑、民族服饰等。正是乡村自然环境和文化环境的民族性，决定了乡村旅游资源的民族性，进而决定了乡村休闲旅游产品民族性。

（三）多样性

多样性是乡村休闲旅游的重要特征。首先，多样性是由乡村地域广袤性决定的。我国国土面积广阔无垠，地形地貌丰富多样，不同地理区域生活着不同的民族，构成了丰富多样的民族文化。其次，从资源上看，不同自然环境和人文环境形成的旅游资源具有显著的差异性和多样性，这是开发不同乡村休闲旅游产品，构成旅游吸引力的基础条件。即使在同一个文化区域，也有丰富多样的文化元素构成，比如民俗、建筑、服饰、艺术等不同领域。同时，资源品质和开发潜力也是不同的，会分为不同等级。以上均体现了乡村旅游资源的多样性。最后，从产品上看，由于不同乡村区域资源环境具有差异性，在一定程度上决定了旅游产品的多样性。资源是开发产品的基础条件，乡村休闲旅游产品开发要挖掘不同的地域资源，不同的乡村地域资源将开发不同的产品体系，构成了各自独特的吸引力。总而言之，多样性是构成我国乡村休闲旅游独特吸引力和发展潜力的基本特征，也是促进我国乡村休闲旅游产业繁荣发展的动力。

（四）季节性

我国国土面积广大，气候类型丰富，有热带季风、亚热带季风、温带季风、高原山地、温带大陆性、热带雨林等多种气候类型。各气候类型形成了特定乡村的自然和地理环境，决定了各乡村区域在土壤、日照、降水、气温、水资源以及生产方面的季节性和差异性。以农业生产为例，比如北方以种植小麦、高粱、玉米、苹果、西瓜、马铃薯为主，南方多种植水稻、香蕉、荔枝、火龙果等作物。同时，自然环境的季节性形成了不同生长体系的生物类型，进而构成了乡村自然资源的季节性。以休闲农业为例，南方的油菜花开放要早于北方，且一般只有一个月的时间。从另外一个角度看，正是由于资源的季节性，决定了乡村休闲旅游产品的季节性，乡村休闲旅游项目和产品的开发一定程度上遵循季节变化的总体规律，受到气温日照、地理纬度、气候条件等不同自然条件的限制，这也是当前我国乡村旅游发展存在的关键问题。以观花、采摘等休闲农业最具有代表性，在旺季的时候人满为患，淡季的时候无人问津，淡旺季非常明显，无法形成可持续的旅游收益。

三、乡村休闲旅游的主要内容

（一）休闲农业旅游产品

休闲农业旅游是以农业生产活动为资源，开发具有观光、体验、休闲功能的服务体系。休闲农业旅游在国外较为成熟，而我国 20 世纪 90 年代才开始开发，相对较晚。休闲农业旅游是"农业+旅游"的典型模式，它是农业生产的附属活动，在农业生产基础上叠加旅游价值，进而促进农业生产的可持续发展。按照发展阶段，休闲农业旅游包括农家乐模式、主题农庄模式、亲子乐园模式、休闲牧场模式、产业园模式等，由观光、体验、游憩、度假、研学、康养等多种功能构成。农家乐是休闲农业旅游的早期开发模式，"吃农家饭、住农家屋、干农家活、享农家乐"是其基本特征。农家乐最早起源于四川成都市，以成都三圣花乡为典型代表。主题农庄是以某一个生产主题、创意主题等为特点的。比如台湾的三星葱体验农场，是以三星葱为创意主题。亲子乐园模式侧重于打造对家庭、儿童、青少年具有吸引力的产品，融科普、教育、体验和研学于一体。休闲牧场模式是以乡村牧场养殖为特色，对儿童、青少年具有吸引力。产业园模式以农业生产为主，以设施农业、景观农业和农产品商品为特色。

拓展阅读 8-1

图8-4 采摘体验 摄影：丁海秀

（二）民族村寨旅游产品

乡村旅游与休闲农业旅游的概念内涵具有本质的区别。休闲农业旅游是以农业生产为基础，旅游只是附属产物，农业本身的价值要远远高于旅游价值。对于农业生产，旅游只是"锦上添花"。而乡村旅游是以乡村历史文化、民风民俗、名人逸事、遗产博物等资源条件为依托，开发而成的休闲旅游项目。民族村寨旅游是乡村旅游重要的组成部分，以少数民族地区居多，如贵州、四川、新疆、江西、广西、云南等地区。民族村寨旅游产品最大的特色是文化性和民俗性，这是由民族村寨本身的资源属性所决定的。很多民族地区，依托国家少数民族特色村寨、中国传统村落、非物质文化遗产、物质文化遗产等为品牌资源，开发具有休闲观光、文化体验、餐饮美食、旅游购物等多元功能于一体的产品体系。以贵州千户苗寨、新疆白哈巴村、丽江石头城、云南坝美村、江西瑶里村、广东连南瑶寨、四川甲居藏寨等最具有典型代表性。

（三）乡村休闲度假产品

乡村休闲度假产品是乡村休闲旅游服务设施相对齐全、质量较好、档次较高的一种形式。首先，从旅游业发展趋势看，随着经济社会的不断发展，休闲度假需求逐渐显现，传统观光旅游已经无法完全满足游客需求。为了迎合不断变化的市场，很多乡村旅游基地、旅游景区乃至知名旅游目的地，已经尝试由观光产品向休闲度假产品进行转型。其次，从资源上看，乡村休闲度假旅游一般为自然生态环境比较优越的地区。很多乡村休闲度假区山清水秀、空气清新、气候宜人，具备开发康养、养老、休闲、度假等多元度假项目。乡村休闲度假旅游产品不仅注重资源环境的优越性和适应性，同时也关注产品体验性和服务品质。比如莫干山安缇缦度假区、安吉老树林度假别墅酒店、香格里拉仁安悦榕庄、密云区干峪沟村度假旅游区等。从产品角度看,乡村休闲度假旅游产品表现形式包括乡村酒店、乡村民宿、乡村客栈、乡村驿站、乡村公寓、乡村旅馆等多种形态。

(四) 乡村游乐旅游产品

乡村游乐旅游产品最基本的特征是体验性。游乐项目是当前较为流行的体验方式,不仅体现在大都市,很多乡村旅游也已经把游乐项目融入旅游产品中。乡村游乐项目一般投资成本不高,但是参与性和体验性较强,受到了广大旅游者的青睐。乡村游乐旅游产品要注意以下几个问题:第一,它不是简单的城市游乐设施搬迁至乡村地域,一味地追求科技、现代等元素。这样会造成水土不服,一定要结合乡村地域的基本情况,拥抱自然,以人为本。第二,乡村游乐旅游注重强化主题,突出特色。旅游产品的主题性是构成旅游吸引力的重要内容,明确清晰的乡村游乐旅游产品主题,会给游客们以很好的导向性和趋向性。第三,对于乡村游乐旅游项目的开发和布局,应该有明确的主题和层次之分。以什么为主题,哪些项目是主题项目,哪些项目是辅助性项目,形成乡村游乐以点破面、主次分秒、多点开花的开发模式,为不同年龄段的消费者提供不同的体验感,提升旅游重游率。

第五节　城市休闲旅游

城市是人类文明发展的产物,也是人类社会发展的主体。城市拥有丰富的休闲旅游资源,很多城市挖掘休闲资源,开发休闲旅游产品,吸引人们前往观光、体验和度假,成为名副其实的旅游目的地。同时,由于城市具有特殊的地理区位和交通区位,旅游者到某些著名的景区,一般将区域内的城市作为旅游中转地,这也为城市休闲旅游带来了发展机遇。挖掘城市休闲资源,开发城市休闲旅游产品,发展城市休闲旅游产业,不仅能够满足旅游者的休闲旅游需求,同时也能促进城市产业转型升级,丰富城市文化,树立城市形象品牌,具有重要现实意义。

一、城市休闲旅游的概念

随着经济社会的不断发展,旅游业持续转型升级,城市休闲旅游已经成为当前旅游业发展的主要趋势。关于对其定义,目前尚未有统一的说法。且存在诸多相关概念，如城市旅游、城市休闲观光旅游、都市观光旅游、都市休闲旅游、都市休闲观光旅游等。城市休闲旅游有以下几种典型定义。

王红宝等从产品视角定义城市休闲旅游，指"为了满足人们进行休闲活动的和旅游活动的需要，以休闲者的目的、特征和指向等为目标而在城市市区或周边上被设计或开发出来的物象与劳务的总和"。

也有学者将城市休闲旅游视为一种重要的旅游形式和活动。王冬萍认为"指城市居民利用闲暇时间在城市及其周边地区通过各种度假、健身、娱乐、游憩等活动，以满足恢复身心、开阔视野、自我实现等需求的旅游形式"。董长云等提出是"以城市为目的地、以休闲为目的的旅游活动"。

此外，王德静提出城市休闲旅游是"以城市为基础，依靠城市的特有资源和优势来发展休闲旅游，是旅游业发展的趋势"。杨美景认为它是"以城市旅游资源为依托，以城市旅游设施为条件，以特定的文化景观和服务项目为内容，在某一城市作一定时期的游览、娱乐、观光和休息"。王琳等提出"城市休闲旅游要素主要包括城市休闲旅游资源要素、休闲城市环境要素、休闲旅游服务要素和城市休闲旅游管理要素"。

基于以上学者对城市休闲旅游的认识，本书将城市休闲旅游定义为以休闲为目的，以城市旅游资源、旅游设施及其所构成的城市旅游环境为基础条件，前往某一个城市进行观光、游览、体验、游憩过程中所获取的一切旅游活动和服务的总和。具有以下内涵：

它属于前往异地城市短暂的旅游活动和行为。城市休闲旅游一定是前往异地城市，即在非常驻生活城市进行的旅游过程。若在本城市进行的休闲行为，则属于城市休闲，不属于城市休闲旅游。因此，城市休闲旅游具有旅游的基本属性，即异地性和短暂逗留性，其本质属于一种特殊的旅游行为。

它以实现舒缓身心、缓解压力、放松心情为休闲目的。通过到异地城市进行旅游活动，休闲是最基本的特征，也是最初衷的目的。

它是以城市休闲资源、休闲设施以及其所构成的城市环境为条件的。从地理上看，城市休闲旅游资源具有典型的区域性，它不能突破城市界限。如同乡村休闲旅游一样，城市休闲旅游的资源条件一定是城市区域内的休闲资源、休闲设施、休闲文化以及其所形成的城市环境。

二、城市休闲旅游的特征

（一）时尚性

时尚性是城市休闲旅游的重要特征。城市休闲旅游项目属于现代社会发展的产物，与现代生活方式息息相关。如以文创集市、文创工作坊、文创博物馆等为代表的城市文创休闲；以体育馆、羽毛球馆、保龄球馆、马拉松业余赛等代表的城市体育休闲；以城市CBD（中央商务中心）、CSD（中央休闲购物区）、CLD（中央休闲文创区）等为代表的城市购物休闲；以小吃街、美食街、酒吧、茶吧、水吧等为代表的城市餐饮休闲；以迪士尼乐园、国色天香乐园、方特欢乐世界、华侨城、动植物园等为代表的城市游乐休闲等。此外，有些城市休闲产品或项目虽然反映的是历史文化或民族民俗，但所利用的技术或手段具有现代性。比如很多城市演艺节目，反映的是本地的历史文化，但均运用现代技术手段进行加工和展现，也是时尚性的重要体现。从现实角度看，时尚性也是城市休闲旅游具有重要吸引力的关键特征，开发城市休闲旅游产品需要符合现代人的生活方式，并通过现代人容易接受的手段和方式进行表达和展示。

（二）丰富性

丰富性是城市休闲旅游的又一重要特征。丰富的城市休闲旅游产品不仅能够满足本地市民的多元化需求，对其他旅游者也具有较大吸引力，很多城市已经属于城市休闲旅游目的地。首先，从资源上看，相较于乡村，城市发展较为成熟，政府将大量的人力、物力和财力投入城市建设，其中就会涉及丰富的城市休闲设施和休闲资源，目的是为了让城市居民享受到更加优质的休闲生活。这些休闲资源和休闲设施，对于其他地方和城市的人们来说即为旅游资源，旅游者同样可以享受到该城市的休闲资源和休闲旅游服务。从产品角度看，休闲设施和休闲资源的丰富性在一定程度上决定了休闲旅游产品的丰富性。其次，城市居民的休闲需求是不断变化的，只有不断更新迭代休闲产品，才能不断满足城市居民及前来本城市的游客的需求。同时，从城市发展看，城市规模越大，开放程度越大，经济社会发展水平越高，休闲旅游产品越丰富。比如，我国东部沿海地区的城市休闲资源和城市居民的休闲意识等，均比西部内陆城市更加丰富和强烈。总而言之，城市休闲旅游产品的丰富性与城市的开放性、品质性、规模性和发达性成正相关关系。

（三）文化性

城市休闲旅游产品不仅是旅游者体验的对象，也是城市文化承载和传播的载体，在一定程度上体现着城市的物质精神和人文精神。首先，文化是城市的基因，精神是城市的灵魂。一个城市要形成文化旗帜，对于城市事业发展、城市形象塑造以及旅游对外宣传至关重要。随着城市的不断发展，城市建设不是单纯地关注基础建设、产业发展和服务提升，而是越来越注重城市文化基因的植入和表达，并通过多种形式传承和发扬城市文化。如成都著名的城市休闲街区——宽窄巷子，它是来蓉旅游的必游之地。宽窄巷子是展示成都院落文化、市井文化、休闲文化、民俗文化的重要载体，体验老成都慢生活的最佳目的地。其次，从旅游角度看，文化是旅游的灵魂，只有拥有文化内涵的休闲旅游产品，才具有持久的生命力和竞争力。同时，随着国民生活水平的不断提高，传统单一的观光性旅游产品已经无法完全满足新的需求，人们更加关注文化和精神层面的体验，文化休闲旅游产品更加受到消费者的青睐，这也为城市休闲旅游发展提出了新的要求。

（四）体验性

休闲的关键在于体验，体验性是城市休闲旅游的关键特征。城市是人类文明发展的先进产物，一般情况下，新的思想、新的理念、新的创造、新的创新首先在城市中出现。同时，伴随着人类经济的不断发展，体验经济时代已经到来，很多体验性设施、体验性项目、体验性业态和体验性产品首先在城市的不同行业和领域内涌现，城市休闲旅游亦是如此。主要体现在以下方面：第一，城市休闲设施和休闲资源一般属于创造性和开发性资源，政府和社会为了满足休闲需求，通过一定资金投入开发建设而成，不像乡村休闲资源具有原生性和原真性，在这个过程中就会考虑和注重体验性。第二，为了迎合旅游消费者的需求，资源在产品转化的过程中注重了体验性。总而言之，体验性不仅是城市发展的必然趋势，也是旅游业未来关注的重点和焦点。基于此背景，要深刻挖掘城市文化资源，打造丰富的、具有参与性和体验性的产品体系，增强城市休闲旅游的生命力和竞争力，树立城市的精神文化旗帜和灵魂。

三、城市休闲旅游的主要内容

（一）城市文创休闲旅游产品

文化创意简称"文创"，意指在创意、创新和创造的活动中探索、发现和开发新的审美趣味，培养新的审美意识，挖掘新的审美价值，有利于文化的传播、传承和发扬，促进文化产业和文化事业的发展，进而带动经济社会发展和变革。文创是城市社会发展和体验经济带来的重要标志。通过旅游的方式，将文创产品展示给城市居民和旅游者，是提升审美情趣、培养休闲意识、丰富精神生活的重要内容，因此城市文创休闲旅游是城市休闲旅游产品的重要组成部分，也是未来城市休闲旅游发展的趋势之一。现代城市中，城市文创休闲旅游产品的表现形式主要包括文创集市、中央休闲文创区（CLD）、文创综合体、文创孵化工作室、文创艺术学校、文创休闲景区、文创休闲公园、文创休闲街区等。有些城市景区博物馆还会专门孵化文创旅游商品，开发文创演艺等，比如北京故宫的口红，就属于城市文创休闲旅游产品。

城市文创休闲旅游在开发过程中要注意以下几点：第一，文化挖掘和整理要符合社会主义核心价值观和中国优秀传统，不能有损民族意志、破坏公序良俗，要遵守道德规范和法律法规。第二，要注意文化的活化利用，将传统文化与时尚意识和时代潮流相结合，便于现代人接受。第三，文化创意要不断更新迭代，注重参与性、体验性和丰富性，适应不断变化的文化休闲需求。

（二）城市体育休闲旅游产品

体育休闲是城市发展的关键内容和重要标志，将体育休闲设施和体育休闲项目作为旅游资源，打造城市体育休闲旅游产品，带动发展城市体育产业和休闲旅游产业的发展，不仅符合现代旅游业的发展趋势，同时符合现代城市居民和旅游者的需求。从事物属性上看，体育和休闲的本质内涵具有一致性。体育天然具有休闲性，休闲是体育的本质属性。体育是指人们以体育文化和体育资源为基本内容和客观条件，进行创造和构建生存状态和生命状态的一种行为方式。而休闲是以娱悦身心、放松精神、完善自我为主要诉求和目的，强调的是回归自然和崇尚生命，追求的人与人之间、自我之间、人类与自然之间的和谐发展，这与体育的内涵和本质具有一致性。城市休闲体育旅游不仅体现在经济价值和文化价值，同时具有重要的社会价值，健康、科学、文明的体育休闲旅游活动，不仅可以改善当前现代人的生活习惯，同时也能够提高大众的审美价值和审美情趣，有利于建设和谐、安定和团结的社会状态。城市体育休闲主要包括休闲体育健身场所、休闲体育竞赛表演馆（中心）、休闲体育赛事活动、休闲体育竞彩机构等。这些城市体育设施和项目均可以转化为休闲旅游资源。

（三）城市购物休闲旅游产品

购物是现代人消费的趋势，也是一种休闲行为和方式。从旅游角度看，"购"是旅游六要素之一，占有重要的地位，且旅游商品（购品）是旅游产品的重要组成部分。数据显示，我国早期旅游业发展以观光为主，旅游消费侧重于交通、门票和住宿，在"购"和"娱"上的消费比例相对较小。随着人们生活水平的提升和旅游业的转型升级，购物逐渐成为旅游发展的重点内容。现代城市有大量的购物场所，有些地方已经远近闻名，或已经成为网红点。旅游者到这些购物场所进行购物体验，实现休闲的目的，即是一种城市购物休闲旅游活动。国内有大量著名的城市购物休闲场所，比如北京的西单、王府井、金融街购物中心、新光天地等；天津的滨江道、小白楼、老城厢等；上海的南京东路、南京西路、淮海中路等；广州的上下九步行街、北京路商业步行街、太古汇等；成都的春熙路、锦里古街、宽窄巷子等；长沙的黄兴南路、解放中路、文运街、长康路等；香港的时代广场、太古广场、旺角、铜锣湾、尖沙咀等；深圳的东门商圈、人民南商圈、深南中商圈等；海口的上邦百汇城、望海国际广场、南亚广场等。

图 8-5　四川成都太古里商区

（四）城市餐饮休闲旅游产品

休闲餐饮是近年来餐饮业发展的主要趋势，逐渐成为城市餐饮的重要组成部分。主要基于以下因素：其一，随着近年来国内宏观政策和大环境的变化，高端餐饮发展规模受阻，处于下跌萧条状态。其二，休闲餐饮相较于高端餐饮具有大众性、体验性和丰富性等特点，且营业时间较长、供应产品具有弹性，更加符合现代人的消费需求。其三，消费群体和消费理念逐渐发展了转变。80后、90后和00后已经成为消费的主体，他们追求浪漫情调、文化氛围、休闲自在和休闲放松，休闲餐饮恰好迎合了这种消费方式。当前，国内很多城市拥有著名的城市餐饮休闲场所，是人们来到一座城市的必游之地，成为名副其实的旅游目的地。比如北京簋街、上海城隍庙、云南丽江古城四方街、四川成都锦里、福建厦门步行街、陕西西安回民小吃街、山东青岛中山路劈柴院、南京夫子庙、湖北武汉户部巷、广西南宁中山路等。城市休闲餐饮需要明确开发定位和特色，不断迎合消费市场，满足城市居民和外来游客的好奇心，持续推出休闲餐饮的新款式、新类目、新品种、新业态、新服务和新特色，开发具有持久生命力和竞争力的休闲餐饮体系。将其作为城市休闲旅游产品的重要组成部分，打造城市餐饮休闲旅游目的地。

（五）城市游乐休闲旅游产品

城市游乐休闲项目是当前较为流行的体验方式，也是城市休闲的主要组成部分，具有较强参与性和体验性，受到了广大旅游者的青睐。很多城市拥有丰富的游乐休闲项目，以城市主题乐园为例，有北京密云国际游乐场、上海锦江乐园、深圳欢乐谷、芜湖方特欢乐世界、常州中华恐龙园、东部华侨城、宁波凤凰山主题乐园等。未来随着主题乐园的发展，所提供的产品和项目更加体现主题性、益智性和本土化，比如近年来，熊出没主体乐园的开发等。同时城市还存在大量的娱乐场所，如小吃街、美食街、潮流服装店、歌舞厅、夜总会、夜店、酒吧、茶吧、水吧、羽毛球馆、篮球馆、保龄球馆、桑拿浴室、剧场、图书馆等。未来城市游乐休闲旅游产品要关注以下两点：第一，城市游乐需要注重强化主题，突出特色。产品的主题性是构成旅游吸引力的重要内容，明确清晰城市游乐产品主题，会给游客们一个很好的导向性和趋向性。第二，对于城市游乐项目的开发和布局，应该有明确的主题和层次之分。以什么为主题，哪些项目是主题项目，哪些项目是辅助性项目。形成城市游乐以点破面、主次分明、多点开花的开发模式，能够为不同年龄段的消费者提供不同的体验感，提升旅游重游率。

拓展阅读 8-2

第六节　休闲旅游的其他类型

休闲旅游的类型和内容非常丰富，除了本书重点介绍的文化休闲旅游、运动休闲旅游、康乐休闲旅游、乡村休闲旅游和城市休闲旅游，还有其他类型，比如古镇休闲旅游、邮轮休闲旅游、森林休闲旅游、亲子休闲旅游和房车休闲旅游等。这些休闲旅游类型与前文所述具有交叉性和从属性，但因其鲜明的主题性和独特的需求性，具有一定的市场热度，因此有必要做一下简要介绍。

一、古镇休闲旅游

古镇休闲旅游产品是指"以古镇文化和设施为条件和载体，旅游者以休闲为目的，前往古镇所获得的一切旅游活动的总和"。在我国，古镇是典型的休闲旅游产品。我国历史文化底蕴深厚，很多地方留着大量古镇、古街和古村落，很多已经成为历史文化名城（镇村街）、少数民族特色村寨、中国传统村落等。依托古镇资源开发休闲旅游产品，已经是地方旅游开发的重点内容和方式。很多古镇名扬四海，会聚四方宾朋前来游览。如丽江古城、平遥古城、歙县古城、凤凰古镇、周庄古镇、黄龙溪古镇、同里古镇、乌镇古镇、西塘古镇、甪直古镇、黄姚古镇、西递宏村、南浔古镇、朱家角古镇、和顺古镇、磁器口古镇、束河古镇、木渎古镇等。

二、邮轮休闲旅游

邮轮休闲旅游是旅游业发展的新趋势，属于较高端的休闲旅游产品。邮轮休闲旅游在国外发展较发达，在我国发展起步较晚且缓慢。从资源上看，我国海洋资源丰富，随着人们消费水平和生活品位的不断提高，为发展邮轮休闲旅游奠定了基础。当前，发展邮轮休闲旅游潜力较大的城市包括上海、厦门、三亚、天津、深圳、南京等东部沿海城市。世界范围内，十大邮轮品牌包括皇家加勒比邮轮、歌诗达邮轮、公主邮轮、星梦邮轮、地中海邮轮、丽星邮轮、冠达邮轮、精致游轮、维京游轮和中华泰山邮轮。邮轮休闲旅游项目丰富，包括电影院、大剧院、歌舞厅、保龄球馆、娱乐场、免税店、购物店、图书馆、酒吧、茶吧、水吧、活动中心、按摩中心、健身房、游泳池、SPA美容中心等。

三、森林休闲旅游

森林是陆地生态系统的核心组成部分，它不仅拥有重要的生态价值和经济价值，同时也具有一定的旅游价值。近年来，随着服务业快速发展，林下服务业日益成为学界和业界关注的焦点，森林休闲旅游产品成为重点开发趋势。欧美国家是最早开展森林休闲旅游研究和实践的国家，并涌现出以美国黄石公园为代表的森林休闲旅游国际典范。国内森林旅游实践起始于20世纪60年代，经过近半个多世纪的发展，承载体类型和发展模式多样，如森林公园、自然保护区、风景名胜区、植物园和国有林场等。如北京八达岭国家森林公园、长白山国家级自然保护区、西双版纳国家风景名胜区等。森林休闲旅游项目包括林地漫步、森林穿越、森林浴、山野营地、森林游憩、森林氧吧、森林山寨、森林酒吧、森林野趣营地、森林露营地、森林科普营地、森林拓展运动、空中森林项目、滑道游乐等。

四、亲子休闲旅游

我国现代家庭结构中，孩子具有非常特殊的地位。首先，随着经济社会的发展，家庭愿意花费很多费用为孩子们提供更加优越的生活环境和学习机会；其次，家庭愿意跟随孩子们的意愿，用陪伴的方式满足孩子们的需求。亲子休闲旅游是兼具家庭旅游、儿童旅游及休闲度假旅游属性的，一种放松身心、开阔视野、增进亲子感情的，以父母与孩子为主体的旅游形式。鉴于此，亲子休闲旅游不仅是针对孩子的产品，而应该将家庭视为一个需求组合体，从家庭的角度设计休闲旅游产品。当前，亲子休闲旅游在很多地方非常流行，市场前景非常可观，很多旅行社有专门定制的亲子休旅游产品，具有一定的市场吸引力和竞争力。亲子休闲旅游项目种类繁多，内容丰富，主要包括主题公园、休闲农场、拓展运动、休闲度假、夏（冬）令营、科普研学教育等。

五、房车休闲旅游

随着中国旅游消费不断升级，倒逼旅游产品不断创新发展，旅游方式呈现多样化、个性化、特色化和时尚化的发展趋势。房车休闲旅游正是迎合这一需求趋势，成为我国旅游业发展的新兴业态。作为一种休闲文化与补给，构成了房车休闲旅游最基本的特点。房车休闲旅游一般依托露营基地开展，除了可以为房车和自驾车者提供餐饮娱乐、休息住宿，突出一点是可以为房车提供全套的供给补给服务。房车露营地大致可以分为山地型房车营地、海岛型房车营地、湖畔型房车营地、海滨型房车营地、森林型房车营地、乡村型房车营地，这些地区一般是风景秀丽、空气清新、交通便利的区域，是开展房车休闲旅游活动的良好之地。

本章小结

本章主要介绍了文化休闲旅游、运动休闲旅游、康乐休闲旅游、乡村休闲旅游和城市休闲旅游等不同休闲旅游类型的概念、内涵、特征和主要内容。随着经济社会的不断发展，人们生活水平持续提升以及旅游业转型升级，休闲旅游已经成为当前旅游业的重要组成部分，并成为未来的发展趋势。我国现有休闲旅游类型多样，依托不同的主题资源，迎合不断变化的需求市场，已经形成较为丰富的休闲旅游产品体系。休闲旅游是一种以"休闲"为目的的旅游活动，因不同的主题性而具有各自不同的特征和组成内容。通过知识的比对和思考，学习者可以了解休闲旅游的基本类型，熟悉休闲旅游各类型得定义和内涵，理解休闲旅游各类型的基本特征，掌握休闲旅游各类型的主要内容，从而具备进一步进行专业知识学习的理论基础。

思考与练习

一、单项选择题

1. 构成少数民族文化的核心吸引力和竞争力的特征是（　　）。
   A. 异质性　　　B. 文化性
   C. 审美性　　　D. 复杂性
2. 下列不属于红色文化精神内涵的是（　　）。
   A. 时代性和先进性　　　　B. 教育性
   C. 启发性和警醒性　　　　D. 唯一性
3. 下列不属于运动休闲旅游产品特征的是（　　）。
   A. 自主性　　B. 专业性　　C. 小众性　　D. 参与性
4. 我国冰雪资源集中分布在以下哪个区域。（　　）
   A. 东北三省　　B. 川渝地区　　C. 华南地区　　D. 华中地区
5. 下列属于国外主题公园品牌的是（　　）。
   A. 三丽鸥彩虹乐园　　　　B. 欢乐谷
   C. 方特欢乐世界　　　　　D. 华侨城
6. 九寨沟景区的九寨千古情属于哪个旅游要素范畴。（　　）
   A. 吃　　B. 住　　C. 娱　　D. 购
7. 乡村休闲旅游的最基本特征是（　　）。
   A. 多样性　　B. 民族性　　C. 乡土性　　D. 季节性
8. 城市CSD代表的是（　　）。
   A. 中央商务中心　　　　　B. 中央休闲购物区
   C. 中央休闲文创区　　　　D. 中央餐饮休闲区
9. 下列邮轮休闲旅游发展潜力较大的城市是（　　）。
   A. 成都　　B. 厦门　　C. 武汉　　D. 北京
10. 下列不属于开展森林休闲旅游主要载体的是（　　）。
    A. 森林公园　　B. 湿地公园　　C. 自然保护区　　D. 风景名胜区

二、判断题

1. 文化休闲旅游是休闲旅游中较为高级的旅游类型和形式。　　（　　）
2. 运动休闲旅游具有自主性、业余性、小众性、参与性等特征。（　　）
3. 我国山地旅游资源丰富，山地运动休闲旅游发展早于和优于西方国家。
   　　　　　　　　　　　　　　　　　　　　　　　　　　　（　　）

4. 国家标准《旅游饭店星级的划分与评定》明确提出，三星级以上的旅游饭店需具有会议康乐设施设备，并提供相应服务。（　　）

5. 我国邮轮休闲旅游西部地区要优于东部地区。（　　）

三、简答题

1. 什么是乡村休闲旅游，如何理解它的内涵？
2. 如何理解康乐休闲旅游的基本特征？
3. 如何理解文化休闲旅游的审美性？
4. 沙漠运动休闲旅游产品的典型有哪些？
5. 房车休闲旅游包括哪些内容？

四、论述题

1. 试论述文化休闲旅游的创意性，并举例说明。
2. 试阐述乡村休闲旅游的主要内容，并举例说明。

第九章

康养休闲旅游的发展趋势

本章重点

本章包含世界旅游及旅游业发展趋势、中国旅游及旅游业发展趋势、康养休闲旅游发展的趋势与旅游可持续发展及生态旅游等内容,重点讲解了康养休闲旅游发展的趋势。

学习要求

通过本章内容的学习，学习者能够了解旅游及旅游业发展趋势、了解康养休闲旅游发展趋势；理解旅游可持续发展及生态旅游、节能减排、环境与生物多样性及其保护，从而为后续康养休闲旅游理论知识和技能的学习奠定基础。

本章思维导图

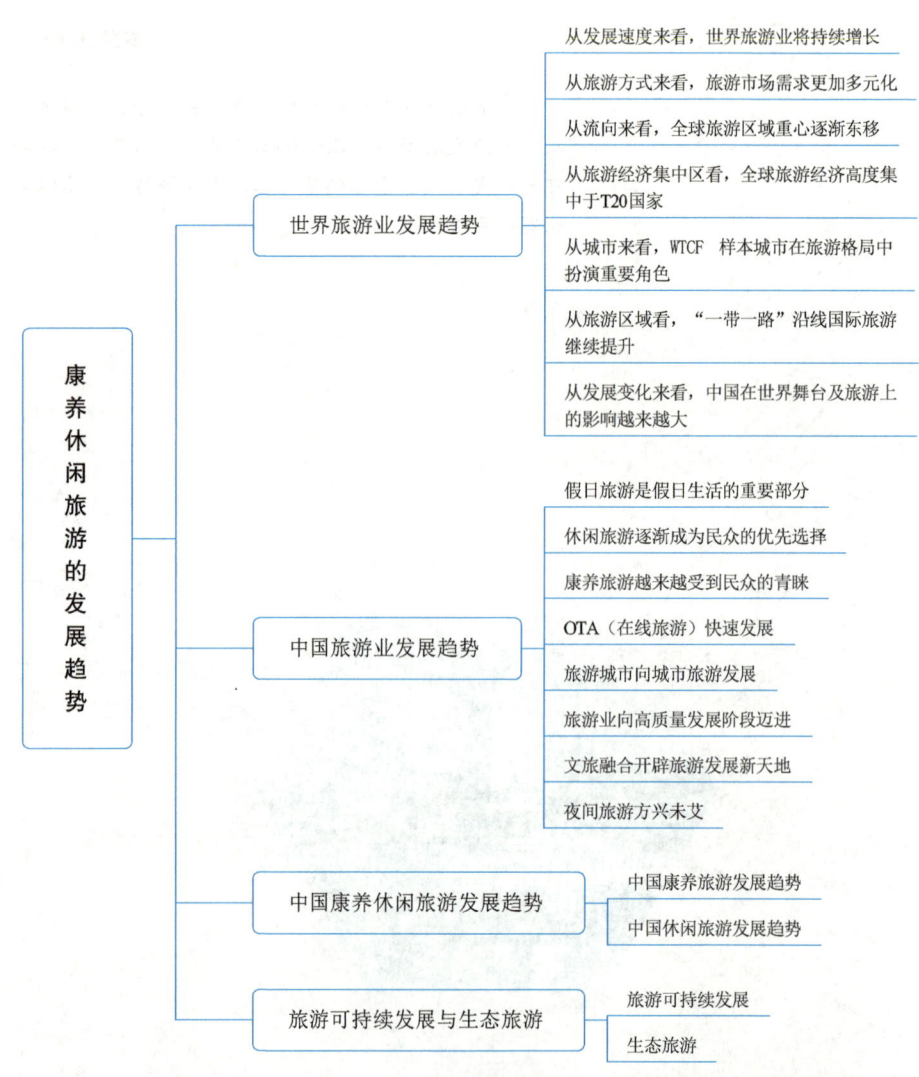

第一节　世界旅游业发展趋势

随着经济社会的发展，人们生活水平的提高以及闲暇时间的增多，旅游业不断发展壮大，逐渐成为全球最具有规模的产业。尽管受到世界经济波动、部分地区局势不稳定、英国"脱欧"、中美贸易摩擦以及新冠肺炎疫情等不确定性因素的影响，世界旅游业发展进入低谷期，但是作为最具有生命力的产业，未来旅游业将以更高的品质满足人们对更加美好的生活的向往。

一、从发展速度来看，世界旅游业将持续增长

全球旅游经济增速高于全球经济增速。近几年，全球每年旅游总人次数都在 100 亿人次以上，并且平均以每年 3.5% 的速度增长；旅游总收入超过 5 万亿美元，平均以 3.3% 的速度增长；旅游总收入占 GDP 的比重平均维持在 6.6% 左右。新兴经济体在全球旅游经济中的地位越来越凸显，入境旅游人次数占比接近 50%，入境旅游收入占比接近 40%。新兴经济体旅游总收入增速和旅游总收入相当于 GDP 比重的增速，都高于发达经济体。从 2015 年至 2019 年，全球旅游总人次数和旅游总收入都双双连续增长。全球人均年国内旅游达 1.4 次，全球人均年出境旅游达 0.16 次。旅游服务贸易出口相当于全球服务贸易出口的比例维持在 30% 左右。受新冠肺炎疫情影响，2020 年全球旅游总人次、全球旅游总收入下降至"二战"以来的最低水平，估计要 1~3 年的时间才能恢复到 2019 年的水平。

二、从旅游方式来看，旅游市场需求更加多元化

目前，以休闲为目的的出行游客数量与入境游客总数（年均 3.3% 以上）保持同样的增长速度，以探亲、就医、宗教等目的出行的游客数量增长速度相对较快（年均 3.5% 以上），而以商务和工作目的出行的游客数量则增长相对较慢（年均 3.1% 以下）。随着社会经济的发展，健康保健与医疗旅游将会有更大的发展空间。公众越来越关注健康，健康理念发生了重大变化。人们不仅关注身体上的健康，更关心精神上的健康，因此融康养、理疗、美容等于一体的旅游产品综合体不断出现。预计到 2030 年，以休闲、娱乐和度假为

目的出行的游客数量占 54%；因探亲、求医、宗教等其他目的出行的游客数量将占国际入境游客总数的 31%；因商务和工作原因出行的游客数量占 15%。并且，会出现旅游方式多种多样，旅游内容丰富多彩，旅游体验设计个性化的多元态势，如信用旅游、邮轮旅游、飞特旅游、分时度假旅游、缓慢旅游、援助旅游、特种旅游、试验旅游等。

三、从流向来看，全球旅游区域重心逐渐东移

旅游业的发展受全球经济发展的制约。20 世纪 50—60 年代世界经济以欧洲和美国为重心；70 年代后世界经济逐渐形成美国、西欧和日本三足鼎立态势；80 年代末，美国、英国、法国、日本占全部出国旅游人次的 43%；90 年代至 21 世纪初，世界经济和贸易的重心逐渐转向亚太地区。基于以上背景，国际旅游者持续向亚太地区转移。20 世纪 90 年代以来，亚太地区旅游增长速度远远大于世界旅游平均速度。近几年，欧洲板块占比 35% 左右，美洲板块占比 31% 左右，亚太板块占比 29% 左右，三大板块占据了全球 95% 以上的市场份额，真正形成了三足鼎立、三分天下的局势。未来，随着中国和印度这两个人口大国的发展，亚太地区将是新增入境游客最多的旅游目的地，将占有世界旅游市场的主要份额。

四、从旅游经济集中区看，全球旅游经济高度集中于 T20 国家

T20 是指全球各个国家中旅游总收入排名前 20 位的国家，它们是美国、中国、德国、日本、英国、意大利、法国、墨西哥、印度、西班牙、澳大利亚、巴西、加拿大、菲律宾、俄罗斯、瑞士、泰国、奥地利、韩国、土耳其。总体来看，全球旅游经济 80% 集中于 T20 国家，国内旅游收入是 T20 国家的旅游经济支柱。在全世界的 1113 处世界遗产中，T20 国家占有 536 处，占比 48%。在世界遗产数排名的前 31 位（遗产数 10 个及以上）的国家中，T20 国家占 525 处，占比 76%。

五、从城市来看，WTCF 样本城市在旅游格局中扮演重要角色

旅游产业是当今世界第一大产业，城市是旅游的主要目的地。旅游产业

是拉动城市经济发展、促进城市产业转型升级的重要引擎，也是建设环境友好型和资源节约型城市的重要内容。世界旅游城市联合会（WTCF）是世界上首个以城市为主体的全球性国际旅游组织。联合会重点关注和提升旅游城市作为国际旅游目的地的吸引力，促进旅游城市以及区域经济社会协调发展。城市作为游客的来源地、旅游产业和旅游要素的聚集地及重要的旅游目的地，在全球旅游发展格局中扮演着重要角色。WTCF样本城市的入境旅游占全球入境旅游的30%~40%，国内旅游占全世界国内旅游30%以上，其中，中国、西班牙和美国等样本城市接待入境旅游者最多。

六、从旅游区域看，"一带一路"沿线国际旅游继续提升

中国与"一带一路"沿线国家的旅游合作具有天然的优势和潜力。一是沿线旅游资源丰富，二是它将全球主要旅游客源地与旅游目的地进行了紧密连接。旅游合作是"一带一路"国际合作的新亮点之一，中国与"一带一路"沿线国家的旅游产业蓬勃发展。2018年，中国内地游客量增长最快的十大目的地国家中，有6个已与中国签署了"一带一路"合作文件。2018年，最受中国内地游客欢迎的20个目的地国家中，"一带一路"沿线国家占13个。"十三五"期间，中国为"一带一路"沿线国家输送游客超过1.5亿人次，同时还将吸引沿线国家超过8500万人次游客来华观光，拉动旅游消费超过1000亿美元。2019年中国出境旅游人数达1.7亿人次，来华旅游的外国游客人数达3188万人次。目前，中国已与57个沿线国家缔结了涵盖不同护照种类的互免签证协定，与沿线45个国家和地区开通了直飞航班，与沿线国家新增国际航线1239条，与15个国家达成了简化签证手续的协定或安排。

七、从发展变化来看，中国在世界舞台及旅游上的影响越来越大

中国改革开放40多年来取得了伟大成就，中国旅游业以超乎寻常的速度发展，为世界政治、经济、文化和旅游等起到了巨大的推动和平衡作用。今天，面对新冠肺炎疫情，中国更是起到了关键性的作用，人类命运共同体的旗帜正引领世界朝着和平、共荣、共享、可持续的方向发展。在经济上，中国已经是全球第二大经济体，中国经济是一片大海，对推动、平衡世界经济及其他起到了举足轻重的作用。在社会方面，中国对世界的影响越来越多、越来越大，世界离不开中国，中国也离不开世界。从旅游方面来看，近40年

来,无论是国内旅游还是国际旅游,中国都以远远高于世界平均速度增长。在 2019 年,中国人均 GDP 已经超过了 1 万美元,国内年人均旅游次数大于 4 次,接近世界旅游发达国家平均水平,国内旅游人次数占世界国内旅游总人次数的 45% 以上。入境旅游人次数和出境旅游人次数均在 1.5 亿以上,两者都分别占世界的 10% 以上。2016 年 5 月,首届世界旅游发展大会在中国北京召开;2017 年 9 月,联合国世界旅游组织第 22 届全体大会在中国四川成都开幕(第二次在中国召开)。近些年来,多个国际旅游组织成立并将总部设在中国,如世界旅游城市联合会(WCTF,总部北京)、世界旅游联盟(WTA,总部杭州)、国际山地旅游联盟(IMTA,总部贵阳)等。

拓展阅读 9–1

第二节 中国旅游业发展趋势

我国改革开放 40 多年取得了举世瞩目的成绩,经济总量已位居世界第二,人均 GDP 成为发展中国家的领头羊,金砖国家的第一名。旅游发展也取得了傲人的成绩,旅游总收入、国内旅游人次数、入境旅游收入、入境旅游人次数均位居世界前列,中国已经成为世界旅游第一大国,即将迈入全球旅游强国之列。我国旅游业对国民经济和就业的贡献率都分别超过了 10%,对世界旅游业繁荣发展也起到了有力的支撑作用。

一、假日旅游是假日生活的重要部分

假日旅游是国民利用元旦、清明、五一、端午、十一、中秋、春节等法定假日外出旅游的一种形式。随着我国休假制度的进一步改革,经济社会已经全面进入小康社会,为国民追求更高层次、更高要求、更高品味的生活提供了条件,假日旅游成为百姓生活中的重要部分。青少年群体是旅游市场的重要组成部分。行万里路,读万卷书,为了给予青少年更多的实践机会,家长、老师和学校也会利用假期时间让同学们融入自然和社会之中,获取新知识、新感受和新体验。由此可见,假日旅游已经成为衡量国民生活质量的主要指标之一,并将持续成为未来旅游发展的一种趋势与潮流。

二、休闲旅游逐渐成为民众的优先选择

科学文明的休闲方式,可以有效地促进能量的储蓄和释放,以及知识和能力的积累与提升。休闲不同于"闲暇""空闲""消闲",通过旅游的方式实现休闲的目的最能够诠释休闲的内涵和真谛。改革开放以来,伴随着经济的发展和社会的变革,人们逐渐获得一定的条件实现旅游需求。中国经历了一个观光旅游和大众旅游的时代,发展至今,大众旅游者的脚步也正在慢下来,正在从一程多站的旅游目的地走马观花,走向城市和乡村美好生活的深度体验。据统计,2014年休闲度假旅游首次超过观光旅游,成为我国居民国内旅游的主要出行动机。全面进入小康社会后,我国也进入了全民休闲时代。未来,随着我国经济社会的快速发展,科技水平的不断提高,休闲旅游逐渐成了民众优先的选择。

图 9-1 城市里的小花园,市民休闲好去处　摄影:税建明

三、康养旅游越来越受到民众的青睐

现代人在生活工作的压力下,对自身健康的关注度逐渐提高,驱使人们旅游过程中更愿意在饱览自然景观、畅享人文风情之外,获得身体及精神上的健康及放松。数据显示,目前世界上有超过100个国家和地区开展康养旅游。2016年《"健康中国2030"规划纲要》颁布,提出要"推进健康中国建设,提高人民健康水平",成为康养与旅游融合发展的重大背景。目前我国康养旅游发展还处于初级阶段,康养旅游产品的供给还不够充分,但康养旅游市场无可限量,存在很大的发展空间。随着我国经济社会的发展,人民生活水平的提高,国民对于健康和身体素质的提升需求不断增强;同时我国步入老龄社会,老龄化问题日益加剧,这些都为康养旅游提供了巨大的市场。从

康养旅游需求主体看，我国现有 1.1 亿以上的中产阶级，这个追求高品质生活的群体对康养旅游的需求会更高。

四、OTA（在线旅游）快速发展

OTA（在线旅游）的出现，将原来传统的旅行社销售模式放到网络平台上，更广泛地传递了旅游信息，互动式的交流更方便了客人的咨询和订购。2019 年，中国 OTA 市场营收规模为 10059 亿元，同比增长 41.5%，用户规模达 4.13 亿人，同比增长 5.35%。随着用户群体从 PC 端向智能手机等方面的大量转移，以及旅游用户预订习惯的改变，移动互联时代下的在线旅游市场极大地改善了用户的消费体验，移动互联网在 OTA 模式中占据了重要位置。其基本应用有包括移动定位服务、移动支付、移动信息服务、移动信息互动服务等，现在又衍生出了一些新式应用，如语音搜索、位置服务以及个性化推送等。

五、旅游城市向城市旅游发展

旅游城市是指具备独特的自然风光或者历史人文等独特资源，以景区景点为核心、以旅游产业为主体，具备一定旅游接待能力，且旅游业产值超过城市 GDP7% 的一类城市。对于城市旅游，旅游者把它看作一个家；旅游经营者把它视为随时欢迎亲朋好友来聚的地方。城市旅游是一种全域旅游实践，就是要把城市打造成具有"近悦远来，主客共享"的城市。在我国的 684 座城市中，与巴黎、伦敦、纽约、东京等国际一流的都市旅游目的地相比，一些城市无论是游客到访量、旅游外汇收入，还是接待产业体系的完善与质量等方面，都还存在着较大的优化空间。未来，随着推动城市空间结构优化和品质提升，分级分类推进新型智慧城市建设，顺应城市发展新理念新趋势，开展城市现代化试点示范，建设宜居、创新、智慧、绿色、人文、包容性城市，将进一步促进旅游城市向城市旅游发展。

六、旅游业向高质量发展阶段迈进

我国现代旅游业大致经历了入境旅游阶段、入境旅游与国内旅游共同发展阶段和现代大众旅游阶段。前两个阶段我们走的是一条非常规旅游发展模式，即先发展入境旅游，再发展国内旅游，两者发展达到一定程度后再发展出境旅游。这种模式为我国旅游业 40 多年的发展做出了巨大贡献，但随着我国全面改革的推进，它的不足逐渐显现出来。2009 年 12 月，国务院颁发了《关于加快发展旅游业的意见》，明确提出了关于旅游业的发展战略：把旅游业培养成为国民经济的战略性支柱产业和人民群众更加满意的现代服务业。我国旅游发展进入了大众旅游新时代、全域旅游新方位和品质旅游新阶段。十四五期间，随着高质量发展战略的提出，我国旅游业发展也逐渐进入了高质量发展阶段。

七、文旅融合开辟旅游发展新天地

文化性本身就是旅游的本质属性之一，文化与旅游从古至今都是相伴而行的。旅游业自 2009 年被确立为国民经济战略性支柱产业以来，它已经成为衡量人们生活水平的重要指标，属于服务业龙头和幸福产业之首。文化和旅游部明确了"宜融则融，能融尽融；以文促旅，以旅彰文"的工作思路。通过文旅融合，旅游业更承载着传扬我国优秀传统文化、革命文化和社会主义先进文化，讲好中国故事，将美丽中国推向世界的时代任务。坚持以文塑旅、以旅彰文，打造独具魅力的中华文化旅游体验，创新旅游产品体系，改善旅游消费体验。加强区域旅游品牌和服务整合，建设一批富有文化底蕴的世界级旅游景区和度假区，打造一批文化特色鲜明的国家级旅游休闲城市和街区。推进红色旅游、文化遗产旅游、旅游演艺等创新发展，提升度假休闲、乡村旅游等服务品质，强化智慧景区建设。

八、夜间旅游方兴未艾

从历史上看，中国早在汉代就有夜间经济甚至夜间旅游了，参与者主要是官僚士大夫阶层。宋朝时出现了商圈夜市、流动夜市、餐饮和娱乐夜市，商人阶层和部分市民参与了进来。在我国众多民间传统文化中，有许多民俗活动只宜在晚间进行，或在晚间才能获得更好的效果。如观灯是典型的夜晚进行的民俗活动，农历"正月十五闹花灯"是我国最为广泛的灯会活动。夜间旅游的出现，填补了游客夜间旅游的需求空白，拓展了城市的现代旅游功能。目前以参加体验夜间节事为主的"夜间节事旅游"热度较高，如四川自贡灯会、里约热内卢狂欢节等。另外，以体验目的地街区夜间餐饮、购物、娱乐和休闲为主要内容的"街区夜游"，比如北京王府

拓展阅读 9-2

井、台北士林夜市、成都的酒吧茶馆等，每天晚上都吸引着大量游客。夜间旅游还可以带动地摊经济，地摊也给市民和游客休闲娱乐提供了新去处。现今的"地摊经济"不仅仅是一个商业聚集，更是一道人文景观，用它独特的形式与内容丰富城市文化，展现城市风采。

第三节 中国康养休闲旅游发展趋势

目前世界上有超过100多个国家和地区开展康养旅游，我国康养旅游则是近年来才开始兴起。随着我国经济社会的发展，全面进入小康社会，人民消费能力显著提升，健康意识和生活品质意识显著提高，康养旅游市场迅速发展，成为旅游业的发展热点。全球康养旅游总收入近几年来保持7.5%的增长率，显著高于全球GDP和一般旅游业的增长速度。中国康养旅游更是呈现出蓬勃发展的趋势，国民对于康养旅游的兴趣与日俱增。

一、中国康养旅游发展趋势

（一）富民、养民、健民政策和法规助推康养旅游

2016年1月，原国家旅游局发布《国家康养旅游示范基地标准》；2016年10月，中共中央国务院印发《"健康中国2030"规划纲要》；2017年1月，国务院印发《"十三五"卫生与健康规划》；2019年7月，国务院印发《国务院关于实施健康中国行动的意见》等。这些政策、法规和标准，对我国康养旅游做出战略部署和顶层设计，并指明了方向。跨产业、泛行业深度融合发展，将成为现在及未来支撑康养旅游产业发展的政策基础。

（二）世界性及全国性的灾难灾害刺激康养旅游

2003年的非典（SARS，非典型肺炎）事件，加深了国人对健康的认识；2008年汶川地震，使人们深切地感受到生命的脆弱；2020年新冠肺炎疫情，使国人更加团结，更加奋发，更加体会到健康的价值、生命的可贵及国家强大的自豪。新冠肺炎疫情倒逼国人对于健康和养生的需求，推动了康养旅游市场的扩大和康养旅游产业的发展。此外，就目前看，我国70%的人处于亚健康状态，15%的人处于疾病状态，而康养旅游高度关注人们的身心健康，提升人们的幸福感，其价值意义越来越凸显。

（三）传统养生观念带动康养旅游

从秦始皇寻找"长生不老药"开始，长寿是人类梦寐以求的事，逐渐形

成了传统养生文化。对健康、长寿的渴望，也是引导康养旅游市场发展的重大机遇。2020年底，全国65岁以上老年人口占比为13.5%（60岁及以上人占18.70%），我国已经迈进了老龄社会。随着我国老龄化程度的不断加深，规模庞大的老年人群将会带动国内以医疗康养为主的医疗康养旅游业的发展。除了传统的治疗性医疗健康旅游，越来越多的中国老年人逐渐接受了有病治病、没病防病、医养结合的欧美养老模式，越来越多的老年人逐渐习惯了"候鸟式"养老。

（四）城市的快节奏生活和工作推动康养旅游

健康不仅指没有疾病，也指身体、心理、社会生活三方面达到平衡的状态。多家研究机构研究显示，25~45岁的人群对健康的关注度更高，特别是对身体健康、精神饱满、膳食均衡及睡眠充足四个方面。注重健康问题日渐年轻化，需求日益多样化。新客群在康养需求及生活方式上的不同，也将改变康养旅游的发展趋势。饮食、生活习惯、环境依然是人们最担心影响其健康状态的三大因素。逃离炎夏、寒冬的季节性康养旅游，换气洗肺的气候型康养旅游，以及在传统养生基础上演化出养颜及养心的新型康养旅游产品等，将会得到更好的发展。

（五）资本加盟与高新科技介入吸引康养旅游

康养旅游本来就是旅游产业和康养产业相结合的产物，并非独立单一的行业。政策夯实、客群泛化、需求迭代驱动康养旅游发展。投资方在选择产品组合时，能逐渐实现由满足短期、周期性度假需求的单体度假区，向上下游聚集形成产业闭环，延伸、壮大康养旅游产业。首先，从现阶段看，进入康养旅游产业的市场主体，有的以康养房产业大势进军单向发展；有的以房产业与康养业融合，房产业先收回部分投资，后续康养业全面跟进，纵横向拓展；有的以康养业做大做强做出特色，纵向进军康养旅游产业市场。其次，从技术层面看，随着5G、大数据、区块链、生物工程、智慧系列等高新科技的广泛使用，康养旅游将得到快速、规范、健康的发展，康养旅游业将与其他新型产业联动发展，实现跨产业融合。

（六）环境变化迫使人们进行康养旅游

截至2020年，世界人口已达77.6亿。人口的增长，社会的发展，给生态环境带来越来越大的压力。在生物圈中，人口、资源、环境和发展存在紧密而复杂的相互关系。随着人类、社会、经济等的发展，人类的生态足迹的值就越大，代表人类所需的资源越多，对生态和环境的影响就越大。20世纪50年代以后，全球生态环境问题主要包括全球气候变化、水资源短缺、臭氧层破坏、土地荒漠化、生物多样性丧失以及环境污染等。工业、农业等的迅猛发展，正在大量消耗自然资源，对地球造成严重的污染和破坏。这些全球性生态环境问题，对生物圈的稳态造成了严重威胁，并影响到人类的生存与发展。

就个人而言，我们不能改变地球环境，但可以改变我们自己，我们可以像生态系统一样进行人体系统的自生。进行康养旅游就是一种改变自己，提高身体健康水平的优良方式，同时还可以起到生态旅游、保护环境的作用。在森林中去获得更多的芬多精以利于身体健康，空气中的负氧离子可以破坏细菌、病毒电荷的屏障以及细菌酶的活性，保护和增进了人体健康。

二、中国休闲旅游发展趋势

（一）休闲旅游将成为国内旅游的主流

随着我国社会主义市场经济的发展，人民的生活水平不断提高，国内的旅游业迅猛发展，国内旅游人数一直以大于 10 倍入境旅游人数的速度增长。同时国内旅游市场也面临结构不断调整和优化的趋势，传统观光旅游不断增长的同时，休闲旅游市场也在不断扩大。未来随着人们休闲意识的觉醒，各种客观条件的成熟，休闲旅游将成为为国内旅游的主流。

（二）家庭旅游是当今休闲旅游的重要形式

当今旅游发展的一个重要趋势就是家庭化。随着人们经济收入的逐步提高和物质文化生活的不断丰富，尤其是随着独生子女、二胎孩子及今后多胎孩子的增多，家长对子女的关爱成倍增加。家长希望并且已有能力让孩子通过旅游扩大视野或放松一下紧张的学习生活，因而近年来以家庭为基本单元的旅游活动火热。从家庭旅游所需要的条件来看，由于休闲旅游主要是在某地逗留一段时间，其劳累程度也低于其他旅游，因此备受家庭的青睐。

（三）绿色生态和文化生态休闲旅游景区为首选目的地

从世界范围看，著名的休闲旅游胜地集中在地中海地区、加勒比海地区、东亚地区、太平洋地区、夏威夷地区以及泰国、印度尼西亚等绿色生态和文化生态休闲旅游地区，中国大陆沿海区域也是旅游者热衷的首选地。据相关预测，未来泰国、夏威夷、中国海南将会取代中国香港、新加坡、印度尼西亚，成为东亚和太平洋地区休闲旅游首选地。

（四）生态意识促进休闲旅游的可持续发展

我国旅游产品开发正步入转型期，逐步由传统观光转为休闲旅游。休闲旅游已呈现家庭化、大众化、多元化和生态化发展态势。休闲旅游的发展更加注重生态休闲意识的培养。只有合理开发生态休闲资源，保护休闲旅游目的地的自然生态环境和历史人文环境,科学制定旅游地的环境承载力,才能促进休闲旅游的可持续发展。

图9-2　峨眉山下高桥小镇之花间堂　摄影:税建明

第四节　旅游可持续发展与生态旅游

随着人类活动无限制的扩大,人类赖以生存的环境遭到破坏的程度也在不断加剧。20世纪至今,成为地球生态环境和自然资源遭到破坏最为严重的时期。为兼顾当代和后代利益,必须遵循新的发展战略、思想和道路,可持续发展也是旅游业应当遵循的必然法则。

一、旅游可持续发展

(一)可持续发展

可持续发展的思想是在人类面临人口、资源、环境生态等问题的严峻形势下产生的。

1.《人类环境宣言》

1972年6月,联合国人类环境会议于斯德哥尔摩通过了《人类环境宣言》。宣言阐明了与会国和国际组织所取得的七点共同看法和二十六项原则,以鼓舞和指导世界各国人民保护和改善人类环境。每年6月5日的世界环境日,就是根据这次会议而设立的。

2.可持续发展概念

世界上有许多关于可持续发展的论述,但最著名的是《我们共同的未来》中的观点。1987年4月,世界环境与发展委员会(WCED)发表了《我们共同的未来》的报告，从理论上阐述了可持续发展是解决地球生态环境与人类发展间一切矛盾的根本原则，并在实践上提出了比较具体的建议。该报告指出，所谓可持续发展是指在满足当代人需要的同时，不损害人类后代满足其自身的需要。

3. 联合国环境与发展大会

《我们共同的未来》发表五年后，1992年6月，联合国在巴西里约热内卢召开了联合国环境与发展大会，183个国家和地区、70多个国际组织、102位国家元首或政府首脑参加了此次会议。会议通过了《21世纪议程》和《里约热内卢环境与发展宣言》等文件，提出了"人类要生存，地球要拯救，环境与发展必须协调"的重要口号。这次会议的成功举办，标志着可持续发展的思想被世界上绝大多数国家、组织承认和接受，标志着可持续发展思想从理论走向了实践。

4. 可持续发展的核心要义

可持续发展强调的是环境与经济的协调，追求的是人与自然的和谐。其核心思想是健康的经济发展应建立在生态可持续能力、社会公正和人民积极参与自身发展决策的基础上。其所追求的目标是既要使人类的各种需求得到满足，又要保护资源和生态环境，不对后代人的生存和发展构成威胁。故可持续发展包括了三个要素：人类需要、资源限制和公平。可持续发展的关键，是任何社会、经济、政治及其他人类活动都不能超过其环境承载力。环境承载力是指生态系统所提供的资源和环境对人类社会系统良性发展的一种最大支持能力。人类活动一旦超过了这个最大能力，生态系统就会遭到破坏，生态平衡被打破，人类活动就不能持续下去，甚至于人类自己毁灭自己。

（二）节能减排、环境、生物多样性及其保护

1. 节能减排

可持续发展，必然涉及节能减排、环境、生物多样性及其保护等问题。节能减排是各级政府强力推进的重大举措和社会关注的焦点。深入节能与强化减排是应对能源短缺和全球变暖问题的主旋律，是人类可持续发展的必由之路。节能减排是指节约物质资源和能量资源，减少废弃物和环境有害物（包括三废和噪声等）排放；狭义的节能减排是指节约能源和减少环境有害物排放。"十四五"时期有关节能减排的目标包括：（1）单位GDP能源消耗降低13.5%（累计降低）；（2）单位GDP二氧化碳排放降低18%（累计降低）；（3）地级及以上城市空气质量优良天数比率87.5%；（4）地表水达到或好于Ⅲ类水体比例85%；（5）森林覆盖率到达24.1%。

2. 环境污染及保护

环境污染是指自然或人为地向环境中添加某种物质导致超过环境的自净能力而产生危害的行为。也可以认为是由于人为的因素，环境受到有害物质的污染，使生物的生长繁殖和人类的正常生活受到有害影响的行为。按环境要素分，环境污染可分为大气污染、水体污染、土壤污染、噪声（音）污染。按属性分，环境污染可分为显性污染、隐性污染。按人类活动分，可分为工业环境污染、城市环境污染、农业环境污染。按造成环境污染的性质来源分，可分为化学污染、生物污染、物理污染（噪声污染、放射性污染、电磁波污染等）。环境污染会给生态系统造成直接的破坏和影响，也会给人类社会造成间接的危害。第一，对人体健康有危害；第二，环境污染导致癌症；第三，对植物有危害；第四，对天气气候有影响。每一个环境污染的实例，可以说都是大自然对人类敲响的一声警钟。为了保护生态环境，为了维护人类自身和子孙后代的健康，为了可持续发展，必须积极防治环境污染。

3. 生物多样性及其保护

生物多样性是指生物（动物、植物、微生物）与环境形成的生态复合体以及与此相关的各种生态过程的总和，包括生态系统、物种和基因三个层次。生物多样性是人类赖以生存的条件，是经济社会可持续发展的基础，是生态安全和粮食安全的保障。世界各国正在采取一致行为，以共同应对日益严重的全球性生物多样性危机。我国从1994年开始实施《中国生物多样性保护行动计划》，使大量保护生态环境的活动有章可循。生物多样性的保护可以概括为就地保护和易地保护。就地保护是指在原地对被保护的生态系统或物种建立自然保护区以及国家公园等，这是对生物多样性最有效的保护。易地保护是指把保护对象从原地迁出，在异地进行专门保护。例如，建立植物园、动物园以及濒危动物繁育中心等。建立精子库、种子库、基因库，利用生物技术对濒危物种的基因进行保护等，也是保护濒危物种的重要措施。

（三）旅游可持续发展

1. 旅游可持续发展观念

旅游业和其他产业一样，无限的发展必然带来对自然环境、经济环境和社会环境的影响和破坏。可持续发展这一思想产生后，旅游可持续发展的思想顺理成章地就产生了。

1984年4月，在荷兰海牙召开的"各国议会旅游大会"，第一次明确提出了旅游可持续发展概念。1990年在加拿大召开的"地球90国际大会"，阐述了旅游可持续发展理论的主要框架、内容和目标。1995年4月，联合国召开的可持续旅游大会通过了《可持续旅游发展宪章》和《可持续旅游发展行动计划》。1997年5月,在菲律宾马尼拉召开的关于旅游业影响的世界旅游领导人会议中,发表了《关于旅游业社会影响的马尼拉宣言》。1999年10月,世界旅游组织第13届大会通过了《全球旅游道德规范》,其中第三条明确规定了有关旅游可持续发展的问题。2016年5月,首届世界旅游发展大会发布《北京宣言》,提出"推动旅游可持续发展,并呼吁各国政府将减贫目标纳入旅游政策和战略"。

2. 旅游可持续发展的概念

旅游可持续发展是指以资源和生态环境承载力为基础,以符合当地经济、文化发展状况和社会道德规范为标准,以促进旅游发展的经济效益、社会效益和环境效益的统一,实现旅游资源的永续利用为目标;既满足当代人的需要,又不对后代人满足其自身需要的能力构成威胁的发展思想和道路。

旅游可持续发展,它的核心把握度,就是旅游及旅游业的发展不能超过一个国家(地区)的旅游环境承载力。所谓旅游环境承载力,亦称旅游容量,是指在可持续发展前提下,一定时段、一定地域范围内,旅游地自然人文环境、旅游设施设备、社会经济环境、旅游地居民等所能承受的旅游流量。即一个旅游目的地满足生态环境容量、资源容量、企业经济容量、游客心理容量和社会容量条件的客流量或旅游活动强度的最大值。旅游可持续发展的实质就是旅游、资源、人类生存环境三者的统一。

3. 旅游可持续发展的目标

(1)增进人们对旅游所产生的环境与经济影响的理解。

(2)促进旅游的公平发展。

(3)改善旅游接待地区的生活质量。

(4)向旅游者提供高质量的旅游服务。

(5)保护未来旅游开发赖以生存的环境质量。

二、生态旅游

生态旅游以其对旅游资源破坏程度低、对环境影响小而为广大旅游界人士所关注,为广大旅游者所追求。生态旅游是可持续发展在旅游及旅游业中最有力的体现,是旅游可持续发展的重要载体,发展生态旅游将成为旅游可持续发展的保障。进入21世纪以来,生态旅游发展相当迅速,已成为当代世界旅游业发展中最为理想、最有前途、最具发展前景的旅游形式,在世界各国国民经济发展中具有举足轻重的地位和作用,生态旅游正在成为21世纪的旅游主题。

（一）生态旅游的产生

生态旅游产生于 20 世纪 60、70 年代，第一次世界环境保护运动以后。生态旅游是由国际自然保护联盟（IUCN）特别顾问塞勃罗斯·拉斯柯瑞于 1983 年首次提出。进入 21 世纪 80 年代以来，生态旅游以 25%~30% 左右的速度发展；生态旅游收入在以每年 10% 左右的速度快速增长，是旅游产品中增长最快的部分。生态旅游的兴起是人们对自然环境的兴趣和环境保护意识不断增强的结果，其被看作是传统大众旅游的替代品。

（二）生态旅游概念

生态旅游是指以可持续发展为理念，以保护生态环境为前提，以统筹人与自然和谐发展为准则，并依托良好的自然生态系统和独特的人文生态环境，采取生态友好方式，开展的生态体验、生态教育、生态认知并获得心身愉悦的旅游方式。我国《旅游业基础术语》中这样表述：生态旅游是指以独特的生态资源、自然景观和与之共生的人文生态为吸引物，促进旅游者对自然、生态的理解与学习，提高对生态环境与社区发展可持续的责任感为重要内容的旅游。

（三）生态旅游基本特征

（1）生态旅游的目的地是一些保持完整的自然和文化生态系统。旅游者能够获得与众不同的经历，这种经历具有原始性、独特性。

（2）生态旅游强调旅游规模的小型化，限定在生态环境承载力范围之内。这样有利于游人的观光质量，又不会对旅游生态环境造成大的影响和破坏。

（3）生态旅游让旅游者亲自参与其中，领会生态旅游的奥秘。通过这样的旅游活动，从而更加热爱自然，这也有利于自然与文化资源的保护。

（4）生态旅游是一种负责任的旅游。这些责任包括对旅游资源的保护责任，对旅游的可持续发展的责任等。

（四）生态旅游的发展

1. 国外生态旅游发展

生态旅游客源地主要集中在欧美及亚太经济发达国家，生态旅游接待地多数为经济相对比较落后的发展中国家，世界上部分国家更视生态旅游为基本国策。发展生态旅游的重要基础和条件是国家森林公园和自然保护区。国家森林公园和自然保护区数量的多少和面积的大小，一定程度上反映了一国（地区）的生态旅游发展水平。生态旅游发展较好的国家（地区），有加拿大、夏威夷、澳大利亚、英国、德国、法国、西班牙、日本、阿根廷等经济发达国家。

联合国把 2002 年定为"国际生态旅游年"，号召各国开展可持续的旅游业，促进环境保护和经济发展。2012年，联合国大会通过了《促进生态旅游，以消除贫穷和保护环境》的决议，强调生态旅游不仅可以对保护环境做出贡献，还可以对创收、创造就业机会和教育产生积极作用。

2. 我国生态旅游发展

进入21世纪以来，生态旅游不仅受到全球各国的重视，发展生态旅游也是我国旅游界人士的共识，生态旅游作为一种新的旅游形式在中国得到了迅速的发展。我国的生态旅游区开发较晚，主要是从原本的自然保护区、森林公园以及风景名胜区等基础上发展起来的。

1956年，我国第一个自然保护区广东肇庆鼎湖山保护区成立。同年10月，第七次全国林业大会审议并通过了《关于天然林禁伐区（自然保护区）划定草案》。1980年，鼎湖山自然保护区成为我国首批加入联合国教科文组织"人与生物圈保护区网（MAB）"的成员之一。1982年，我国的第一个国家森林公园张家界森林公园建立。到2019年，我国各级各类自然保护区已经达到2750处，其中国家级474个；各类陆域自然保护地面积已达170多万平方公里；其中划定在世界生物圈保护区的就有至少14个。我国借1991年举办了首届中国（张家界）国际森林保护节、1999年举办"生态环境游"主题活动及举办世界园艺博览会等契机，不断向海内外旅游者展示我国自然环境保护，宣传生态环境保护。通过这些活动宣传环保工作，普及生态知识，提高环保意识，引导文明旅游。2020年11月，中国生态旅游产业高峰论坛在深圳举行，并为成立的"生态旅游委员会"正式揭牌。党的十八届五中全会把生态文明建设纳入了"五位一体"的党和国家战略建设。生态文明与生态旅游有着紧密的关系，即生态文明是发展、提升生态旅游的灵魂；生态旅游是建设、传播生态文明的载体。国家林业局数据显示，近些年我国森林公园年接待游客人数一直保持两位数的增长。

我国制定了许多生态旅游政策法规，加快了生态旅游示范区建设提升了生态旅游水平。我国明确要"全面推动生态旅游"，在《旅游发展"十二五"规划纲要》中作出具体安排，在《国家生态旅游示范区建设与运营规范》《国家生态旅游示范区管理规定》中做出具体的操作要求。国家"十三五"规划中更是明确提出了要"支持发展生态旅游"。2016年，在国家发展改革委员会和国家旅游局的共同推动下制定了《全国生态旅游发展规划》。党的十九大报告明确提出了"大力发展生态旅游"。

生态旅游作为推动生态文明建设的重要载体，正迎来黄金发展期和战略机遇期，融合发展势头日益凸显，是建设美丽中国，让城镇更美好、让农村更美丽、让老百姓更富裕的重要途径。我们要坚持绿水青山就是金山银山的理念，坚持尊重自然、顺应自然、保护自然的准则；推动经济社会发展全面绿色转型，建设美丽中国；构建以国家公园为主体、自然保护区为基础、各类自然公园为补充的自然保护地体系，坚持走生态优先、低碳发展、绿色发展之路。

3. 生态旅游的主要目标

生态旅游的主要目标包括：

（1）维持旅游资源利用的可持续性。

（2）保护旅游目的地的生物多样性。

（3）给旅游地生态环境的保护提供资金。

（4）增加旅游地居民的经济收益。

（5）增强旅游地社区居民的生态保护意识。

拓展阅读 9-3

为了更好地实现这一目标，生态旅游应该鼓励当地居民积极参与，以促进地方经济的发展，提高当地居民的生活质量。唯有经济发展之后才能真正切实地重视和保护自然；同时，生态旅游还应该强调对旅游者的环境教育，生态旅游的经营管理者也更应该重视和保护自然。

本章小结

本章包含世界旅游及旅游业发展趋势、中国旅游及旅游业发展趋势、康养休闲旅游发展的趋势与旅游可持续发展及生态旅游等内容，重点讲解了康养休闲旅游发展的趋势。我国康养旅游则是近年来才开始兴起。随着我国经济、社会的发展，全面脱贫、全面进入小康社会，人民消费能力显著提升，健康意识和生活品质意识显著提高，康养旅游及康养旅游市场迅速发展，成为旅游业和相关产业发展的热点。学习者通过知识的对比和思考，了解旅游及旅游业发展趋势、了解康养休闲旅游发展趋势；理解旅游可持续发展及生态旅游、理解节能减排、环境与生物多样性及其保护，从而具备进一步进行专业知识学习的基础。

思考与练习

一、单项选择题

1. 全球年平均国内旅游次数约（　　　）。
   A. 0.5　　　　　　　　　　　　B. 1.0
   C. 1.4　　　　　　　　　　　　D. 1.6

2. 在当今世界遗产中，T20 国家占（　　　）。
   A. 48%　　　　　　　　　　　　B. 76%
   C. 80%　　　　　　　　　　　　D. 90%

3. 我国旅游业对国民经济和就业的贡献率都分别超过了（　　　）。
   A. 4%　　　B. 6%　　　C. 8%　　　D. 10%

4. 旅游城市是指旅游业产值超过城市 GDP（　　　）的一类城市。
   A. 3%　　　B. 5%　　　C. 7%　　　D. 9%

5. 全球康养旅游总收入近几年来保持（　　　）的增长率。
   A. 3.3%　　　B. 3.5%　　　C. 7.5%　　　D. 10%

6. 截至 2020 年底，全国 65 岁以上老年人口占比为（　　　），我国已进入老龄社会。
   A. 11%　　　B. 13.5%　　　C. 18.7%　　　D. 20%

7. 下列不是人们最担心影响其健康状态的三大因素的是（　　　）。
   A. 饮食　　　B. 睡眠　　　C. 生活习惯　　　D. 环境

8. 每年的（　　　）是世界环境日。
   A. 3月12日　　　B. 4月22日　　　C. 6月5日　　　D. 5月19日

9. 1992 年 6 月，联合国环境与发展大会在巴西里约热内卢召开，（　　　）个国家和地区参加了此次会议。
   A. 182　　　B. 70　　　C. 102　　　D. 92

10. 我国"十四五"期间，森林覆盖率要达到（　　　）%。
    A. 13.5　　　B. 18　　　C. 24.1　　　D. 85

二、判断题

1. 2000 年后，全球旅游真正形成了三足鼎立、三分天下的局势。（　　　）
2. 从历史上看，中国早在唐代就有夜间经济甚至夜间旅游了，参与者主要是官僚士大夫阶层。（　　　）
3. 青年人对健康的关注度更高，特别是对身体健康、精神饱满、膳食均衡及睡眠充足四个方面。（　　　）

4. 目前，中国有 40 多个国家级旅游度假区。（　　）
5. 可持续发展是解决地球生态环境与人类发展间一切矛盾的根本原则。
（　　）

三、简答题
1. 简述世界旅游及旅游业发展趋势。
2. 简述中国旅游及旅游业发展趋势。
3. 简述中国康养旅游发展趋势。
4. 简述中国休闲旅游发展趋势。
5. 简述生态旅游基本特征、生态旅游主要目标。

四、论述题
1. 结合你的日常生活体验和网络，谈一谈环境污染及其危害。
2. 根据第四节内容，谈一谈我国生物多样性及其保护。

参考文献

［1］2018年我国卫生健康事业发展统计公报［R］.2019-5-22.

［2］2019年中国康养旅游行业发展格局及发展前景分析［R］.2019-12-31.

［3］2020-2026年中国生态旅游市场现状调研分析及发展趋势报告［R］.2019-9-10.

［4］2020年世界旅游发展报告［R］.2020-11-13.

［5］2020年中国康养旅游的发展与趋势报告［R］.2020-6-10.

［6］2030年全球旅游展望研究报告［R］.

［7］DB5118/T 5.6-2019，雅安市"金熊猫"旅游服务质量等级划分与评定 第6部分：康体娱乐场所［S］.2019-1-16.

［8］GB/T 14308-2010 旅游饭店星级的划分与评定［S］.2010-10-18.

［9］LB/T 051-2016.国家康养旅游示范基地［S］.2016-01-05.

［10］白慧芳，李艳芳.乡村休闲旅游创新开发研究——以石家庄市为例［J］.国土与自然资源研究，2011（03）：52-53.

［11］白明刚.康养旅游发展概述及河北省康养旅游发展对策研究［J］.中国集体经济，2021（02）：133-134.

［12］冰雪旅游发展行动计划（2021—2023年）［R］.2021-02-08.

［13］蔡家成.康养旅游的重大意义和性质特征［N］.中国旅游报，2017-01-31（003）.

［14］陈纯.国内外康养旅游研究综述［J］.攀枝花学院学报，2019，36（04）：43-47.

［15］陈勤昌.旅居康养群体旅游环境契合度与休闲效益研究［D］.湖南师范大学，2019.

［16］陈永昶，郭净，徐虹.休闲旅游——国内外研究现状、差异与内涵解析［J］.地理与地理信息科学，2014，30（06）：94-98.

［17］程杰晟，张珂.中国民俗旅游文化［M］.北京：中国人民大学出版

社，2015.

[18] 程遂营.我国居民的休闲时间、旅游休闲与休闲旅游［J］.旅游学刊，2006（12）：9-10.

[19] 戴斌.国民旅游休闲讲稿［M］.北京：旅游教育出版社，2014.

[20] 戴斌.中国休闲旅游讲稿［M］.北京：旅游教育出版社，2018.

[21] 邓开艳.武义体育养生旅游资源开发研究［D］.浙江师范大学，2016.

[22] 邓三龙.森林康养的理论研究与实践［J］.世界林业研究，2016，29（06）：1-6.

[23] 董长云，崔玲.转型期城市休闲旅游发展研究——以扬州为例［J］.中国商贸，2011（18）：171-172.

[24] 干永和.基于消费者偏好的中医药康养旅游产品开发策略研究［D］.北京中医药大学，2017.

[25] 龚娜.谈老年旅居康养的现状及发展路径选择［J］.旅游纵览（下半月），2019（20）：25-26.

[26] 龚鹏.旅游学概论［M］.北京：北京理工大学出版社，2016.

[27] 国务院办公厅.关于加快发展旅游业的意见［Z］.2009.

[28] 何莽.康养蓝皮书：中国康养产业发展报告（2018）［R］.北京：社会科学文献出版社，2019.

[29] 何莽.中国康养产业发展报告（2018）［M］.北京：社会科学文献出版社，2019.

[30] 胡世伟.中国国内休闲旅游演变历程及趋势分析［J］.经济研究导刊，2018（13）：137-138.

[31] 黄震方，祝晔，袁林旺，胡小海，曹芳东.休闲旅游资源的内涵、分类与评价——以江苏省常州市为例［J］.地理研究，2011，30（09）：1543-1553.

[32] 蒋阳阳，吕岑华.康养旅游业的疫后发展趋势［N］.中国日报网.2020-08-03.

[33] 阚敏.康乐服务实训教程［M］.北京：中国人民大学出版社，2007.

[34] 杨淇钧，任宣羽.康养环境与康养旅游研究［M］.四川大学出版社，2019.

[35] 李东，杨兆萍.中国休闲旅游发展综述［C］.中国地理学会.中国地理学会2011年学术年会论文集.2011：142-143.

［36］李东.健康中国战略背景下康养休闲体育旅游的内涵及对策研究［J］.攀枝花学院学报，2020，37（06）：45-50.

［37］李莉，陈雪钧.中国康养旅游产业的发展历程、演进规律及经验启示［J］.社会科学家，2020（05）：74-78+90.

［38］李鹏，赵永明，叶卉悦.康养旅游相关概念辨析与国际研究进展［J］.旅游论坛，2020，13（01）：69-81.

［39］李其原，李文路，张明川.城市居民休闲需求的现状分析及对策建议——基于成都市周边农家乐游客的调查［J］.西华大学学报（哲学社会科学版），2013，32（04）：77-81.

［40］李文路，冯明义，李其原.大学生休闲行为特征及对策研究——以四川省部分高校为样本［J］.乐山师范学院学报，2013，28（06）：136-140.

［41］李文路，龙江."森林产业综合体"概念及实施初探［J］.中国林业经济，2020（04）：44-47.

［42］李文路.农业旅游文化与品牌建设研究［J］.核农学报，2021，35（04）：1012.

［43］李文路.新冠肺炎疫情下春节小长假旅游网络关注度时空特征——基于百度指数的分析［J］.阿坝师范学院学报，2020，37（03）：79-85.

［44］李文路.新冠肺炎疫情下旅游评论主题内容特征——以150篇文章为样本［J］.技术与创新管理，2020，41（05）：495-501.

［45］励永惠，苏少敏.休闲旅游基地：理念、标准、实践［M］.北京：中国社会科学出版社，2012.

［46］梁勇建.丽水市体育养生旅游开发的SWOT分析及对策研究［J］.浙江体育科学，2014，36（03）：16-20.

［47］林南枝，陶汉军.旅游经济学（修订版）［M］.天津：南开大学出版社，2000.

［48］刘朝望，王道阳，乔永强.森林康养基地建设探究［J］.林业资源管理，2017（02）：93-96+156.

［49］刘翠.休闲旅游文化基础［M］.北京：清华大学出版社，2008.

［50］刘洪剑.休闲旅游——基于"休闲"理念的旅游发展模式［Z］.大连艺术学院.

［51］刘琼英，汪东亮.旅游学概论［M］.桂林：广西师范大学出版社，2017.

［52］刘思鸿，张华敏，吕诚，史楠楠，刘大胜，王燕平.中医药健康旅

游的概念界定及类型探析［J］.中医药导报，2019，25（19）：9-12.

［53］刘又堂，陶凤.桂林市旅居养老产品开发研究［J］.桂林航天工业学院学报，2019，24（03）：388-392.

［54］楼嘉军，李丽梅，马红涛，陈彦婷等.中国城市休闲化发展研究报告（2019）［M］.上海交通大学出版社，2020.

［55］罗丽，李文路.民族地区非物质文化遗产与旅游融合发展研究——以四川省凉山州为例［J］.资源开发与市场，2020，36（12）：1410-1415.

［56］罗自力，温萍.城市休闲旅游产业定位思考［J］.农村经济，2007（03）：50-52.

［57］国家旅游局人事劳动教育司.旅游概论.北京：旅游教育出版社，2015.

［58］马惠娣."休闲：终归是哲学问题"——记于光远休闲哲学思想［J］.哲学分析，2014，5（04）：148-154.

［59］马惠娣.于光远的休闲哲学纲要——纪念于光远先生诞辰105周年［J］.哲学分析，2020，11（06）：120-130+193.

［60］马潇，陈磊刚，白宁，刘丁銮.全域旅游背景下山西乡村康养旅游发展模式探究［J］.粮食科技与经济，2018，43（10）：90-93.

［61］宁晓梅.宗教文化的康养旅游开发研究［D］.四川师范大学，2018.

［62］蒲波，杨启智，刘燕.康养旅游：实践探索与理论创新［M］.成都：西南交通大学出版社，2019.

［63］韩静，张笛.浅析我国休闲旅游产业的发展现状［J］.商情，2017，12：38.

［64］任宣羽.康养旅游：内涵解析与发展路径［J］.旅游学刊，2016，31（11）：1-4.

［65］邵世刚.旅游概论［M］.北京：高等教育出版社，2015.

［66］沈雁飞，王晓刚.发展森林温泉旅游，提升养生品质——武义森林温泉养生与休闲旅游的发展研究［J］.华东森林经理，2011，25（04）：75-78.

［67］世界旅游经济发展趋势报告（2016—2021）［R］.2019-01-16.

［68］世界旅游经济趋势报告：2019年全球旅游总人次达123亿

［69］四川省康养旅游发展规划（2015-2025）［R］.2015-01.

［70］宋欢，杨美霞.养老旅游的概念与本质［J］.三峡大学学报（人文社会科学版），2016，38（6）：37-41.

［71］宋瑞，金准，李为人，吴金梅，中国休闲发展报告（2019—2020）

[M]．北京：社会科学文献出版社，2020．

［72］宋文丽，苏剑，刘筱秋，高宏．和合思想指导下的城市休闲旅游目的地规划——以鹿鸣岭景区为例［J］．中国农学通报，2012，28（15）：312-316．

［73］谈志娟，黄震方，吴丽敏等．基于Probit模型的老年健康休闲旅游决策影响因素研究——以江苏省为例［J］．南京师大学报（自然科学版），2016，39（1）：117-123．

［74］汪亚明．运动休闲旅游开发的"浙江经验"［J］．旅游研究，2015，7（03）：63-68．

［75］王德静．我国城市休闲旅游发展态势与深度开发研究［J］．商业时代，2011（29）：131-132．

［76］王红宝，张启，苗泽华．城市休闲旅游产品深度开发研究［J］．改革与战略，2010，26（12）：120-122+182．

［77］王立红．基于扎根理论的温泉康养旅游体验价值评价研究［D］．沈阳师范大学，2019．

［78］王琳，杜小平．论城市休闲旅游的理论要素及运行机制［J］．天津行政学院学报，2007，9（3）：68-71．

［79］王欣，邹统钎，耿建忠．中国康养旅游发展报告（2019）［M］．北京：社会科学文献出版社，2020．

［80］王赵．国际旅游岛：海南要开好康养游这个"方子"［J］．今日海南，2009，（12）：12．

［81］张静．我国休闲旅游产品开发现状及对策分析［J］．生产力研究，2006（11）：146-147．

［82］吴承忠．西方休闲经济萌芽阶段的发展历程［J］．城市问题，2010（11）：82-88．

［83］谢雯，李雪．全球养生旅游模式盘点［N］．中国旅游报，2012-06-01（第10版）．

［84］谢彦君．基础旅游学［M］．北京：中国旅游出版社，2011．

［85］谢易．三清山文化休闲旅游资源的开发模式研究［D］．江西财经大学，2017．

［86］谢元鲁．旅游文化学［M］．北京：北京大学出版社，2007：295-322．

［87］徐菊凤．中国休闲度假旅游研究［M］．大连：东北财经大学出版社，2008．

[88] 许春华, 王曙. 凉州药王泉温泉康养品牌建设研究 [J]. 甘肃广播电视大学学报, 2019, 29 (06): 63-67+75.

[89] 闫红霞. 休闲旅游: 文化·审美·体验 [M]. 北京: 中央编译出版社, 2016.

[90] 杨畅. 城市休闲文化旅游可持续发展的困境与破解——基于湖南实践的思考 [J]. 农村经济, 2016 (4): 50.

[91] 杨红英, 杨舒然. 融合与跨界: 康养旅游产业赋能模式研究 [J]. 思想战线, 2020, 46 (06): 158-168.

[92] 杨美景. 城市休闲旅游制度供给机制研究 [J]. 中国经济问题, 2008 (04): 70-74.

[93] 杨亚萍, 黄静波. 国内康养旅游研究进展回顾与思考——基于CiteSpace知识图谱分析 [J]. 湘南学院学报, 2019, 40 (02): 37-44.

[94] 姚应祥, 王益平. 基于"生态+"理念的运动休闲旅游策略研究——以湖州市为例 [J]. 湖州职业技术学院学报, 2017, 15 (04): 84-87.

[95] 张国薇. 康养旅游的发展现状和对策——以米易县为例 [J]. 旅游纵览 (下半月), 2017 (08): 35-36.

[96] 张宏敏, 李文路. 四川省乡村旅游升级换代对规划建设的新要求 [J]. 小城镇建设, 2017 (03): 97-100.

[97] 张莉, 柏杨. 旅游学概论 [M]. 合肥: 中国科学技术大学出版社, 2013.

[98] 张文菊, 张念萍. 生态型中医药旅游发展探析 [J]. 湖南工业职业技术学院学报, 2013, 13 (01): 37-40.

[99] 张新. 武汉城市休闲旅游发展研究 [J]. 商讯商业经济文荟, 2006 (06): 53-55+52.

[100] 赵东辉. 基于政策利导下运动休闲旅游产业融合发展研究 [J]. 体育研究与教育, 2017, 32 (02): 25-27+54.

[101] 郑建雄. 休闲旅游产业概论 [M]. 北京: 中国建筑工业出版社, 2018.

[102] 戴德梁行研究院. 中国康养旅游的发展与趋势报告 [R]. 2020-06-10.

[103] 中华人民共和国2020年国民经济和社会发展统计公报 [R]. 2021-02-28.

[104] 周刚, 罗萍, 李运娥等. 旅游养老消费者行为模式研究 [J]. 荆楚学刊, 2016, 17 (6): 36-45.

［105］周功梅，宋瑞，刘倩倩.国内外康养旅游研究评述与展望［J］.资源开发与市场，2021，37（01）：119-128.

［106］周爽爽，吕明飞，刘鑫.我国康养旅游发展研究［J］.教育学文摘，2020，（2）.

［107］朱琳.西峡中医养生旅游开发研究［D］.河南大学，2013.

［108］李天元，王连义.旅游学概论［M］.天津：南开大学出版社，1997.

［109］卢华语.旅游学概论［M］.重庆：西南师范大学出版社，1994.

［110］马国庆，赵志章.旅游概论［M］北京：教育科学出版社，2016.

［111］赵长华.旅游概论［M］.北京：旅游教育出版社，2003.